Der Ort des Nazi-Überfalls von 1938: Die Ortsmitte von Kirchenpingarten

Projekt „Myrten für Dornen“
– Geschichte(n) aus Weidenberg 1919–1949

SUPPLEMENT

1. „Als Hitlers Gottheit infrage stand“
– Der Widerstand der Frankenpfälzer und
der Überfall der Weidenberger Nazis nach den Hitlerwahlen 1938

2. „Die Weidenberger Himmelsbriefe“
– Ein vergessener stummer Schrei nach Segen

Jürgen-Joachim Taegert

ALS HITLERS GOTTHEIT INFRAGE STAND“

– Der Widerstand der Frankenpfälzer und der Überfall der Weidenberger Nazis nach den Hitlerwahlen 1938

und

„DIE WEIDENBERGER HIMMELSBRIEFE“

– Ein vergessener stummer Schrei nach Segen

Projekt „MYRTEN FÜR DORNEN“
– Geschichte(n) aus Weidenberg 1919–1949

SUPPLEMENT

Bibliografische Informationen der Deutschen Nationalbibliothek:
Die Deutsche Nationalbibliothek verzeichnet diese Publikation in der Deutschen Nationalbibliothek; detaillierte bibliographische Daten sind im Internet über http://dnb.dnb.de abrufbar.

Bearbeitung und Herausgabe, Design und Layout:
Jürgen-Joachim Taegert

Verlag Eckhard Bodner – 92690 Pressath

ISBN: 978-3-947247-55-4

Herstellung
BoD – Books on Demand, Norderstedt

Vorwort

Die beiden Hauptkapitel dieses Supplementbandes zum Geschichtsprojekt „MYRTEN FÜR DORNEN“ verbindet ein ungewöhnlicher und selten bearbeiteter Aspekt: die Frage von Religion und Glauben in der Hitlerzeit.

Viele stellen sich ja fälschlich vor, dass die nationalsozialistische Ideologie atheistisch war. Das Gegenteil war der Fall: Den Nazis war alles suspekt, was gott- und glaubenslos war. Deshalb sahen auch die Kirchen in HITLER und den Nationalsozialisten anfangs Bündnispartner. Erste Flirts zeigten aber rasch, dass die Nazis mit Religion nicht das tradierte Christentum in seiner pluralen Gestalt meinten, sondern eine monolithische, gleichgeschaltete Reichskirche, die dem „Führer“ auf der Kanzel und in der Gemeindearbeit in seinem Rassismus und Antisemitismus zuarbeitet. An die Stelle von Christus rückte zunehmend die vergöttlichte Gestalt von HITLER selbst.

Mit jeder seiner insgesamt vier Reichstagswahlen seit seiner Machtergreifung forderte HITLER von der Bevölkerung neue Bekenntnisse. Deren Zelebrierung nahm zunehmend religiöse Gestalt an. Gleichzeitig wuchs die allgemeine Unduldsamkeit gegen jede Form von Abweichung. Ihren absoluten Höhepunkt erreichte diese Führerverherrlichung bei den Hitlerwahlen nach dem Anschluss Österreichs 1938.

Doch statt der erwarteten über 99-prozentigen Zustimmung lieferte die kleine Landgemeinde KIRCHENPINGARTEN in der Frankenpfalz das reichsweit schlechteste Ergebnis. Daraufhin rückte noch am Wahlabend ein großer Trupp Weidenberger Nazis mit vielen neugierigen Zuschauern aus, um den katholischen Ortsgeistlichen einen Denkzettel zu verpassen.

Diese „Demonstration“ hatte für Opfer und Täter unerwartete und weitreichende Folgen. Die vorliegende Arbeit schildert die Ereignisse und untersucht die Hintergründe. Dabei werden auch die Entwicklung des heute unfassbaren religiösen Führerkultes um HITLER über die Jahre hinweg greifbar und die Motive seiner gottgleichen Verehrung erkennbar.

Während dieser ganzen Zeit und noch bis in den Zweiten Weltkrieg hinein gab es in vielen evangelischen Häusern in Weidenberg und Umgebung meist selber geschriebene, magisch scheinende „Himmelsbriefe“. Der Verfasser stellt die Frage, ob es vielleicht seelsorgerliche Gründe hat, wenn eine Gemeinde sich lange Zeit so auffällig verhält. Von den Pfarrern als Aberglaube gebrandmarkt, wurde diese weitverbreitete Literatur erst seit der Kirchenkampfzeit allmählich von mehr bekenntnistreuen und dem Hitlerkult entgegengesetzte Formen, wie dem Losungsbüchlein der Brüdergemeine, abgelöst.

Jürgen Taegert
Kirchenpingarten 2020

Inhaltsübersicht:

PROJEKT „MYRTEN FÜR DORNEN“
– Supplement –

1. Buch:

„Als Hitlers Gottheit infrage stand“

Der Widerstand der Frankenpfälzer
und der Überfall der Weidenberger Nazis
nach den Hitlerwahlen 1938

ERSTES BUCH:

„ALS HITLERS GOTTHEIT INFRAGE STAND“

Der Widerstand der Frankenpfälzer und der Überfall der Weidenberger Nazis nach den Hitlerwahlen 1938

Inhalt: Seite:

Prolog

m Abend des Palmsonntages im Jahr 1938, dem 10. April, den ADOLF HITLER zum Wahltag seines Referendums für die Eingliederung Österreichs in das Deutsche Reich erkoren hatte, überfielen die Weidenberger Nazis die beiden katholischen Ortsgeistlichen von KIRCHENPINGARTEN[1].

Allen Tatbeteiligten wurde nach dem Krieg in den Spruchkammerverfahren ihre Anwesenheit und ihr Mittun als „terroristischer Übergriff" zum strafentscheidenden Vorwurf gemacht; alle bemühten sich dabei nach Kräften, ihre Beteiligung zu vertuschen, ihre tatsächliche Rolle herunterzuspielen oder ihre Taten anderen in die Schuhe zu schieben.

Zur selben Zeit, während die Spruchkammerverfahren noch liefen, nutzten die im Herbst 1945 neugegründeten demokratischen Parteien in WEIDENBERG ihr Wissen von dem Überfall auf KIRCHENPINGARTEN zu einer Wahlschlacht unter der Gürtellinie. Aus Unkenntnis oder Scham kommt aber diese Nach-Geschichte zur Geschichte des Überfalls von 1938 in den einschlägigen Parteichroniken bis heute nicht vor.[2]

Für einen der beiden Pfarrer, die beim Überfall der Nazis 1938 die Opfer waren, MICHAEL GEIGER, nahm die Geschichte einen tragischen Ausgang. – Was war damals geschehen?

I. Teil: Die Vorgeschichte
HITLER AUF DEM WEG ZUR VERGÖTTLICHUNG

1. Warum waren Hitler Wahlen wichtig?

Wahlen in Hitler-Deutschland - quasireligiöse Bekenntnisakte in Krisenzeiten

s ist ja ein verbreiteter Irrtum zu meinen, in Deutschland habe es nach der Reichstagswahl vom März 1933 keine Wahlen mehr gegeben. Tatsächlich rief HITLER noch weitere vier Mal die gesamte Bevölkerung des Deutschen Reiches an die Urnen, einige weitere Male auch zu Teilabstimmungen. Um das

[1] Vergl. auch das Buch „SPURENSUCHE FRANKENPFALZ" desselben Verfassers, S. 33f, das aber einen früheren Recherchestand dokumentiert. Die Informationen über den Sachverhalt konnten durch die Auswertung neuer Dokumente und weitere umfassende Nachforschungen erheblich erweitert und präzisiert werden.

[2] Mehr dazu in der 6. Folge des Projektes „MYRTEN FÜR DORNEN – Untergehen und Aufstehen" ab S. 264ff im Kapitel: *„Mit Ostspionen und alten Seilschaften zum neuen Aufbruch?"*

Geschehen der „Kirchenpingarten-Demonstration“ zu begreifen, muss man wissen, was es mit diesen Wahlen im Nationalsozialistischen Staat jeweils auf sich hatte.

Es waren immer innen- oder außenpolitischen Krisen, die HITLER jeweils durch eine riskante „Großtat“ gelöst hatte, nach denen er dann „Wahlen“ bzw. „Volksabstimmungen“ anordnete: der Austritt aus dem Völkerbund im November 1933, der Tod des beliebten Reichspräsidenten PAUL V. HINDENBURG und die Frage nach der zukünftigen Präsidentschaft im August 1934, die Besetzung des Rheinlandes im März 1936 und schließlich der Anschluss Österreichs im April 1938. Zu diesen von HITLER initiierten Plebisziten muss man als weitere Volksabstimmung das Saargebietsreferendum im Januar 1935 hinzurechnen, das der Völkerbund nach den Bestimmungen des Versailler Vertrages anberaumte; sein Erfolg fiel ebenfalls HITLER wie eine reife Frucht in den Schoß und ermutigte ihn zu seinen weiteren eigenen Plebisziten.

Die Aktionen Hitlers in den vier erstgenannten Krisenfällen waren aber nicht Früchte einer filigranen Politik Hitlers oder seiner reiflichen Überlegung gewesen, sondern jeweils spontane und durchaus riskante, aus der Hüfte geschossene Überraschungs-Coups. Sie ähnelten der sprichwörtlichen, gewaltsamen Durchschlagung des gordischen Knotens. Die Ergebnisse schienen HITLER aber jeweils recht zu geben. Sie begründeten seinen schließlich fast überirdischen Ruf als „gottbegnadeter Führer“.

Allen vier Abstimmungen gemeinsam war die erklärte Absicht Hitlers, seine Politik im Nachhinein von einer möglichst breiten Öffentlichkeit bestätigen zu lassen. Das hatte mit Demokratie erklärtermaßen wenig zu tun; vielmehr, wie die Mehrheit der Deutschen damals, verachtete HITLER demokratische Akte. Seine Volksabstimmungen glichen eher großen öffentlichen Bekenntnis-Akten, die fortschreitend religiösen Charakter annahmen. An Stelle der Demokratie forcierte HITLER die Alleinherrschaft des „Führers“, den die göttliche „Vorsehung“ auserwählt habe, dessen Amt aber zugleich Ausfluss des „wahren“ inneren Willens des Volkes sein sollte.

Die Beziehung von Volk und Führer glich also zunehmend einer religiösen Glaubensbeziehung zwischen dem auserwählten Volk und seinem gottgesandten Erlöser und suchte immer wieder neue und gesteigerte liturgische Bestätigung. Nach außen hin sollte es so aussehen: Alles, was der charismatische Führer ADOLF HITLER tut, entspricht dem Willen der Volksgemeinschaft. Die psychologische Wirkung aber sollte sein: Mitgegangen, mit gefangen, mit gehangen – keiner kann meckern, wenn mal etwas schief geht.

Wer sich bei einer solcher Abstimmung enthielt oder gar mit Nein stimmte, der stellte sich damit automatisch außerhalb der Volksgemeinschaft und verlor seine Rechte auf eine gleichberechtigte Behandlung.

Bestimmt vom maßlosen Willen zur Vernichtung der Gegner

Betrachten wir also genauer diese Wahlen in Hitler-Deutschland, wie sie sich zu religiösen Bekenntnisakten für HITLER entwickelten und wie sie dann mit der Hitlerwahl von 1938 ihren Höhepunkt erreichten.

Bereits im Vorfeld der alles entscheidenden Reichstagswahl zum achten Deutschen Reichstag am 5. März 1933 demonstrierten die Nazis ihr unbedingtes Bestreben, den Sinn demokratischer Wahlen nachhaltig umzuformen. Bei der Märzwahl im Jahr 1933 konnte sie sich zwar zum letzten Mal mehr als eine Partei bewerben, doch bot sich den übrigen 13 teilnehmenden Parteien neben der NSDAP keine wirkliche Chancengleichheit mehr. Der Wahlkampf stand bereits ganz im Zeichen des Terrors gegen Andersdenkende.

Es waren von Anfang an die Prügelkommandos der Nazi-Revolutions- und Rüpeltruppe der SA, die mit Übergriffen, insbesondere auf ihre politischen Gegner in KPD und SPD, Angst und Schrecken verbreiteten. Zudem begünstigte das aufsehenerregende Ereignis der Reichstagsbrandstiftung eine Woche vor dieser Märzwahl in der Nacht vom 27./28. Februar 1933 den antidemokratischen Kurs der Nazis und lieferte ihnen den Zündstoff für ihre Propaganda.

Unmittelbar nach diesem Brandereignis verkündete HITLER die Absicht zu einem blutrünstigen Willkürhandeln, zunächst gegen Kommunisten und Sozialdemokraten:

„Es gibt jetzt kein Erbarmen; wer sich uns in den Weg stellt, wird niedergemacht … Jeder kommunistische Funktionär wird erschossen, wo er angetroffen wird. Die kommunistischen Abgeordneten müssen noch in dieser Nacht aufgehängt werden. Alles ist festzusetzen, was mit den Kommunisten im Bunde steht. Auch gegen Sozialdemokraten und Reichsbanner gibt es jetzt keine Schonung mehr.“

Dem jungen Einzeltäter, als welcher der 24-jährige sehbehinderte holländische Anarchist MARINUS VAN DER LUBBE entlarvt wurde, unterstellten die Nazis im anschließenden Schauprozess Verbindungen zur deutschen KPD und SPD. Ja, sie brandmarkten die Tat sogar als kommunistische Verschwörung oder gar als „Fanal zum blutigen Aufruhr und zum Bürgerkrieg“.

HITLER nutzte die Gunst der Stunde, um in einem ersten deutlichen Schritt seine Diktatur zu installieren: Noch am Abend der Brandstiftung erließ das Reichskabinett eine Notverordnung „zum Schutz von Volk und Staat“, auch als „**Reichstagsbrandverordnung**“ bekannt. Mit ihrer Hilfe setzten die Nazis bereits zu diesem frühen Zeitpunkt ihrer Herrschaft die Grundrechte auf Dauer außer Kraft. Beschränkt wurden die persönliche Freiheit des Einzelnen, sein Recht auf freie Meinungsäußerung einschließlich der Pressefreiheit, das Vereins- und Versammlungsrecht, das Brief-,

Post-, Telegrafen-, sowie das Fernsprechgeheimnis. Auch konnten nun ohne gesetzliche Grundlage Hausdurchsuchungen und Beschlagnahmen durchgeführt und Eingriffe am Eigentum vorgenommen werden. Der Weg zum Willkür- und Terrorstaat war frei.

Wahlwerbung mit dem Reichstagsbrand:
Wahlplakat der NSDAP 1933

Seitdem stand Deutschland in einem dauernden rechtlichen Ausnahmezustand. Er währte dann bis zum letzten Tag der Nazi-Herrschaft. Die Nazis nutzten solche Krisensituationen, um alle Kräfte und Gegner zu beseitigen, die ihrer Absicht im Wege standen, Deutschland nach ihren Vorstellungen umzugestalten. So statteten sie ihre Willkürherrschaft mit einer Fülle von Sondergesetzen aus. Auf diese Weise konnten sie alle Unterdrückungsmaßnahmen gegen Oppositionelle mit einem Anschein von Legalität umgeben.

Die „**Heimtückeverordnung**“ vom 21. März 1933 weiteten sie am 20. Dez. 1934 zum Gesetz aus. Damit hatten sie wohl das schlagkräftigste Werkzeug ihrer Diktatur geschaffen. Nun bedrohten sie jede kritische Äußerung, die in irgendeiner Weise das Nazisystem bzw. sein Handeln infrage stellte. Sie überwiesen die Verfahren an sg. **Sondergerichte**; diese waren mit parteitreuen Juristen besetzt und agierten außerhalb der ordentlichen Gerichtsbarkeit. Mit einem abgestuften Strafsystem von der einfachen Verwarnung bis zur Todesstrafe sollten sie der Naziherrschaft Respekt und Durchsetzungskraft verschaffen. Beschuldigte besaßen hier keinerlei Schutzrechte. Ein Urteil wurde sofort rechtskräftig.

Es war also der Reichstagsbrand, der den Nazis unverhofft die Möglichkeit eröffnet hatte, ihre Gegner sofort auszuschalten. Kein Wunder, dass stets der Verdacht bestand, sie selbst hätten das Feuer gelegt und alles Weitere vorbereitet. So lassen sie Andersdenkende bereits in dieser Nacht und in den folgenden Tagen in großer Zahl verhaften und ohne Anklage und Beweise in „Schutzhaft“ nehmen. Sie werfen viele Gegner zunächst in „wilde“, später in ausdrückliche „Konzentrationslager“, um sie einzuschüchtern und „umzuerziehen“.

Bereits unmittelbar nach dem Reichstagsbrand werden die Strukturen der KPD, des erklärtesten Gegners der Nazis, weitgehend zerschlagen; die Parteimitglieder werden in den Untergrund abgedrängt. Dennoch werden bei der letzten Mehrparteien-Reichstagswahl im März 81 KPD-Mitglieder zu Abgeordneten gewählt; sie haben immerhin 12,3% der Wählerstimmen erhalten. Die NSDAP hat zu ihrer Enttäuschung nur 43,9% der Stimmen bekommen.

Drei Tage nach der Wahl werden den KPD-Abgeordneten mit Hilfe der neuen Verordnung ihre Mandate entzogen. Auch werden alle regimekritischen Zeitungen verboten. Trotz dieser Maßnahmen kann die NSDAP nicht allein regieren; sie muss, um regieren zu können, wie in der früheren Demokratie die Zusammenarbeit mit anderen Parteien suchen. Mit zusammengebissenen Zähnen kooperiert sie daher zunächst mit dem Rechtsbündnis der „Kampffront Schwarz-Weiß-Rot" KSWR.

Knapp drei Wochen nach der Reichstagswahl lässt sich HITLER dann am 24. März die gesamte Staatsgewalt übertragen. Dem vorgelegten, weitreichenden „**Ermächtigungsgesetz**" geben unverständlicherweise auch die Abgeordneten des katholischen Zentrums ihre Stimme. Nur die SPD stimmt mit ihren 94 Abgeordneten als einzige Partei geschlossen gegen die Vorlage, nachdem ihr Parteivorsitzender OTTO WELS vor dem Parlament eine aufwühlende Rede gehalten hat.

Mit dieser Ermächtigung sind dem Parlament seine Rechte als Legislative entzogen. Zudem kann HITLER Gesetze erlassen, welche nicht verfassungskonform sind und die Grundrechte missachten. Auch können nun Haushaltspläne und Kreditaufnahmen ohne den Reichstag beschlossen werden. Damit ist die Verfassung der Weimarer Republik vollends ausgehöhlt, das Parlament ist entmachtet und der entscheidende Schritt zur Diktatur getan.

Die Parteileitung der SPD geht zunächst nach Prag ins Exil. Ihr mutiger Aufruf von dort, das Nazi-Regime zu stürzen, liefert dem neuen Reichsinnenminister WILHELM FRICK den willkommenen Vorwand, die Sozialdemokraten am 22. Juni 1933 als „volks- und staatsfeindliche Organisation" ganz zu verbieten. Gegen ihre Mitglieder wird ein Berufsverbot verhängt; das Parteivermögen wird beschlagnahmt. Zahllose Sozialdemokraten werden in der Folgezeit in „Schutzhaft" genommen, in Konzentrationslager gesperrt und manche auch ermordet.

Im Juli 1933 lösen sich auch die übrigen Parteien auf. Zug um Zug entmündigen die Nazis in der folgenden Zeit die Länder und Gemeinden und versuchen, alle freien Körperschaften, Rechtsträger und Vereine den Nazi-Strukturen „gleichzuschalten".

„Freudige Stimmabgabe für den Führer" zum Austritt aus dem Völkerbund 1933

Zum ersten Urnengang nach dem Parteienverbot wird die Bevölkerung noch im gleichen Jahr 1933 aufgefordert. Das bewusst gewählte Datum des 12. November will an den „Tag der Schande“ erinnern, wie die Nazis den Waffenstillstand von 1918 bezeichnen. Diese erste Reichstagswahl im nunmehrigen Einparteienstaat soll eine möglichst hohe Zustimmung zur Einheitsliste erbringen. Die NSDAP ist mit einigen Kandidaten als einzige Partei auf dem Wahlzettel angegeben und soll durch Ankreuzen in einem großen Kreis gekennzeichnet werden. Geworben wird ausgerechnet mit dem Motto *„Mit Hitler gegen den Rüstungswahnsinn“*, obwohl die Nazis zu dieser Zeit bereits das genaue Gegenteil, nämlich eine ungehinderte Aufrüstung, anstreben.

Diese Wahl ist die erste in Hitlerdeutschland, die verbunden ist mit einem **Plebiszit**. Das Volk soll nachträglich dem Austritt aus dem Völkerbund zustimmen, den Deutschland auf Hitlers Weisung bereits am 19. Oktober 1933 vollzogen hatte.

Der greise Reichspräsident PAUL V. HINDENBURG wirbt persönlich in einer Rundfunkansprache um breite Aufmerksamkeit; auch die Wirtschaft, die Kirche und viele Personen des öffentlichen Lebens rufen zur Wahlbeteiligung auf. Die katholischen Bischöfe gemahnen ihre Gemeinden „zur freudigen Stimmabgabe für den Führer“, denn sie sind dankbar für den hingereichten Köder, das Reichskonkordat, das Hitler am 20. Juli 1933 erfolgreich mit dem Heiligen Stuhl abgeschlossen hatte. Es schien den Katholiken als Religionsgemeinschaft in diesem Willkürstaat doch eine gewisse Sicherheit zu geben. Sie erkannten den Pferdefuß nicht: sie hatten sich die völlige Selbstentmannung in politischen Fragen eingehandelt und ihre moralische Autorität weitgehend verloren.

Die Evangelische Kirche ihrerseits vertraut darauf, dass Hitlers Friedensbeteuerun-

Schutz und Moral durchs Konkordat:
Katholische Kirchenwerbung für HITLER am 12. Nov. 1938

gen und Abrüstungsforderungen ehrlich sind. Sie ruft ihre Gläubigen zu einem Bekenntnisakt auf:

„Gott will, dass Friede auf Erden sei. Darum ist der Kampf für einen echten Frieden, zu dem der Kanzler uns aufruft, unsere Glaubenspflicht ... Darum kann die Losung für den 12. November nur lauten: Seid getreu und seid getrost!"

Sogar Regimegegner bejahen damals dieses erste Hitler-Plebiszit, weil sie eine nationale Außenpolitik befürworteten. Die Nazi-Propaganda verstand ja es stets geschickt, die Menschen bei ihren Gefühlen abzuholen. Die Bevölkerung konnte den Eindruck haben, der Volkswille werde vollzogen. Das Ergebnis dieser Wahl vom 12. Nov. 1933 erbrachte 92% für die Einheitsliste. Den Nazifunktionären erschien das als zu wenig. Typisch für Diktaturen hatten sie 99 % Zustimmung erwartet und waren ernüchtert. Sie erkannten noch zu viele Widerstandsnester, insbesondere in manchen Großstädten, vor allem dort, wo der Anteil der linksorientierten Arbeiterschaft und der Juden überproportional war. Hier hatte es bei dieser „Wahl" noch Gegenstimmen gegeben, von immerhin bis zu einem Fünftel der jeweiligen Bevölkerung!

Reichskanzler, Reichspräsident und mehr ...: Die Volksabstimmung 1934 als Schritt zur Vergottung Hitlers

Im Jahr 1925 war der greise Feldmarschall und „Sieger von Tannenberg" aus dem Jahr 1914, PAUL V. HINDENBURG, aus dem Ruhestand heraus zum Reichspräsidenten gewählt worden. Auch bei seiner erneuten Kandidatur im Jahr 1932 hatte er sich gegen seine Gegenkandidaten ADOLF HITLER von der NSDAP und ERNST THÄLMANN von der KPD aufgrund seiner Popularität leicht durchgesetzt.

Dann aber hatte V. HINDENBURG am 30. Januar 1933 HITLER als Reichskanzler in den Sattel gehievt. Kurz darauf, am 21. März, am „Tag von Potsdam" hatte er zur Parlamentseröffnung die öffentliche Huldigung Hitlers entgegengenommen. So war, propagandistisch geschickt, die Kontinuität des Kaiserreiches mit dem „Dritten Reich" symbolisch beschworen worden. Jeder sollte sehen: HINDENBURG und HITLER gemeinsam repräsentierten nun das neue Deutschland. Man gab dabei vor, in der Tradition FRIEDRICHS DES GROßEN zu stehen – und kam damit in der Öffentlichkeit an! Von diesem geschickten Rückgriff auf den Hindenburg-Mythos zehrten HITLER und seine Leute lange. Auch der 1935 gleichgeschaltete Weidenberger Gemeinderat wurde durch seinen Ortsgruppenleiter RUMLER in seiner neuen „Hauptsatzung" angewiesen, bei festlichen Anlässen die Hindenburg-Hitler-Gedenkmünze am roten Band zu tragen, und zwar der Bürgermeister in Gold, seine beiden Beigeordneten in

Silber und die übrigen Gemeinderäte in Bronze. Der reißerische Titel „Deutsche nationale Erhebung 1933“ überspannte auf der Vorderseite der Münze, einem Heiligenschein gleich, das Portraitpaar Hindenburg und Hitler. Auf der Rückseite trug diese Münze das Hakenkreuz, umgeben von der vollmundigen Aufschrift:

„Erinnerung an die Erhebung *des Deutschen Volkes und seinen Sieg im Kampf gegen den Marxismus.“*

Soll an die „Erhebung des deutschen Volkes und seinen Sieg 1933“ erinnern: Hindenburg-Hitler-Gedenkmünze

Trotz seiner zur Schau getragenen devoten Haltung gegenüber dem Reichspräsidenten, betreibt Hitler aber damals gleichzeitig Hindenburgs Entmachtung. Er hofft, doch noch selbst das Amt des Reichspräsidenten übernehmen zu können, das ihm bei der Wahl versagt geblieben war. Als Hindenburg schwächelt und sein Tod nahe bevorsteht, gibt Hitler seinem Kabinett die Weisung, die nächsten Volksabstimmungen vorzubereiten. Einen Tag später, am 2. August 1934, stirbt Hindenburg auf seinem Gut Neudeck in Ostpreußen.

Der Tod des vergötterten Altpräsidenten wird überall zu gewaltigen Demonstrationen für die Sache Hitlers genutzt. so auch in Weidenberg. Auf eindrücklichen Fotos, die der Ortspropagandist August Kießling aufgenommen hat, sieht man alle bekennenden Nazis des Marktortes. Sie treten am Obermarkt in Reih und Glied an, von den kleinen Pimpfen und BdM-Mädchen, über die Hitlerjungen, bis zu Sturmtrupps der SA und den Motorradgruppen des NSKK.

Diese Parteiaktivisten werden auch eingesetzt zur Durchführung des Referendums, das dann zwei Wochen nach Hindenburgs Tod, am 19. August1934, abgehalten wird. Hitler hat vor, die Ämter des Reichspräsidenten und Reichskanzlers in seiner Person zusammenzulegen. Die Abstimmungsfrage lautete:

„Das Amt des Reichspräsidenten wird mit dem des Reichskanzlers vereinigt. Infolgedessen gehen die bisherigen Befugnisse des Reichspräsidenten auf den Führer und Reichskanzler Adolf Hitler über. Er bestimmt seinen Stellvertreter. Stimmst Du, Deutscher Mann, und Du, Deutsche Frau, der in diesem Gesetz getroffenen Regelung zu?“

Die Wahlbeteiligung ist hoch: 96 % der Bevölkerung. Doch diesmal votieren sogar über 10 % aller Wähler mit Nein. Hitler ist gekränkt. Sein Verhältnis zur zukünftigen heiligen „Volksgemeinschaft“ scheint für eine Weile getrübt. Er verzichtet deshalb

Aufmarsch zum Tod des Reichspräsidenten:
Nazikundgebung am 7. August 1934 am Weidenberger Obermarkt

„freiwillig und auf Dauer" darauf, selbst den ersehnten Titel „Reichspräsident" zu tragen. Stattdessen nennt er sich seitdem „Führer und Reichskanzler".

Erst in seinen letzten Lebensstunden in der Zombie-Welt des Führerbunkers, kurz vor seinem Selbstmord im April 1945, wird HITLER dieses Präsidentenamt wieder freigeben. Er wird seinen hochgeschätzten U-Bootkrieger und Anhänger Admiral KARL V. DÖNITZ explizit zum „Reichspräsidenten" machen, während sein treuester Vasall und Propagandachef JOSEPH GOEBBELS dann noch genau einen Tag lang den Nachfolger Hitlers als „Reichskanzler" spielen darf.

Auch die NSDAP ist angesichts ihres großen Propagandaaufwandes mit dem Ergebnis vom 19. August 1934 nicht recht zufrieden. Die Parteizentrale beschließt, in Zukunft noch mehr Energie in die Wahlwerbung zu stecken. Insbesondere soll mehr Zeit für den Vorlauf eingeplant werden.

Dieses Angewiesensein auf die 100-prozentige Zustimmung war die eigentliche Achillesferse von Hitlers „charismatischen" Diktatur. Demokratien sind ja mit Ergebnissen von 50% + x zufrieden. Und auch die großen biblisch-religiösen Führer wie ELIA im Alten Testament („Bin ich der Einzige"?) oder JESUS im Neuen Testament („Wollt ihr Zwölf auch gehen"?) müssen kleine Zahlen aushalten. Doch die „charismatische Führerherrschaft" der Diktatoren sucht möglichst 100% Zustimmung im

Volk. Sie kann sich mit kleinen Zahlen nicht abfinden. Das hier liegende Potential, auf dem „sanften Wege“ des breiten Volkswiderstandes bei den Plebisziten das Hitlerregime an seiner empfindlichsten Stelle zu treffen und aus den Angeln zu heben, haben die Gegner und Kritiker eigenartigerweise nie richtig erkannt und ausgeschöpft. Stattdessen setzten sie auf das komplizierte und langatmige Komplott für einen bewaffneten Widerstand oder verübten gewaltsame Attentate in hoher Zahl, die bekanntlich alle missglückten und HITLER in seinem Größenwahn noch bestärkten.[3]

Wie in einem Ameisenhaufen, wie in einem Wespenvolk sieht man alle Teilhaber des Nazisystems stets in hellster Aufregung herumschwirren, wenn auch nur geringste Abweichungen von der Zustimmungsnorm erkennbar werden. Und es gibt auch eindrückliche Beispiele, wie die Nazis beschlossene Gesetze gleich wieder außer Kraft gesetzt haben, sobald sich in der Bevölkerung Widerstand zeigte. Besonders auffallend war das in den Kruzifixstreiten der Jahre 1936 und 1941, als man eigentlich die Absicht hatte, die zwangsabgehängten Christuskreuze durch politische Andachtsbilder mit Hitlerportraits zu ersetzen. Schon bald sah man sich durch den allgemeinen Bürgerprotest gezwungen, die Kreuze stillschweigend wieder aufzuhängen. Ein anderes weniger bekanntes Beispiel war im Krieg die geplante und dann zurückgenommene Lohnreduzierung, die helfen sollte, die marode Staatskasse zu sanieren.

Aus heutiger Sicht ist kaum zu verstehen, wieso insbesondere die Kirchen oder auch andere Kulturträger diese Systemschwächen der seismografischen Empfindlichkeit Hitlers und seiner Nazis bei Zustimmungsverweigerungen nicht viel konsequenter genutzt haben. Letztlich haben alle Betroffenen viel zu schnell ihre eigenen Grundsätze preisgegeben und sich in das Nazi-System hinein verstricken lassen, weil sie für sich selbst einen Vorteil davon erwarteten.

Ein Triumph, der Hitler in den Schoß fällt: Das Saar-Referendum 1935

Zum bis dahin größten Triumph für HITLER wird aber die oben bereits genannte Volksabstimmung im Saarland, die nicht er, sondern der Völkerbund, aufgrund der Vereinbarungen des Versailler Vertrages, am 13. Januar 1935 durchführt.

Dieses Gebiet ist seit der deutschen Niederlage im Ersten Weltkrieg Mandatsgebiet des Völkerbundes. Seine Verwaltung ist an Frankreich übertragen. Es nutzt die Ausbeutung, insbesondere der Kohlezechen, zur Befriedigung seiner Reparationsfor-

---

[3] Die Mehrzahl der Attentatsversuche wurden bezeichnenderweise von Wehrmachtsangehörigen unternommen. Ihre Zahl schwankt von mindestens 39 dokumentierten Attentaten bis 42, so Berthold Will in seinem Buch *„Die 42 Attentate auf Adolf Hitler“* 1981.

Mutter-Kind-Instinkt geweckt:
Briefmarke zum Saarreferendum 1935

derungen. Neben Oberschlesien und Danzig gehört der der Verlust des Saarlandes seitdem zu den schmerzlichst empfundenen Wunden im nationalen Bewusstsein.

Hitlers Leuten gelingt es in einem sehr emotional geführten Wahlkampf, die Wut der Bevölkerung zu schüren und geschickt für sich zu nutzen. Zwar haben seine Gegner im Saarland die Macht; den Deutschen ist hier nur eine sehr eingeschränkte Propaganda erlaubt. Dennoch glückt Hitler der Coup: Gesteuert von seinem cleveren Propagandaminister Joseph Goebbels werben alle Rechtsparteien auf ihren Großkundgebungen: *"Deutsch ist die Saar, immerdar!"* und *„Heim ins Reich!“* Vergeblich warnen Linke und Emigranten ihre Landsleute an der Saar, dass sie mit dem Votum für Deutschland auch Hitlers Diktatur wählen. Dabei werden in Deutschland längst vor aller Augen KZs errichtet und Andersdenkende massiv verfolgt.

Bei einer Wahlbeteiligung von 98% stimmen schließlich 90,6 % der gut ½ Million Stimmberechtigten für den Anschluss an Deutschland. Sie geben freiwillig ihr Geschick in Hitlers Hände. Nur 0,4 % stimmen für die Vereinigung mit Frankreich. Und 8,9 % sind für die Beibehaltung des bisherigen Status Quo. Nach der Abstimmung flüchten rd. 8.000 Menschen, die sich von den Nazis verfolgt und bedroht fühlen, aus dem Saargebiet nach Frankreich.

2. Im Plebiszit schaukeln sich Hitlers und des Volkes Sucht nach gegenseitiger Bestätigung auf

Rheinland-Einmarsch 1936 auf Anraten der göttlichen „Vorsehung“

Hitler erscheint im In- und Ausland nun zunehmend als der durchsetzungsfähige Staatsmann. Die „Heimkehr der Saar" steigert diesen Eindruck. Hitler nutzt den Rückenwind, um zwei Monate später, entgegen den Bestimmungen des Versailler Vertrages, in Deutschland die allgemeine Wehrpflicht einzuführen.

Solche Erfolge, wie die Saarland-Heimkehr, lassen aber auch die vom Ersten Weltkrieg traumatisierten Deutschen staunen; sie treiben Unzählige auf Hitlers Seite. Beflügelt von diesem Zuspruch entschließt sich HITLER am 7. März 1936 zu seiner nächsten, bisher riskantesten Aktion: Er lässt als Test der internationalen Reaktion deutsche Truppen ins entmilitarisierte Rheinland einmarschieren.

Zwar hatten die Franzosen ihre eigenen Besatzungstruppen hier bereits im Jahr 1930 abgezogen, unmittelbarer Widerstand war also von ihrer Seite nicht zu erwarten. Doch hatte Frankreich immer noch allergrößtes militärisches und wirtschaftliches Interesse an der Schifffahrtsstraße des Rheins und insbesondere am Zugriff auf die „Waffenschmiede des Deutschen Reiches", das Ruhrgebiet. Den Deutschen war natürlich dieser Anspruch der Franzosen immer ein Dorn im Auge; sie fühlten sich täglich an die „Schmach von Versailles" erinnert.

HITLER hatte zwar schon länger erwogen, sich dieser lästigen Fesseln zu entledigen, die Ausführung aber eigentlich erst für das Jahr 1937 geplant.

Eine unverhoffte politische Wende hatte 1935 dem Geschehen aber neue Impulse verliehen: Frankreich hatte seinen bisherigen Nichtangriffspakt mit Russland durch einen aktiven Beistandspakt ersetzt, der es beiden Partnern erlaubte, jeden anderen, der ihren Interessen zuwiderhandelte, nach eigenem Ermessen als Aggressor zu betrachten. In dieser kritischen Situation hatte sich HITLER, gegen den Rat einiger Militärs, zu seiner typischen spontanen Vabanque-Strategie entschlossen, die sich dann auch einmal mehr als erfolgreich erwies.

Als er versuchsweise, ohne sein Kabinett zu benachrichtigen, ein paar Bataillone seines Heeres in den breiten Streifen links des Rheins bei AACHEN, TRIER und SAARBRÜCKEN einrücken lässt, ist er selbst höchst besorgt über den Ausgang, doch es bleibt alles ruhig. HITLER fühlt sich in seinen Intuitionen bestätigt. Die übrige 50 km breite entmilitarisierte Zone, die sich rechts des Rhein von der Schweiz bis zu den Niederlanden zieht, lässt er aber vorsichtshalber zunächst unangetastet.

Testfall für die Reaktion der Franzosen: Einmarsch deutscher Soldaten über die Rheinbrücke nach Köln am 7. März 1936

Es hatte sich für HITLER erwiesen, dass Frankreich nicht den Mut besaß, mit seinen Truppen gegenzuhalten und die alten Machtverhältnisse wiederherzustellen. Und auch England verzichtet auf die wohl letzte Gelegenheit, dem Machtstreben Hitlers mit einem überschaubaren Kampf Einhalt zu gebieten. Die Deutschen fühlen sich nun moralisch gestärkt und in Hochstimmung; ein weiteres Element des verhassten Versailler Vertrages ist außer Kraft gesetzt. Nun kann HITLER ungestört der französischen Maginot-Linie mit dem „Westwall" eine eigene Verteidigungslinie entgegensetzen und so seine Kriegspläne weiter vorantreiben.

Für HITLER bietet dieser gelungene Überraschungs-Coup eine willkommene Gelegenheit zur weiteren Imagepflege bei seinen Deutschen. Sie bewundern ihn schon jetzt. Doch er will seinen Erfolg wieder propagandistisch auf bewährte Weise ausschlachten. Er fordert einen weiteren Bekenntnisakt des ganzen Volkes ein. So verbindet er die geplante Reichstagswahl mit einer Volksabstimmung über die „Rheinlandbefreiung", die die Rheinlandbesetzung nachträglich rechtfertigen soll.

Zur Einleitung hält HITLER bereits am Tage des Einmarsches ins Rheinland eine rhetorisch ausgefeilte ausführliche Grundsatzrede vor dem Reichstag. Er gibt ihr das Thema „Die Lösung der deutschen Frage". Erstmals entfaltet er hier in voller Breite den „Führer-Mythos", der in 15 Jahren in „Kampfzeit" und NS-Herrschaft gewachsenen ist. Er bündelt in seinen leidenschaftlich und gestenreich vorgetragenen Worten die Sehnsüchte und Erwartungen der drangsalierten Nation und bringt sie in seiner Lichtgestalt zur Lösung.

Hochemotional stilisiert HITLER das Emporkommen der Nazis und seine Führung als ein Heilsgeschehen von fast biblischen Dimensionen für Deutschland und scheut auch keine Vergleiche mit Gestalten des Alten Testaments. In aller Offenheit und Ungeniertheit sieht er sich als ausdrücklich von Gott berufener Führer, der tatkräftig und stark den Weg zur nationalen Wiedergeburt einleitet und das Volk zur Entscheidung aufruft, so wie es einst JOSUA beim Landtag von SICHEM tat, in der Nachfolge des MOSES, beim Einzug in das gelobte Land.

Damit ist HITLER aber zum Gefangenen seines eigenen Mythos geworden. Sein penetrantes Reden von der „Vorsehung" ist für ihn selbst mehr als bloße Rhetorik. Er glaubt wirklich an seine göttliche Sendung, und er wird diesen Glauben in fast allen weiteren öffentlichen Reden durch die Jahre hindurch immer weiter bekräftigen und vertiefen: *„Ich gehe mit traumwandlerischer Sicherheit den Weg, den mich die Vorsehung gehen heißt."*[4]

Es ist der blasphemische Weg zu Hitlers Selbstvergottung, dem zunehmend große Teile des Volkes folgen. Anfangs stimmen dieser Hitlerverehrung sogar etliche der

[4] Aus einer Rede Hitlers in München im März 1936 anlässlich der Besetzung des Rheinlandes.

Männer um den Grafen STAUFFENBERG aus dem Kreis seiner späteren Mitverschwörer in religionsgleichem Patriotismus zu. Erst als HITLER den Krieg zum Mord an den Juden und anderen Verbrechen nutzt, wächst bei diesen Männern die innere Distanz und sie entschließen sich zum Attentat des 20. Juli 1944. Das Hauptmotiv für sie ist ein religiöses, nämlich dass HITLER keine andere Instanz mehr über sich anerkennt, der er Rechenschaft schuldet, und dass er sich selbst mit dem göttlichen Absoluten gleichsetzt.[5]

Ähnlich kritisch haben es zuvor schon die evangelischen Kirchenleitungen und Theologen der Bekennenden Kirche in ihrer Theologischen Erklärung von Barmen am 31. Mai 1934 zum Ausdruck gebracht, als sie Hitlers religiösen Anspruch widersprachen. Sie haben ihm Jesus Christus als einzige normengebende Offenbarung Gottes gegenübergestellt. Keinem anderen als Christus wären alle Bereiche des Lebens zu eigen. Nie könne der Staat über seinen besonderen Auftrag hinaus die einzige und totale Ordnung menschlichen Lebens werden und also auch die Bestimmung der Kirche erfüllen.[6]

Doch die Vergöttlichung Hitlers wird durch diese Einwände nicht gebremst. Sie erlebt vielmehr dann bei der Hitlerwahl 1938 nach dem Anschluss Österreichs erst ihren Kulminationspunkt. Nur vor diesem Hintergrund ist auch der Titel dieses vorliegenden Buches zu verstehen *„Als Hitlers Gottheit infrage stand“*. Gegenseitig haben sich Volk und Führer ihre überbordenden Überzeugungen und überzogenen Erwartungen zugespielt wie Ping-Pong-Bälle und sind in diesem gemeinsam geschaffenen Mythos nun untrennbar zusammengeschweißt, in Sieg und Niederlage, bis zum bitteren Ende.

Am Ende jener in jeder Beziehung bahnbrechenden Rede im März 1936 kündigte HITLER die Auflösung und kurzfristige Neuwahl des Reichstages zum 29. März 1936 an. Ein sehr gefühlsbetonter Ausschnitt der deutschlandweit per Rundfunk übertragenen aufsehenerregenden Rede ziert dann als Motto auch die Wahlplakate für diese Wahl und macht die Bedeutung des Plebiszits für Hitler als gegenseitiger Bekennt-

---

[5] Nach dem Staatsstreich vom 20. Juli 1944 wollten die Verschwörer folgende Erklärung veröffentlichen, in der sie mit Hitlers totalitärem Anspruch abrechneten: *"Wir wollen Gottesfurcht anstelle von Selbstvergottung, Recht und Freiheit anstelle von Gewalt und Terror, Wahrheit und Sauberkeit anstelle von Lüge und Eigennutz."* – Vergl. auch die Informationen zur Sonderausstellung *„20. Juli 1944 - Vermächtnis und Erinnerung"* 2004 in der Gedenkstätte Deutscher Widerstand im Berliner Bendlerblock, in der Frankfurter Rundschau vom 19.07.04, https://www.fr.de/ politik/gottesfurcht-anstelle-selbstvergottung-11726243.html.

[6] Vergl. in der 4. Folge des Projektes „MYRTEN FÜR DORNEN – Christsein am Scheideweg“ das Kapitel: *„Die Kraft eines hitlerkritischen Christus-Bekenntnisses erweckt im Dritten Reich die Gemeinden“*, S. 102 ff.

nisakt zwischen Volk und Führer deutlich. Hier klingt der oben genannte religiöse Bekenntnisakt Josuas vor dem Gottesvolk an (Jos. 24):

„Ich habe um die innere Zustimmung des Deutschen Volkes zu meinen Idealen einst 14 Jahre gerungen und bin dann dank seines Vertrauens von dem ehrwürdigen Generalfeldmarschall berufen worden. Ich habe aber auch seitdem all meine Kraft nur aus dem glücklichen Bewusstsein geschöpft, mit meinem Volk unlösbar verbunden zu sein, als Mann und als Führer".

Diesem heroischen Erlösungskampf des Führers soll auch die totale Hingabe des Volkes entsprechen, so erwartet es HITLER.

Mutige Gegner verursachen bei den Wahlen „kleine Schönheitsfehler"

Die Juden haben nach dem Reichsbürgergesetz vom 15. Sept. 1935 bereits ihr Wahlrecht verloren, sie durften an dieser Abstimmung nicht mehr teilnehmen. Sie waren aus dieser Volks- und Bekenntnisgemeinschaft ausgeschlossen, weil sie angeblich der falschen Rasse angehörten. Sie dienten zum Sündenbock für alles Unheil. Insofern war das hohe Wahlergebnis von vornherein mit einem Makel behaftet.

Als weiteren „Schönheitsfehler" besaß der Stimmzettel der Einheitsliste nur einen einzigen Kreis zum Ankreuzen. Auch wenn hier nichts angekreuzt war, werteten die Nazis dies als Zustimmung. Die einzige Möglichkeit, sein Nein zu bekunden, bestand also darin, es ausdrücklich darauf zu schreiben. Mit einer solchen Aufschrift wurde aber der Stimmzettel automatisch ungültig. So ist also das Wahlergebnis von angeblich 98,5 % Zustimmung durchaus kritisch zu lesen. Auf wie vielen Zetteln die Kreuze fehlten oder wie viele als ungültig ausgesondert wurden, ist unbekannt. Die sich darüber hinaus zu einem offenen Nein bekannt haben, machten immerhin noch 1,2 % aus.

Zu diesen wenigen zählte der rheinische evangelische Pfarrer JOHANNES KOCH im Kreis Wetzlar. Er besaß dann auch den Mut, in einem offenen Brief an ADOLF HITLER seinen Schritt zu erläutern.

Darin erklärte er sich mit Hitlers außenpolitischem Kurs zwar einverstanden, äußerte jedoch Vorbehalte gegenüber der Weltanschauung der Nazis und ihrer tatsächlichen Kultur-, Kirchen-, Schul- und Erziehungspolitik. Auch monierte er den Zwang zur Abstimmung und den Bedeutungsverlust des Reichstags.

Pfarrer KOCH war danach in seiner Gemeinde OBERWETZ wüsten Beschimpfungen und Übergriffen der zahlreichen Hitleranhänger ausgesetzt.

Auch sein rheinischer Kollege, der Pfarrer der Bekennenden Kirche PAUL SCHNEIDER, boykottierte zusammen mit seiner Frau MARGARETE diese Reichstagswahl. Er begründete seiner Gemeinde gegenüber die Verweigerung damit, dass seine Stimme als Zustimmung zur antichristlichen Weltanschauungspolitik des Staates verstanden werden könne. In der Nacht auf Ostern wurde sein Pfarrhaus beschmiert.

Der Bauer und Bürgermeister von EGGEBERG bei Halle, WILHELM ELLERBRAKE, warf der der NSDAP in seiner gradlinigen Art sogar Wahlbetrug vor. Er kannte die politischen Ansichten seiner Eggeberger und wusste, dass sie nicht zu 98% NSDAP gewählt haben konnten. Sein couragiertes Auftreten schlug hohe Wellen. ELLERBRAKE wurde seines Amtes enthoben und sein Anwesen unter verstärkte Bewachung gestellt.

Wie eine Vorahnung der Geschichte, die sich dann zwei Jahre später in KIRCHENPINGARTEN ereignet, liest sich auch der schockierende Bericht auf der Seite des Vereins „Wider das Vergessen und gegen Rassismus e.V. Marpingen“ über einen bis heute ungesühnten Übergriff auf den katholischen Pfarrer in MARPINGEN im Saarland am Abend der Hitlerwahl von 1936:

Praktisch als Letzte seien damals der junge Marpinger Kaplan EMIL FRITZSCHE und die Köchin des katholischen Ortspfarrers BIEGEL, Fräulein BARBARA KINZINGER, gemeinsam ins Wahllokal gegangen, um ihre Stimmen abzugeben. Ihr Pfarrer habe schon am frühen Nachmittag seine „Ja"-Stimme wie alle Marpinger ohne Benutzung der Wahlkabine abgegeben. Kaplan und Haushälterin seien aber nacheinander hinter dem Vorhang der Wahlkabine verschwunden, um ihre Stimmzettel geheim auszufüllen. Dadurch seien sie sofort als verdächtig erschienen. Kurzentschlossen habe ein überzeugter Parteigenosse im Wahlvorstand einen Finger in Tinte getaucht und damit unbemerkt die verdächtigen Umschläge markiert. So habe das Verhängnis seinen Lauf genommen. Als die Stimmzettel ausgezählt wurden, seien auch sofort die beiden mit Tintenfinger markierten Wahlumschläge entdeckt und als Nein-Stimmen identifiziert worden, die einzigen Nein-Stimmen in MARPINGEN!

Daraufhin hätten sich beim Nachtreff in der Gaststätte die führenden Parteigrößen des Ortes und die Vertreter der Polizei zu einer nächtlichen „Demonstration“ entschlossen. SA und andere Parteimitglieder seien geschlossen auf den Kirchberg vor das Pfarrhaus marschiert, in dem der Pfarrer mit seinem Kaplan und der Haushälterin wohnten. Dort hätten sie drohend die Herausgabe der „Volksverräter" und „schwarzen Zigeuner" gefordert. Einige in der Menge seien bewaffnet gewesen, und als die Tür nicht sofort geöffnet wurde, seien mehrere Schreckschüsse gefallen.

Der Pastor habe schließlich die Tür geöffnet und die beiden, Haushälterin und Kaplan, der johlenden Menge übergeben. Man habe den beiden Schilder mit Schmähungen um den Hals gehängt, die ein Lehrer der hiesigen Schule vorbereitet hatte, um so die Marpinger vom Abstimmungsverhalten ihrer „schwarzen Zigeuner" zu informieren. Auf dem Schild von BARBARA KINZINGER habe man eine Gestalt ähnlich einer Nonne erkennen können. Darunter sei ein Spottvers geschrieben gewesen:

„Sieh', ich bin des Herren Magd, ich allein hab' Nein gesagt".

So seien die beiden von der johlenden Menge unter Anführung der örtlichen Nazigrößen und unter Absingen von Spottliedern durchs Dorf geführt worden, wobei sie auch gestoßen, geschlagen und angespuckt worden seien.

Als der Zug beim Haus des Ortsgruppenleiters angekommen sei, hätte der Ortsgendarm die berüchtigte „Schutzhaft" verhängt, und beide seien ins Zuchthaus nach GERMERSHEIM abtransportiert worden. Erst als sich später die bischöfliche Behörde in TRIER eingeschaltet habe, sei eine Entlassung erreicht worden. Der Kaplan habe aber fortan nicht mehr in der Marpinger Schule unterrichten dürfen.

Im Plebiszit 1938 beschwört Hitler die „Kampf- und Leidensgemeinschaft" des „großdeutschen" Volkes

Die nächste Reichstagswahl im Jahr 1938 bildet den Hintergrund dessen, was nun von WEIDENBERG und der Frankenpfalz zu berichten ist. Diese Wahl war zugleich die letzte in Gesamtdeutschland bis Kriegsende. HITLER verband sie, wie schon gesagt, mit der nachträglichen Abstimmung über den Anschluss Österreichs an das Deutsche Reich. Wie die vorangegangenen Abstimmungen sollte auch der Wahlakt von 1938 keine demokratische Wahl sein, sondern, nach dem erklärten Willen Hitlers, den Charakter eines weiteren quasireligiösen Bekenntnisses haben, das aber nun die Österreicher mit einschloss. Kristallisationspunkt des Bekenntnisaktes war also einmal mehr die Gestalt Hitlers als Erlöser und Befreier, der in den Augen vieler Deutscher und Österreicher längst in die Sphären der Gottgleichheit entrückt war.

Die Österreicher mussten ja von der politischen Entwicklung entzückt sein. Denn auch wenn die Ausdehnung dieses Reiches noch nicht wieder ganz an alte Habsburger Größe heranreichte, „wo die Sonne nie untergeht", so konnte sie doch jeden anderen geschichtlichen Vergleich bis zurück in die Zeiten Kaiser Ottos des Großen bestehen. Dieser Vergleich mit dem Liudolfinger Otto (912-973) stärkte ohne Zweifel Hitlers Selbsteinschätzung als vermeintlicher Liebling der „Vorsehung" weiter.

In der Wahlverordnung vom 18. März 1938 bekräftigt HITLER diesen Bekenntnischarakter der Wahl ganz unverblümt:

„In der Absicht, dem Deutschen Volk Gelegenheit zu geben, sich in seiner Gesamtheit zu dem durch die Wiedervereinigung Österreichs mit dem Deutschen Reich geschaffenen ***Großdeutschen Volksreich zu bekennen****, ordne ich an, dass neben der Volksabstimmung im Land Österreich auch im übrigen Reichsgebiet über die am 13. März vollzogene Wiedervereinigung Österreichs mit dem Deutschen Reich eine Volksabstimmung stattfindet. Gleichzeitig löse ich den Reichstag mit Ablauf dem*

9. April 1938 auf, um den deutschen Volksgenossen in Österreich eine Vertretung im Großdeutschen Reichstag zu eröffnen. Als Termin für das Referendum und die Wahl lege ich Sonntag, den 10. April 1938 fest."

„Führer befiehl, wir folgen.—Alle sagen JA": Wahlpropagandahelfer der Hitlerjugend (Foto: Wahl 1934)

Dieser Aufruf ist nicht ohne Pikanterie. HITLER verordnet also „seinen" Deutschen, deren Staatsbürgerschaft er selbst erst am 25. Februar 1932 äußerst mühsam und verschlungen nach vielen vergeblichen Mühen erhalten hat, und auch seinen eigenen Landsleuten, deren Staatsangehörigkeit er am 30. April 1925 im Zorn aufgegeben hat, ein gemeinsames Bekenntnis zum „Großdeutschen Volksreich"! Damit man im Nachhinein unterscheiden kann, wie die einzelnen Völker abgestimmt haben, dürfen die Deutschen ihr Kreuz auf weißen, bzw. hellen Stimmzetteln machen, die Österreicher dagegen auf grünen.

Hitlers Leute haben für ihre Wahltaktik von den vorangegangenen Wahlen und Kundgebungen gelernt. Sie wissen mit dem Volk und seiner Willensbildung umzugehen, um ein möglichst 100-prozentiges Ergebnis sicherzustellen. Alles ist auf einen reibungslosen Ablauf eingestellt. Begeisterung ist selbstverständlich, wie schon die Zeitungsberichte bei solchen Gelegenheiten seit 1933, damals nach dem Austritt aus dem Völkerbund, immer wieder zeigen: *„Im Schmuck unzähliger Fahnen und sogleich mit Beginn der Wahlhandlung strömte die Einwohnerschaft zur Wahlurne. Der Andrang in den einzelnen Wahllokalen war zeitweise so groß, dass man die Pforten vorübergehend schließen musste."*

Wer nicht wählt, handelt „heimtückisch"

Trotz des Bekenntnischarakters soll die Wahl nach außen weiterhin als demokratisch erscheinen. So bedient man sich auch formal weiter der Wahlordnung der Weimarer Republik. Das bedeutet: Die Wahl gilt nach wie vor als geheim, das Wahlgeheimnis darf scheinbar nicht gebrochen werden.

Andererseits, wenn Wählen zugleich als öffentlicher Bekenntnisakt verstanden wird, erhebt sich ja die Frage, wozu man dann überhaupt ein Wahlgeheimnis braucht. Wer sich also bei einer Hitlerwahl auf dieses Wahlgeheimnis berufen will, führt in den Augen der Nazis sicher etwas im Schilde und stellt sich außerhalb der Volksgemeinschaft, sein Handeln verrät „Heimtücke“ und verdient Misstrauen.

So sieht man an vielen Orten, wie die Naziparteigänger nicht nur recht oberflächlich und gleichgültig mit dem Wahlgeheimnis umgehen, sondern, so im Beispiel von MARPINGEN, Abweichler regelrecht verfolgen und öffentlich brandmarken. Ein eindeutiger Wahlbetrug ist ihnen zwar kaum nachzuweisen, aber sie verstehen es, wirkungsvolle Drohkulissen aufzubauen. Zum Wahlgeheimnis und zum ursprünglichen Sinn demokratischen Wahlen als persönliche individuelle Entscheidungsvorgänge hat ein „echter Nazi“ eben keinen inneren Bezug! Ihm bedeutet der Einzelne nichts, sondern ihm ist das Volk alles. So erwartet er auch, wie das Beispiel MARPINGEN und vieler anderer Orte zeigt, dass ein „echter Volksgenosse“ auf den Gebrauch der aufgestellten Wahlkabine verzichtet und offen wählt, eben „sich öffentlich bekennt“.

Auch der Grundsatz, dass es bei demokratischen Wahlen keine Wahlpflicht gibt, ist den Nazis zuwider. Natürlich streben auch demokratische Gemeinwesen eine möglichst hohe Beteiligung aller Bürger an; ihnen geht es von der Definition her ja um möglichst breite Mitbeteiligung am Staatswesen. In Diktaturen wird das Wahlrecht aber deshalb zur Pflicht erhoben, weil man die Zustimmung der Bürger nicht zur *Beteiligung,* sondern als *Bekenntnis* für den Herrscher braucht. So predigen die Gauleiter dem Volk schon bald: *„Wahlrecht ist Wahlpflicht! Es darf sich niemand ausschließen, keiner darf seine staatsbürgerliche Pflicht versäumen!“*

Irritierend ist auch die Vermischung von Wahl und Volksentscheid in der Hitlerdiktatur. Eine Doppelfrage kann nur mit einem einzigen Ja-Kreuz, bzw. diesmal sogar in einem Nein-Feld, beantwortet werden, das freilich nur ein Drittel Ausdehnung hat:

„Bist Du mit der am 13. März 1938 vollzogenen Wiedervereinigung Österreichs mit dem Deutschen Reich einverstanden und stimmst Du für die Liste unseres Führers Adolf Hitler?“

Bewusst hatten die Gesetzgeber von WEIMAR nicht zugelassen, dass über Maßnahmen der Regierung vom Volk abgestimmt wurde, weil ja die Zustimmung und oder Ablehnung der Regierungsarbeit in Demokratien nicht Sache der Masse, sondern des demokratisch gewählten

Volksabstimmung und Großdeutscher Reichstag

Stimmzettel

Bist Du mit der am 13. März 1938 vollzogenen
Wiedervereinigung Österreichs mit dem Deutschen Reich
einverstanden und stimmst Du für die Liste unseres Führers
Adolf Hitler?

Ja

Nein

Grün für die neuen Volksgenossen: Wahl- und Bekenntniskarte der Österreicher 1938

Parlaments ist. Doch an Stelle dieser Weimarer Ordnung hatten die Nazis 1933 ein eigenes „Gesetz über Volksabstimmung" erlassen, das nun eine ganz neue Zwecksetzung hatte. Es sollte nicht mehr zur kritischen Begleitung der Regierung dienen, sondern nur noch zur Beifallsspendung. Im Hitlerstaat kann beim Volksentscheid die Regierungsarbeit zwar zum Thema gemacht und mit einfacher Mehrheit der abgegebenen Stimmen beurteilt werden, aber nicht *vor*, sondern erst *nach* den entsprechenden souveränen Entscheidungen des Führers.

Bekenntnis zum Befreier:
Jedes Jahr eine neue Großtat des Messias

Wie die Wahlen dienen also auch die Volksabstimmungen faktisch dazu, die Einheit zwischen der NS-Führung und der von ihr propagierten Volksgemeinschaft zu beschwören. Mit solchen Bekenntnisakten will HITLER Führung und Volk zu einer unauflöslichen Kampf- und Leidensgemeinschaft zusammenschmieden, um sie ohne Widerspruch einsetzen zu können für seine weiteren geplanten „Großtaten", die Eliminierung von „Ballastexistenzen", Randgruppen und Juden, die Eroberung Europas und des „Lebensraums im Osten", sowie die Ausbeutung der unterjochten Völker.

3. Die Hitlerverehrung braucht Jünger und Apostel

Eine Erlösergestalt mit hohem Anspruch

HITLER sah sich also gottgesandt, in einer Linie mit Profeten und vergöttlichten Menschen. Seine Partei betrachtete er in erster Linie nicht als politische, sondern als religiös-weltanschauliche Bewegung. Sie sollte die Menschen begeistern und zur Hingabe befähigen. Mit Genugtuung erlebte HITLER, wie mit jedem Jahr seiner Herrschaft immer mehr Deutsche bereit waren, ihm die entsprechende Verehrung entgegenzubringen. Diese hohe Selbsteinschätzung hatte bei ihm freilich ihre eigene längere persönliche Vorgeschichte.

HITLER war Wagnerliebhaber von Jugend auf. Auch wenn ihm seine äußerlich zur Schau getragene Bescheidenheit das offene Aussprechen solcher Vergleiche verbot, so sah er sich selbst doch bereits seit seiner ersten Begegnung mit der Oper LOHENGRIN als der Titelheld. In der Symbolgestalt der ELSA dürstet das Volk nach Befreiung von der dumpfen Reaktion Ortruds und nach Revolution gegenüber TELRAMUND.

Wie LOHENGRIN fühlte HITLER sich gerufen vom Volk. So wie schon MOSES das Gottesvolk befreit, eilt er auf göttliches Geheiß zur Hilfe. So wie den Messias, der die endzeitliche Erlösung bewirkt, erwartet auch ihn das Gottesvolk. Sogar mit dem gekreuzigten und auferstandenen Heiland JESUS verglich HITLER sich; seine Passion hatte er ja am eigenen Leib beim Marsch auf die Münchner Feldherrnhalle erlebt, und seine Auferstehung aus dem Grabe hatte er im Zuchthaus von LANDSBERG gefeiert.

So sah sich HITLER auch geleitet von der Intuition der göttlichen „Vorsehung", als er beschloss, Politiker zu werden. Er sah sich berufen, zum Erlöser der Deutschen zu werden von der Schmach von Versailles. Die Juden sollte er in die Schranken weisen. Dem Volk der Deutschen sollte er seine Weltgeltung wiedergeben.

Damit waren aber der religiöse Bedeutungsgehalt seiner Sendung bei weitem noch nicht ausgeschöpft. Vielmehr auch zum Apostel PAULUS bestanden Beziehungen: Wie dieser hatte auch HITLER sein „Damaskus-Erlebnis" gehabt, das die Weichen seines Leben radikal neu stellte: Das war in Flandern zu Ende des Ersten Weltkriegs, als ihm durch Giftgas die Augen erblindeten, und dann im Lazarett von Pasewalk, als sie ihm neu geöffnet wurden. Da offenbarten sich ihm die Zusammenhänge von Weltkrieg und der deutschen Erniedrigung. Er sah den wahren Sündenbock vor sich in der Gestalt des „Weltjudentums", das sich mit den Marxisten zur gemeinsamen Verschwörung verbunden hatte. Er sah sich nun „im Sinne des allmächtigen Schöpfers" gerufen, diese beiden Feinde mit aller Energie zu bekämpfen als ein „Werk des Herrn".

Und noch weiter: HITLER sah sich auch in einer Linie mit dem Profeten MOHAMMED; seine „Scharia", die aus der von ihm diktierten Parteidoktrin entströmte, wollte als unfehlbare Pflichtenlehre das gesamte politische, soziale, häusliche und individuelle Leben der Menschen umgreifen. Sie legte dem Volk strenge Regeln auf und hielt bei Übertretungen blutige Strafen bereit.

Die Erwählung beschränkte sich aber nicht auf ihn. Vielmehr verstand HITLER es, wie seine religiösen Vorbilder von Anfang an Jünger und Apostel um sich zu scharen. Sie waren seine Nachfolger seit der ersten Stunde. An ihnen hielt er stets fest. Er betrachtete sie als seine Missionare und seine Botschaft als Evangelium, das verbreitet werden musste. HITLER meinte, die revolutionäre gute Tat von der Schaffung des neuen Menschen zu vollbringen.

Um solchen Glauben unter das Volk zu bringen, brauchte er seine Jünger, Apostel und Missionare. Diese mussten seine Belehrungen verinnerlichen. Sie mussten sich nicht nur in der Parteidoktrin auskennen; sondern sie sollten sich auch entsprechend vorbildlich benehmen, opferbereit sein und vor allem: Sie mussten predigen, sprich: bewegend reden können.

Funktionäre müssen Menschen berauschen können

Methodisch hatten die Nazis seit der Machtübernahme im Januar 1933 einiges dazugelernt. Straßenschlachten und primitive propagandistische Wirtshauszusammenkünfte hatten in ihrem Ein-Parteiensystem keinen Platz mehr. Man wollte ja alle Schichten erreichen und jeden weltanschaulich überzeugen. Alle Nazi-„Hoheitsträger" und Funktionäre mussten daher ständig rhetorische und propagandistische Schulungen durchlaufen.

Ihr Rüstzeug als kleine „Führer" und ihre Rhetorik wurde ihnen auf Führerschulen wie der PLASSENBURG bei Kulmbach nahegebracht. Methodische Schulungen in der Parteidoktrin erfolgten auch auf örtlicher Ebene, wie in der Kreisschulungsstätte im Weidenberger Schloss.

So wird auch dem Weidenberger Ortsgruppenleiter und Kreisredner GEORG RUMLER in seinem Parteibuch bestätigt, dass er im Juli 1933 am ersten Kurs der Landesführerschule Bayern teilgenommen hat. Zu diesem Kurs sind Kandidaten aus ganz Bayern fast zwei Wochen lang in den ehrwürdigen Mauern der einstigen markgräflich-brandenburgischen Festung PLASSENBURG in Oberfranken zusammengekommen.

Parteischulung auf der Plassenburg 1935: Rumlers Kollege als Ortsgruppenleiter von Kulmbach FRITZ SCHUBERTH bei einer Rede

Ein weiterer Kurs wird RUMLER dann mit der Teilnahme am Lehrgang der Reichsschule in BERNAU bei Berlin vom 18. Febr. - 2. März 1938 attestiert. Der Teilnehmerkreis bestand jeweils aus etwa 60 besonders ausgewählten Vertretern der „Politischen Leiter" und des „Führerkorps" der „NS-Kampfverbände" SA, SS und der HJ. Dabei stellte sich allerdings bald heraus, dass RUMLER für weitergehende Verwendungen in

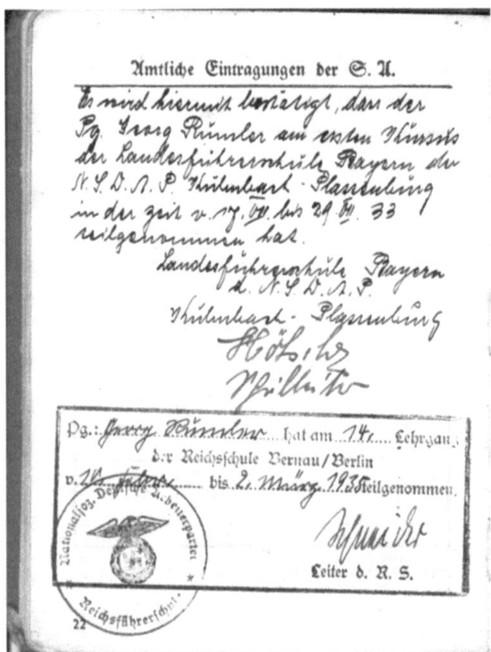

Amtliche Eintragungen der S. A.

Es wird hiermit bestätigt, dass der Pg. Georg Rumler am ersten Kursus der Landesführerschule Bayern der N.S.D.A.P. Kulmbach-Plassenburg in der Zeit v. 17. VII. bis 29. VII. 33 teilgenommen hat.

Landesführerschule Bayern d. N.S.D.A.P. Kulmbach-Plassenburg

Pg.: Georg Rumler hat am 14. Lehrgang der Reichsschule Bernau/Berlin v. 18. Febr. bis 2. März 1935 teilgenommen.

Leiter d. R. S.

Nationalsoz. Deutsche Arbeiterpartei Reichsführerschule

22

Rednerschulung auf der Plassenburg: Eintrag am 29. Juli 1933 in Georg Rumlers Parteibuch

der Partei nur bedingt geeignet war. Aber im Ort und bei anderen öffentlichen Gelegenheiten hat er immer, trotz seiner bescheidenen Gaben, gern und stolz geredet. Und manche Bürger haben dieses Bemühen damals neidlos anerkannt

Auch die Ortsgruppen- und Stützpunktleiter von kleineren Orten mussten sich regelmäßig zu ein- bis zweitägige Kurzschulungen einfinden, die die Kreisleitung in der Parteischule in WEIDENBERG im Alten Schloss anbot, denn auch sie waren ja eingebunden in das Konzept einer permanenten propagandistischen Berieselung des Volkes. So findet sich in den Parteibüchern vieler dieser kleinen Nazi-„Hoheitsträger“, wie etwa dem Geseeser Lehrer und Ortsgruppenleiter PAUL KÖHLER, vermerkt, dass sie an den Kursen im Weidenberger Schloss teilgenommen haben.

Doch um das Volk auch emotional an sich zu binden, genügte der Partei die örtliche Propaganda nicht. Das Denken, Planen und Handeln des Führers musste mit Hilfe begabter Parteiredner und Führungsfiguren auch in das Volk im letzten Dorf hineingetragen werden. So traten auch in der Provinz nicht nur die lokalen Parteigrößen, Kreisredner oder Gauleiter als Wahlredner auf, sondern häufig auch überregionale Nazi-Funktionäre und sogar Mitglieder der Regierung.

NS-Parteischulungsstätte: Altes Schloss Weidenberg um 1935

Über den Bayreuther Gauleiter HANS SCHEMM, der ein begnadeter Redner war, heißt es, dass er bereits in der „Kampfzeit“ an manchen Tagen zehn und mehr solcher Reden gehalten hat, wobei ihn sein Motorrad zu den wechselnden Orten trug. Dabei gründete er 1929 auch den NSDAP-Ortsverein Weidenberg.

Seine Rhetorik in dieser frühen Zeit der Hitlerbewegung war geschliffen und anfangs aggressiv und scharf antisemitisch. Nach Hitlers Machtergreifung aber hatte der gutaussehende SCHEMM, den viele Frauen als den „schönen Hanni" anhimmelten, zu einem weitaus verbindlicheren Ton umgeschaltet. Seine Reden spiegelten nun das Parteiprogramm in pädagogisch aufgearbeiteter Form wider; sie wurden nachgeschrieben und in Buchausgaben in mehreren Auflagen auch noch lange nach seinem Tod im ganzen deutschen Sprachraum veröffentlicht.

Star-Redner einer „politischen Religion": HANS SCHEMM (Abb. aus der NS-Schülerzeitschrift „Deutsche Jugendburg")

Diese Reden Schemms sind heute eine wichtige Quelle und ein Beleg dafür, dass viele Nationalsozialisten ihre Ideologie tatsächlich als „politische Religion" verstanden haben. Freilich hat der früh verstorbene SCHEMM seine Weltanschauung noch nicht als Konkurrenz zu den Kirchen und zum Christsein gesehen, sondern als deren Ergänzung und diesseitige Erfüllung. Erst mit dem für die Nazis enttäuschend verlaufenden „Kirchenkampf" kommt es seinerzeit immer stärker zu einer Entfremdung zwischen Nazis und Kirche, zumindest im Bereich der sg. intakten Landeskirchen Hannover, Württemberg und Bayern.

In Schemms einschlägiger, während der ganzen Hitlerzeit verlegter Redensammlung *„Hans Schemm spricht"*, die seine Verehrerin, die spätere Bayreuther Kulturpreisträgerin GERTRUD KARL-FURTMANN redigiert und herausgegeben hat, findet sich noch auffallend wenig Antisemitismus, dafür aber viel augenscheinliche Werbung für den Glauben an Gott. SCHEMM stellt das Christentum noch über die Parteilehre. Seitdem gilt er bis in die Kirchenspitze hinein als der „gute Nazi". Man kann ihn durchaus wählen; seiner Sache kann man trauen. So bedauern auch viele Nicht-Nazis den allzu frühen Tod dieses smarten Nazis, als sein Flugzeug im März 1935 in LAINECK abstürzt. – Sein weitaus ruppigerer Nachfolger als Gauleiter in Bayreuth, der bullige FRITZ WÄCHTLER, kam bei der breiten Bevölkerung bei weitem nicht so gut an. Er erregte auch unter den Nazi-Kollegen selbst viel Widerstand.

Allerdings hatte von den „Promis" der höheren Chargen bei der letzten Hitlerwahl 1938, um deren Betrachtung es im Folgenden hauptsächlich gehen soll, keiner die nötige Zeit, um nach WEIDENBERG oder in andere kleinere Orte zu kommen, weil sie im gerade „angeschlossenen“ Österreich die Begeisterung des Volkes zu eigenen Kundgebungen nutzen sollten. Immerhin zeigte sich aber in WEIDENBERG am 26. März zumindest der Parteigenosse HAIDER aus Berlin. Ansonsten musste man bei der Wahl 1938 vor Ort mit dem unbeliebten Gauleiter WÄCHTLER zufrieden sein oder, wie in KIRCHENPINGARTEN am 1. April, mit dem noch rangniedrigeren Pg. BRENDEL Vorlieb nehmen.

Theologen im Streit um die Hitler-Verehrung

Karl Barth (1886-1968): „Kirchenvater des 20. Jh.“

Barmer Bekenntnis: Post-Briefmarke zum 50. Jahrestag

Wer eine Botschaft unter das Volk bringen will, braucht die Medien, so auch für die Hitler-Wahlen. Die gleichgeschaltete Presse war voll in die Nazi-Propaganda eingebunden. Aus Hitlers Propagandaministerium in BERLIN ergingen klare Anweisungen, wann, wo und mit welchem Kommentar eine Zeitung einen bestimmten Artikel abzudrucken hatte. Aber auch ohne diese Anweisungen von oben berichteten viele Zeitungen begeistert von den Wahlveranstaltungen; sie druckten auch großformatige Wahlkampfparolen ab, wie *„Deine Stimme dem Führer!“*

Auch aus den gleichgeschalteten Verbänden kamen Aufrufe, sich an den Wahlen zu beteiligen, ebenso aus der Industrie, dem Handwerk und, wie schon gesagt, auch aus den Kirchen und ihren Leitungen. Da gab Theologen, etwa der sg. „Erlanger Schule“, die in ihrer anfänglichen Verblendung behaupteten, dass Gott sich neben Jesus Christus auch in anderen Personen und Ereignissen der Geschichte offenbaren könne, etwa in Volk, Rasse und Führung eines Staates. Mit dieser Lehre widersprachen sie bewusst der Bekennenden Kirche, die in ihrem „Barmer Bekenntnis“ eine deutliche Absage an den Hitlerkult vollzogen hatten. Sie spielten der Nazi-Ideologie und Hitlers Rhetorik voll in die Hände. Damals hatten in Erlangen der Theologieprofessor PAUL ALTHAUS und der Universitätsrektor und Dekan der Theologischen Fakultät WERNER ELERT mit ihrem „Ansbacher Ratschlag“ theologisch dem religiösen Hitlerwahn Tor und Tür geöffnet. Damit hatten sie zugleich in die Pfarrerschaft einen Keil getrieben.

Denn das Gros der evangelischen Pfarrerschaft fühlte sich der Bekennenden Kirche zugehörig, die sich ab dem Frühjahr 1934 herausgebildet hatte. Sie war eine Reaktion auf die hitlerhörigen „Deutschen Christen" (D.C.) und den hier geforderten „Arierparagrafen". Zu ihrer geistlichen Grundlage hatten die Bekenntnischristen unter Federführung des großen Schweizer Theologen KARL BARTH das vorgenannte Bekenntnis, genauer die „Theologische Erklärung zur gegenwärtigen Lage der Deutschen Evangelischen Kirche", erarbeitet. Für die Christen der Bekenntnisgemeinden war damit für jedermann hörbar HITLER und der Erlösungslehre des Nationalsozialismus widersprochen worden.

Mit diesem gegen die religiöse Hitler-Verehrung und Hitlers angemaßten Totalitarismus gerichteten Bekenntnis gelang es der Bekennenden Kirche damals innerhalb von vier Jahren, von 1934-1938, ihre Christusverkündigung in den größten deutschen Landeskirchen Hannover, Württemberg und Bayern in harten Glaubenskämpfen gegen die hitlergläubigen „Deutschen Christen" (D.C.) durchzusetzen. Auch fast alle Gemeinden im Dekanat Bayreuth erklärten sich damals offen zu „Bekenntnisgemeinden" und gaben an ihre Gemeindeglieder entsprechende Mitgliedskärtchen aus. Bis auf einen, den Weidenberger Pfarrer THEODOR HOFFMANN, solidarisierten sich auch alle anderen Geistlichen des Dekanats mit den Grundsätzen der Bekennenden Kirche.

Dagegen hatte der deutschchristliche Pfarrer HOFFMANN seinen Kollegen auf der II. Pfarrstelle, GEORG REDENBACHER, bedrängt, auf alle Äußerungen und Entscheidungen zu verzichten, die kirchenpolitisch verstanden werden konnten. Angeblich sollte so in Weidenberg der Frieden in der Gemeinde gewahrt werden,

Erst als HOFFMANN selber diese Absprache brach und in Weidenberg im Jahr 1937 radikale Propagandisten dieser Hitlerkirche nach Weidenberg einlud und hier als Redner auftreten ließ, beendeten auch die Weidenberger Bekenntnis-Christen ihre Zurückhaltung. Sie begannen ihrerseits mit Bibelwochen und Bekenntnisveranstaltungen und widersprachen so der Hitler-Religion. In diesem Jahr, in dem der Kirchenkampf seinen Höhepunkt erreicht, stellt dann die aus LESSAU stammende MARGARETE SCHILLING, die in Weidenberg getauft und konfirmiert ist, ihr Bekenntnis-Marterl auf der Bocksleite hoch über dem Marktort auf. Nazi-Ortsgruppenleiter RUMLER wagt es nicht, der Aufstellung dieses deutli-

Anti-Hitler-Bekenntnis am Höhepunkt des Kirchenkampfes: Marterl von 1937 auf der Weidenberger Bocksleite

chen religiösen Zeichens seinen Widerstand entgegenzusetzen.

Es dauert dann auch nicht mehr lange, dass der Spuk der Sekte der „Deutschen Christen“ endet; denn schon bald gibt ihr „spiritus rector“ im Bayreuther Land, Pfarrer HOFFMANN, auf. Er verlässt im folgenden Jahr sein Amt und seine Gemeinde und geht zu Hitlers Soldaten.[7]

Kinder glauben: Hitler ist Gott

Doch trotz vieler einzelner Bemühungen von Pfarrern und anderen mutigen Menschen gelang es lange Zeit niemandem, den Bann der ständig wachsenden, geradezu hysterischen, quasireligiösen Hitlerentzückung im In- und Ausland zu durchbrechen. Zu überwältigend, zu unheimlich und unbegreiflich erschienen Hitlers sich steigernde politische Erfolge, zu eindringlich und berauschend wirkte seine Rhetorik. Viele Kritiker, die ihm ein mutiges Wort entgegenhalten wollten, verstummten, wenn sie vor ihm standen oder viele auch schon vorher.

Es war, wie wenn HITLER die Menschen, darunter auch viele Gebildete, einfach hypnotisieren könnte. Sein Redeschwall machte fast jeden wie besoffen. Der stechende Blick seiner blauen Augen schien das Gegenüber zu durchbohren. Dabei waren es in Wahrheit die Basedow-Augen, die solche Wirkung ausübten. HITLER hatte sie von seiner Mutter geerbt. Sie reagierten auf jedes helle Licht empfindlich und zwangen ihn auch, den Mützenschirm tief ins Gesicht zu ziehen. Doch der entstehende Schatten über seinen Augen machte ihn zusätzlich geheimnisvoll.

Ferner Gott und naher „lieber Onkel“:
HITLER mit BERNILE NIENAU 1933

Viele Menschen warteten sehnsüchtig darauf, wenigstens einmal in ihrem Leben von HITLER angeblickt zu werden. Auch wenn er vor Zehntausenden sprach und dabei seine Augen schweifen ließ, nahmen viele doch an, er meine sie ganz persönlich.

Dieser persönliche Blick Hitlers spielte auch eine ganz besondere Rolle in dem Erziehungsprogramm, das die Nazi-Pädagogin JOHANNA HAARER den jungen Eltern ihrer Zeit empfohlen hatte: Sie sollten ihre Kin-

[7] Mehr zur spannenden Geschichte des Kirchenkampfes in Weidenberg erzählt als Themenschwerpunkt die bereits genannte 4. Folge des Projektes „MYRTEN FÜR DORNEN – Christsein am Scheideweg“.

der so wenig wie möglich anblicken und hätscheln. Umso stärker könne dann der ersehnte „Führerblick" wirken.[8]

Auf den Bildern, die Hitlers Hoffotograf HOFFMANN höchst erfolgreich vermarktete, erscheint immer wieder ein Motiv in verschiedensten Variationen: Der große Diktator neigt sich zu einem kleinen blonden Mädchen herab, er schaut es freundlich an, umarmt und tätschelt es. Tatsächlich handelte es sich um die beim Kennenlernen siebenjährige BERNHARDINE NIENAU, genannt „BERNILE". Sie war ihrem „lieben guten Onkel Hitler" bald verfallen und schrieb ihm seitdem glühende Kinderbriefe, strickte ihm Socken und machte ihm kindliche Geschenke. Auch als sich herausstellte, dass das blonde Mädel aus einer jüdischen Familie stammte, ließ HITLER den Kontakt weiterlaufen. Denn er genoss solche Publicity und ließ es gern zu, sich so menschlich und privat mit einem Kinde zu zeigen.[9]

Es war für jeden Deutschen der Gipfel des Verlangens und der Auszeichnung, von HITLER persönlich angeschaut und berührt zu werden. Diese Magie erstrahlt noch heute erkennbar aus dem bekannten Bild, das zur Ikone der letzten Kriegsmonate geworden ist: dem Empfang der Hitlerjungen vor der zerstörten Reichskanzlei am 20. März 1945 in Berlin.

Wie von Gott selbst angeschaut:
Hitlerjungen an der Berliner Reichskanzlei Ende März 1945

HITLER schaut die Angetretenen freundlich an und tätschelt ihr Gesicht. Dabei muss er seinen linken Arm hinter dem Rücken verbergen. Es soll nicht verraten werden, dass der große Held und Gott unter dem Zittern der Parkinsonkrankheit leidet.

Diese Jungen, die fast noch Kinder waren, erleben den Augenblick, als wenn der Herrgott sie anschaut, sie sind wie hypnotisiert. Und es trifft ihre verwundeten Seelen zutiefst, als sie dann 40 Tage später, am 30. April

---

[8] Vergl. zu dieser im Dritten Reich verbreiteten „schwarzen Pädagogik" in der 4. Folge des Projektes „MYRTEN FÜR DORNEN – Christsein am Scheideweg" das Kapitel *„Ein Don Camillo mit kräftigem Handschlag"*, S. 350f.

[9] Reichsleiter Martin Bormann unterbrach dann 1938 diese Kontakte. – BERNHARDINE NIENAU starb mit 17 Jahren an Kinderlähmung. Ihre Mutter überlebte die Nazizeit unbeschadet, obwohl ihre eigene Mutter Jüdin war.

1945, aus dem Rundfunk hören, der Führer sei *„heute Nachmittag in seinem Befehlsstand in der Reichskanzlei, bis zum letzten Atemzug gegen den Bolschewismus kämpfend, für Deutschland gefallen"*. Es ist für sie, wie wenn Gott selbst den Kampf gegen das Böse verloren hätte; nun würden alle Dämme brechen.

Fragt man Zeitzeugen aus Weidenberg, die damals Kinder waren: Wer war für Euch damals HITLER? – dann erhält man dieselbe eindeutige Antwort: „Hitler war für uns Gott". Das mag überraschen, denn zu dem Zeitpunkt des Jahres 1938, den wir in diesem Buch besonders betrachten, waren diese Kinder etwa 10 Jahre alt, sie waren also schon in einem durchaus „sachlichen" Alter.

Fragt man weiter, woher sie diese spektakuläre Meinung über HITLER hatten, könnte man vorschnell auf die Schule tippen. In der Mehrzahl waren diese Lehrer ja zu diesem Zeitpunkt bekennende Nazis. Die naheliegende Vermutung, dass sie damals auch die Kinder indoktrinierten, wird aber von vielen Zeitzeugen zurückgewiesen. Kein Lehrer hätte die Kinder im Sinn der Nazi-Ideologie zu beeinflussen versucht, sagen sie. Ausgenommen von diesem überraschenden Urteil wird lediglich der Lehrer HOFER in SOPHIENTHAL, der ein heimtückischer Nazi gewesen sei[10].

Auch die Freizeitgestaltung bei den „Pimpfen" oder als „Jungmädel" hätte natürlich die Meinung der Kinder über Hitler und das Regime prägen können. Tatsächlich aber war es das Reden der Erwachsenen daheim oder auf den Straßen, das auch den Glauben der Kinder beeinflusste und formte. Das zeigt, wie verbreitet und alltäglich der religiös anmutende HITLER-Kult damals war. Es mag heute erschüttern und schwer zu glauben sein, wenn man an den Äußerungen der Kinder erkennt, wie fest und tief der HITLER-Mythos damals im Volk tatsächlich verankert war.

Nur wenige Erwachsene im Markt Weidenberg wagten damals zu widersprechen; sie mussten sich dann von den anderen sagen lassen: *„Halt's Maul, Hans"*, wie der Bäcker HANS PONATER am Obermarkt, dessen freies Wort gegen HITLER und das Naziregime im Ort bekannt war. In seinem Laden grüßte man sich auch nicht „Heil Hitler", wie sonst auf der Straße, sondern wie in Franken von jeher gewohnt mit „Grüß Gott". HANS PONATER blieb unbehelligt, zum Glück, er hatte keine echten Feinde. Aber viele meinten doch, sich dem guten Rat zum Schweigen anschließen zu müssen, mit dem verstohlenen und wissendem Nebensatz „sonst kommst du nach Dachau".

So verinnerlichten die Menschen mit der Zeit nicht nur die wachsende Furcht vor dem Terror des Systems gegenüber Abweichungen; vielmehr hielten sie es selbst sogar für vernünftig, jemandem, der seine Meinung frei sagte, zu widersprechen. Sie

---

[10] Vergl. dazu auch das Kapitel über das Schulwesen jener Zeit in Weidenberg: *„Hasenjagen, aber gelernt haben wir nichts"* in der 6. Folge des Projektes „MYRTEN FÜR DORNEN – Untergehen und Aufstehen", S. 10ff.

waren so fest eingeschworen auf den Mythos vom gottgleichen HITLER und auch innerlich davon so überzeugt, dass daran zu rütteln bis fast zum letzten Tag seiner Herrschaft für die meisten ein Sakrileg gewesen wäre.

Seltsamerweise vermochte auch die wachsende Schreckensbilanz seit der Katastrophe von STALINGRAD nicht, die Meinung über den längst entrückten HITLER im breiten Volk zu ändern. Die Morde an den Juden nahmen die meisten nicht zur Kenntnis. Das Attentat der Verschwörer des 20. Juli 1944 wurde von der Mehrheit der Deutschen eindeutig missbilligt, auch noch bis weit in die Nachkriegszeit hinein. Und die Schuld an der Zerstörung der Städte schob man den Gegnern zu.

Erst als die siegreichen Amerikaner nach dem Krieg ihre Filmdokumentationen aus den KZs in den Kinos, auch in WEIDENBERG, zum Pflichtprogramm machten, öffneten sich manchem nachträglich und allmählich die Augen über den wahren Charakter des Hitlersystems. Dagegen trugen die spektakulären Nürnberger Prozesse ebenso wenig zum Umdenken bei, wie die Untersuchungen und Urteile der Spruchkammern. Ihr Wirken galt abfällig als „Siegerjustiz“.

Es gab in der Generation derer, die in die Hitlerzeit als Jugendliche oder junge Erwachsene hineingewachsen waren, sogar manche, die von ihrer Hitler-Besessenheit bis an ihr Lebensende nicht lassen wollten, obwohl sie die zutage getretenen Zeugnisse seiner Menschenverachtung kannten. Sie hatten ihre eigenen Sehnsüchte und Hoffnungen auf diesen Mann übertragen. So war ihre Zustimmung zu HITLER existenziell geworden. HITLER war Teil der eigenen Lebensgrundlage. Den Glauben an HITLER aufzugeben, hätte bedeutet, den eigenen Lebensentwurf preiszugeben.

Hitlerentzückung und -gedichte voll religiöser Inbrunst

Der kleine Mann auf der Straße war mit dieser HITLER-Verehrung nicht allein. Auch viele sogenannte Dichter im ganzen deutschsprachigen Raum versammelten sich im Lauf der Jahre zu gemeinsamem Lallen, und auch tatsächliche Dichter gaben ihren Verstand preis und verstiegen sich zu allerpeinlichstem Pathos.

Zwar hatten die bedeutenderen Künstler aus Poesie und Literatur, ebenso wie die Musiker und Maler, Deutschland im Jahr 1938 bereits verlassen oder waren in eine innere Emigration gegangen. Doch zeigen die Werke der Übriggebliebenen in erschreckendem Ausmaß, wie sehr HITLER bei vielen Deutschen zu dieser Zeit längst zu einem Subjekt des Glaubens geworden war.

Er war für viele Anhänger Zielpunkt einer geradezu inbrünstigen religiösen Verehrung. So preisen viele peinlich Reden und Gedichte HITLER als Erlöser und Heiland, als Gottes Profeten und den Bringer der Endzeit. Immer wieder wird seine Person mit zentralen Begriffen aus dem religiösen Sprachbereich wie „Gott“, „Wunder“, „Gnade“

oder „Erlösung“ in Verbindung gebracht.

Auch der Reichsleiter der NSDAP und Chef der Kanzlei des Führers, PHILIPP BOUHLER, schließt sich diesem Tonfall an. Im Vorwort eines Gedichtbandes, den die Partei dem „Führer“ zum 50. Geburtstag schenkt, preist er HITLER als Genie, Helden und epochales Ereignis der Weltgeschichte. Es ist dasselbe Jahr 1939, in dem ihm HITLER die Leitung der „Aktion T4“ zur systematischen Ermordung von Behinderten überträgt.[11] BOUHLER schreibt:

„Und immer waren es die Großen der Geschichte, war es der Mann, der Unsterbliches schuf, war es der Held, die Persönlichkeit, das Genie, an denen sich die Künstler ihrer Tage entzündeten, von denen sie erfüllt, bewegt und zu großen Schöpfungen begeistert wurden. So mögen denn in einer Zeit, da Adolf Hitler das neue Reich geschaffen und eine neue Epoche der Weltgeschichte eingeleitet hat, diese Blätter Zeugnis ablegen von dem Ringen der heutigen Generation um die dichterische Gestaltung des größten Heroen des deutschen Volkes!“[12]

In den in diesem Buch von 1939 gesammelten Gedichten preisen gewagte Metaphern nach Art der Mystik des Mittelalters HITLER als „Meer der Ewigkeit“, das dem „Sandkornleben des Einzelnen“ Anteil gibt an seiner Ewigkeit und einlädt, in ihm zu verfließen:

Nun stehen wir an deinem weiten Ufer,
vergänglich, ja, und ewig doch durch dich.
Wir lauschen deinem Gott und seinem Rufer,
und lassen aufgehn in dem Wir das Ich.
Du bist das Meer, das uns, den Sand der Zeit,
umspielt mit seiner Flut der Ewigkeit.

Als höchstes Gottesgeschenk lobpreist das Gedicht *„An Adolf Hitler"* gleich in seiner ersten Zeile den „gottgesandten Führer“: *„Dass Gott dich uns gegeben, / ist unser höchstes Glück"*. Er sei es, *„der aus dunkelsten Tagen ... allein uns ins Licht getragen"*, so wird die Leistung dieses göttlichen Boten bewundert.

In vielen bildhaften Vergleichen variieren die Gedichte schwülstig den Glauben an HITLER als Heiland: Er *„hob die ganze deutsche Welt / aus Sumpf und Sinken auf zur Sonne"*, er *„bringt aus der Finsternis / das hellste Licht heim"*, er zeigt uns *„ewiger Sterne Unvergänglichkei, / und das Frührot einer neuen Zeit"*.

Leider sind es nicht nur Namenlose, die mit ihren bombastischen Phrasen HITLER zu umschmeicheln suchen. Erschreckenderweise findet sich auch der Name einer

---

[11] Zum „T4-Programm“ und zur Rolle Bouhlers vergl. insbesondere in der 5. Folge des Projektes „MYRTEN FÜR DORNEN – Spuren der Opfer“ S. 31ff u.ö.

[12] Aus: *„Dem Führer – Gedichte für Adolf Hitler“.*

ganz bekannten deutschen Poetin unter einigen Gedichten. So bekennt die wortgewaltige ostpreußische Dichterin Agnes Miegel, als „Droste von Ostpreußen" schon zu Nazizeiten gepriesen, ihre geradezu religiöse Hitlerverehrung:

„Ich traue auf Gott und den Führer - nicht so kindlich bequem, wie Viele es tun, sondern so, wie man als Deutscher und Ostgermane dem Schicksal vertraut."

Vernarrt in Hitler: Agnes Miegel 1879-1964

Bereits im Jahr 1933 hat sie sich dem Treueeid von 88 Dichtern auf Hitler angeschlossen, 1937 ist sie in die NS-Frauenschaft und 1940 aus Überzeugung in die NSDAP eingetreten. Kaum zu glauben, dass man nach dem Krieg in der Bundesrepublik Schulen, Straßen und Plätze nach dieser überzeugten Nationalsozialistin benannt, Denkmäler und Gedenktafeln für sie aufgestellt, sie zur Ehrenbürgerin gemacht und sie Zeit ihres Lebens mit Literatur- und Kulturpreisen überhäuft hat! Erst sehr spät hat in ihrem Fall, wie auch anderen Fällen, ein zaghaftes kritisches Nachdenken eingesetzt.

In ihrem weitsichtigen Gedicht ahnt Agnes Miegel freilich auch die Götterdämmerung voraus, die solcher Hybris droht, ohne doch für sich und andere daraus die notwendigen Schlüsse zu ziehen:

Und er [Hitler] lehrte dich, o Volk, erkennen:
Du bist aller Zukunft Herz und Pfand!
Wenn aus deinem First die Flammen steigen,
wird des weißen Mannes Welt entbrennen,
wenn sich deine Sonnenfahnen neigen,
sinkt die Nacht über das Abendland!

Obwohl die Verfasserin also das schlimme Ende ahnt, schwört sie unmittelbar anschließend doch in ihrer Hitler-Trunkenheit:

Lass in deine Hand,
Führer, uns vor aller Welt bekennen:
Du und wir, / nie mehr zu trennen,
stehen ein für unser deutsches Land!

Die Schar der verbohrten Verehrer Hitlers unter den Dichtern ging aber über Deutschland weit hinaus. Der bedeutende norwegische Schriftsteller und Literatur-

Dichter unterm Hakenkreuz: KNUT HAMSUN 1943 als Gast auf Hitlers Berghof

Nobelpreisträger KNUT HAMSUN (1859-1952), der im Alter ein Bewunderer Deutschlands und Hitlers war, rechtfertigte Hitlers KZs und die Judenverfolgung. Er unterstützte 1936 in Norwegen die Wahl des Nazi-Kollaborateurs VIDKUN QUISLING zum Regierungschef und verteidigte 1940 den deutschen Einmarsch in Norwegen. Im Jahr 1943, mitten im Krieg, besuchte er HITLER nach Vermittlung von GOEBBELS auf dem Berghof. Nach Hitlers Selbstmord schrieb Hamsun einen Zeitungsnachruf, in dem er HITLER entschuldigend beistand:

„... Er war ein Krieger, ein Krieger für die Menschheit und ein Verkünder des Evangeliums vom Recht aller Nationen. Er war eine reformatorische Gestalt von höchstem Rang, und es war sein historisches Schicksal, in einer Zeit der beispiellosen Rohheit wirken zu müssen, die ihn schließlich gefällt hat. So wird der gewöhnliche Westeuropäer Adolf Hitler sehen, und wir, seine treuen Anhänger, neigen nun unser Haupt angesichts seines Todes."

4. Österreich im Jahr 1938 – Siedepunkt der Hitler-Manie

Viele Österreicher wollten Deutsche sein

Mit dem „Anschluss" Österreichs, nach dem militärischen Unternehmen „Otto" in den Tagen vom 11.-13. März 1938, hatte die Hitlerbesessenheit der Deutschen 1938 nun reichlich Nahrung für einen neuen Höhepunkt bekommen. Damit schien auch den Gegnern Hitlers jedes Motiv zum Widerstand endgültig aus der Hand geschlagen.

Dieser Anschluss der Österreicher war eigentlich bereits nach dem verlorenen Ersten Weltkrieg und dem Zerfall der Habsburger Monarchie erwartet worden, weil sich die meisten Bewohner des Kernlandes Österreich als Deutsche verstanden. Doch die siegreichen Alliierten hatten ein Zusammengehen der beiden geschlagenen Staaten vereitelt, da sie eine Stärkung Deutschlands und Österreichs unter allen Umständen vermeiden wollten.

Frühe Versuche Hitlers, mit Hilfe des Österreichischen Ablegers seiner Nazipartei dort eine Machtergreifung ähnlich wie in Deutschland zu erzwingen, waren 1934 gescheitert und hatten, nach der Ermordung des Bundeskanzlers DOLLFUß, zum Verbot der Nazi-Partei in Österreich geführt.

In einer waghalsigen Balancepolitik mit Hilfe des italienischen Diktators MUSSOLINI war es Dollfuß' Nachfolger SCHUSCHNIGG für eine Weile gelungen, unter endgültiger Preisgabe der Interessen an Südtirol, die Unabhängigkeit für Österreich zu sichern. Doch Schuschniggs Basis im Volk war schmal, und sein Kurs des „Austro-Faschismus", mit dem er selbst ein besserer HITLER sein wollte, war wenig populär, er hatte links und rechts seine Gegner.

Als Österreichs seltsamer Beschützer MUSSOLINI nach seinem Überfall auf Abessinien schwächelte, weil er nun international isoliert war, und mit Deutschland gegen seinen Willen das Bündnis der Achse eingehen musste, hatte auch SCHUSCHNIGG sich gezwungen gesehen, sich mit HITLER zu arrangieren. Er hatte auf Hitlers Drängen die österreichischen Nazis amnestiert. Sie gewannen im Volk rasch viele Anhänger.

Folgerichtig hatte HITLER die gänzliche Wiederzulassung dieser Partei und ihre Regierungsbeteiligung gefordert und dabei mit dem Einmarsch von Soldaten gedroht. Deshalb hatte sich SCHUSCHNIGG gebeugt. Er hoffte aber insgeheim, mit einer kurzfristig am 9. März für den folgenden Sonntag, 13. März 1938, anberaumten Volksabstimmung in letzter Minute doch noch die Unabhängigkeit Österreichs retten zu können. Seinem Aufruf „für ein freies und deutsches, unabhängiges und soziales, für ein christliches und einiges Österreich" hatte auch die österreichische Linke ihre Unterstützung zugesagt. Damit wollte sie nach eigenen Worten ihren „glühenden Hass gegen den Hitlerfaschismus" „manifestieren".

Volk von Österreich!

Zum erstenmal in der Geschichte unseres Vaterlandes verlangt die Führung des Staates ein offenes Bekenntnis zur Heimat.

Sonntag, der 13. März 1938 ist der Tag der Volksbefragung.

Ihr alle, welchem Berufsstand, welcher Volksschichte Ihr angehört, Männer und Frauen im freien Österreich, Ihr seid aufgerufen, Euch vor der ganzen Welt zu bekennen; Ihr sollt sagen, ob Ihr den Weg, den wir gehen, der sich die soziale Eintracht und Gleichberechtigung, die endgültige Überwindung der Parteienzerklüftung, den deutschen Frieden nach innen und außen, die Politik der Arbeit zum Ziele setzt, - ob Ihr diesen Weg mitzugehen gewillt seid! Die Parole lautet:

„Für ein freies und deutsches, unabhängiges und soziales, für ein christliches und einiges Österreich! Für Friede und Arbeit und die Gleichberechtigung aller, die sich zu Volk und Vaterland bekennen."

Das ist das Ziel meiner Politik.

Dieses Ziel zu erreichen, ist die Aufgabe, die uns gestellt ist, und das geschichtliche Gebot der Stunde.

Kein Wort der Parole, die Euch als Frage gestellt ist, darf fehlen. Wer sie bejaht, dient dem Interesse aller und vor allem dem Frieden!

Darum, Volksgenossen, zeigt, daß es Euch ernst ist mit dem Willen, eine neue Zeit der Eintracht im Interesse der Heimat zu beginnen; die Welt soll unseren Lebenswillen sehen; darum, Volk von Österreich, stehe auf wie ein Mann und stimme mit

Ja!

Front-Heil! Österreich!

Schuschnigg.

Widerstand in letzter Minute abgesagt:
Schuschniggs Volksbefragung für 13. März 1938

Doch HITLER hatte von Schuschniggs Überraschungscoup erfahren. Er hatte getobt. Dann hatte er in einer improvisierten Aktion sofort die oberste Heeresleitung und seine gesamte 8. Armee mobilisiert. Den Soldaten hatte er die fadenscheinige Weisung gegeben, sich für den Einmarsch in Österreich bereitzuhalten, „um dort verfassungsmäßige Zustände herzustellen und weitere Gewalttaten gegen die deutschgesinnte Bevölkerung zu unterbinden".

Vergebens hatte SCHUSCHNIGG auf Hilfe von Italien, Frankreich und England gehofft. Dennoch hatte er seine Volksbefragung nicht absagen wollen. Daraufhin hatte HITLER Druck auf den österreichischen Bundespräsidenten MIKLAS ausgeübt, er sollte SCHUSCHNIGG abberufen. Miklas hatte umgehend gehorcht und diese Entlassung für den 11. März verfügt. Als Schuschniggs Nachfolger hatte MIKLAS den nazihörigen Innenminister SEYSS-INQUART berufen. Der war freilich nur noch für einen einzigen Tag Bundeskanzler geworden.

Der „Blumenfeldzug" - in Wahrheit ein massiver Militärschlag

Noch am Abend dieses 11. März hatte HITLER in einer spontanen Entscheidung seinen Soldaten den Befehl erteilt, im Morgengrauen des nächsten Tages in Österreich einmarschieren. Freiwillig hatten die österreichischen Grenzbeamten an den meisten Grenzübergängen zwischen PASSAU im Osten und LINDAU im Westen um 5:30 Uhr die Schranken geöffnet. Außerdem hatten die Österreicher an der Grenze rasch ihre aufgezogenen Sperrkommandos zurückgezogen. Lediglich das Kommando am Fernpass konnte nicht erreicht werden und war noch zwei Tage lang in Stellung geblieben.

Offizielles Propagandabild:
Gemeinsame Beseitigung der Schlagbäume

SCHUSCHNIGG hatte dann auch das ganze übrige österreichische Heer angewiesen, sich zurückzuziehen. Nirgends war ein einziger Schuss gefallen. Allerdings waren auf deutsche Seite starke motorisierte Truppen im Einsatz. Widerstand wäre wohl zwecklos gewesen und hätte zu einem Gemetzel geführt.

Die Befähigung für eine solche massierte und schnelle Bewegung hatte Generalleutnant HEINZ GUDERIAN allgemein für zukünftige „Blitzkriege" gefordert; sie war daher in Manövern trainiert. Mit dieser Taktik hatten die Deutschen nun sofort ganz Österreich militärisch besetzt. Ein Keil von Panzern und schnellen Mot-Fahrzeugen war konzentriert über LINZ nach WIEN durchgestoßen. Währenddessen waren die bayerische 7. und 10. Infanteriedivision nach Osten marschiert. Und die Gebirgsdivision war in SALZBURG und Tirol eingerückt. Sogar Luftlandetruppen waren an mehreren Brennpunkten im Einsatz, ihre Fallschirmjäger waren in Wien, Graz und Klagenfurt gelandet und hatten dort Schlüsselstellungen besetzt.

Die Begeisterung der Österreicher über diese Okkupation, welche sich in alten Wochenschauen widerspiegelt, ist also nur die eine, schön gefärbte Seite dieser Aktion. Die andere ist, dass es in Wahrheit ein groß angelegter militärischer Einsatz war.

Wenn HITLER, wie oben schon gesagt, diesem Einmarsch in Österreich in seiner Weisung den Decknamen „Unternehmen Otto" gegeben hatte, dann wollte er damit bewusst auf den oben bereits genannten Kaiser OTTO I. anspielen, der 955 in der Schlacht gegen die Ungarn auf dem Lechfeld die verlorene „Ostmark" zurückerobert hatte. Diese alte Ostmark wieder mit dem „Mutterland" zu vereinigen, hatte HITLER bereits in seinem Buch „Mein Kampf" zum ersten Ziel zukünftiger deutscher Außenpolitik erklärt.

Das ganze Pathos solch einer historisch ausgreifenden Betrachtung war allen Reden und der aufwendigen Propaganda in diesen Tagen des Anschlusses auch abzuspüren. So begleitete auch ein in diesem Umfang erstmaliger Einsatz der Luftwaffe zu Propagandazwecken den Einmarsch: 360 Flugzeuge warfen Millionen von Flugblättern ab. Insgesamt waren rund 850 Maschinen an diesen Transport- und Propagandaflügen beteiligt, sodass Augenzeugen damals den Eindruck hatten, der Himmel sei schwarz von Flugzeugen.

Die Gesamtzahl aller an der Aktion beteiligten Formationen des Heeres, der Luftwaffe, der Polizei und der SS dürfte rund 150.000 Mann betragen haben. Nachdem dieser massive Aufzug in Wirklichkeit also weitaus martialischer war, als ihn die Wochenschauen und Propagandafilme damals darstellten und als er sich auch in das kollektive deutsche Geschichtsgedächtnis eingebrannt hat, war es eigentlich eine ziemliche allseitige Überraschung, dass diese schwer bewaffneten Aggressoren doch in den meisten Orten freundlich empfangen wurden.

Nach Braunau im Geländewagen: Hitlers umjubelter Einzug in seinem Geburtsort

So eine gutmütige Aufnahme war auch von HITLER selbst keineswegs erwartet worden, nachdem er doch seine österreichische

Staatsangehörigkeit freiwillig und mit negativen Kommentaren über sein Geburtsland preisgegeben hatte. Auch hatte er als deutscher Reichskanzler bislang eine ehe aggressive Politik gegenüber Österreich gezeigt. Deshalb hatte er sich die Vereinigung mit Österreich nach diesem Überfall auch ganz anders und weniger leicht vorgestellt, eher wie einen langen mühsamen Prozess.
HITLER erkennt aber in diesem offenen Empfang sofort die unerwartete Gunst der Stunde und schaltet ganz spontan um: Noch am Nachmittag des gleichen Tages um 16 Uhr überschreitet er bei seinem Geburtsort BRAUNAU die Grenze. Alle Glocken in den Orten läuten. Überall steht die Bevölkerung winkend oder mit dem Hitlergruß salutierend und „Sieg Heil!" rufend an den Straßen.

Mit seinem Konvoi von Armee-Fahrzeugen fährt er aber in seinem offenen dreiachsigen Mercedes-G4-Kommandowagen sogleich weiter und erreicht gegen 19 Uhr die Donaustadt LINZ. Hier schlägt ihm bei seiner Ankunft von einem großen Teil der rd. 120.000 Einwohner hysterische Begeisterung entgegen. So muss sich das „Hosianna" angefühlt haben, mit dem das Volk von Jerusalem den Messias feierte. HITLER geht auf diese Begeisterung ein, indem er vor gewaltigem Publikum eine kurze markante Rede hält.

Linz – Berufungsort der „Vorsehung", himmlisches Jerusalem nach dem „Endsieg"

Linz ist für HITLER die Stadt seiner Jugend. Hier hat er zwischen 1900 und 1908 bis zum Tode seiner Mutter wesentliche Jahre seiner Schulzeit verbracht. Hier hat er weitere Anregungen für sein deutschnationales Gedankengut empfangen, das ihm schon von seinem Vater her vertraut war. Hier hat er als Jugendlicher zum ersten Mal im Linzer Landestheater Aufführungen der Opern Richard Wagners erlebt. Deren germanisch-mythische Welt hat ihn seither für sein ganzes Leben in den Bann geschlagen. Bereits seit dem Jahr 1923 hatte ihn diese musikalische Leidenschaft intensiv mit BAYREUTH und dem Wagner-Clan in Verbindung gebracht.

Massenrede vom Rathausbalkon in Linz,
von links: EIGRUBER, HITLER, SEYß-INQUART

In der Regierungszeit Hitlers behielt Linz dann stets seinen besonderen Rang. Nachdem HITLER am Abend dieses 12. März hier eingetroffen war, besuchte er die Stadt allein im März dieses Jahres 1938 noch weitere achtmal.

Hier in LINZ hatten die österreichischen Nationalsozialisten in der Zeit ihrer Illegalität ihren Sitz gehabt. Von hier aus steuerten sie dann auch an diesem 12. März das weitere Geschehen.

Hitlers Trost im Führerbunker April 1945:
Vision vom neuen Linz

Linz wurde dann später die einzige österreichische Stadt, die sich neben den deutschen Städten Berlin, München, Hamburg und Nürnberg „Führerstadt" nennen durfte.
HITLER hatte für diese Stadt große, weitreichende Visionen. So sollte Linz nach Hitlers Willen bald eine vielfach größere Weltstadt werden. Als schönste Donaustadt sollte sie WIEN und BUDAPEST in den Schatten stellen. Auch zum europäischen Kunstzentrum wollte HITLER diese Stadt machen. Bei seinen Kriegszügen ließ HITLER später für die Linzer Kunstgalerie in ganz Europa Kunstwerke zusammenkaufen oder rauben. Noch kurz vor seinem Tod im April 1945 tröstete sich HITLER im Führerbunker über den tatsächlichen Untergang seines Traumes Großdeutschland mit einem Modell des zukünftigen LINZ.

Als HITLER in der Abenddämmerung dieses ereignisreichen 12. März 1938 auf den Balkon des Linzer Rathauses tritt, branden laute Begeisterungsstürme auf. Erfasst von Massenhysterie scheint sich halb LINZ kritiklos dem „Führer" anvertrauen zu wollen. Seine kaum 8-minütige Rede wird immer wieder vom politischen Slogan dieser Vereinigung *„Ein Volk, ein Reich, ein Führer"* oder vom wiederholten und ausgedehnten Staccato *„Sieg Heil!"* unterbrochen.

HITLER betrachtet diese Ovationen als Zustimmung zu seiner Reichsidee. Seither gilt LINZ im offiziellen Nazi-Sprachgebrauch als „Gründungsstadt des Großdeutschen Reiches". Gefühlsselig lässt er in seiner Rede sein angebliches gläubiges Bekenntnis als jugendlicher Linzer wieder lebendig werden, das er nun zur Erfüllung gebracht habe. Viermal muss er, unterbrochen vom Jubel der Menge, den Satz ansetzen, mit dem er sich hineinsteigert in die Sphären der bekannten religiösen Glaubensüberzeugungen des Hitler-Mythos:

„Wenn die Vorsehung mich einst aus dieser Stadt heraus zur Führung des Reiches berufen hat, dann muss sie mir damit auch einen Auftrag erteilt haben, ... meine teure Heimat dem Deutschen Reich wiederzugeben." An diesen Auftrag habe er eisern

geglaubt, für ihn gelebt, gekämpft und ihn nun erfüllt.

Dann nimmt HITLER in seiner Rede nach dem Motto „mitgegangen, mitgefangen“ geschickt seine Landleute in die Pflicht: Nun müssten die jubelnden Bürger von Linz vor aller Welt als Zeugen und Bürgen mit ihrem eigenen Bekenntnis für Hitlers Sache eintreten. Sie seien verpflichtet, der Welt zu beweisen, dass das deutsche Volk unzerreißbar sei.

Dass HITLER dieses Votum und auch die kommende Volksabstimmung über den Anschluss Österreichs und über die Zustimmung zu seiner Regierungstätigkeit als religiöse Bekenntnisakte betrachtet, wie schon die anderen Volksabstimmungen vorher, verrät er am Ende seiner kurzen Rede. Er selbst gibt den religiösen Ton vor. Wie schon bei seiner berüchtigten Sportpalastrede am 10. Februar 1933 preist HITLER laut die *„Macht, Größe und Herrlichkeit“* dieses neuen deutschen Reiches *„für jetzt und immer“*, nur dass er diesmal, statt mit *„Amen“* mit *„Deutschland, Sieg Heil!“* endet.

Das arische Großreich tritt mit diesem Tage in Hitlers Bewusstsein an die Stelle des Gottesreiches, um das Christen im Vaterunser beten. Er selbst ist der erwartete Messias, der jetzt seine Ankunft feiert.

Linz – Wiege des „Großdeutschen Reiches“

HITLER fühlt sich belebt durch den erneuten überwältigenden Erfolg. Er sieht sein weitsichtiges Wollen ebenso bestätigt, wie sein spontanes Handeln in dieser kritischen Situation. Die Stunde erscheint ihm günstig, in einem nächsten spontanen Schritt die Vereinigung unumkehrbar zu machen.

Ursprünglich hatte er sich für das Wachsen der Gemeinschaft zwischen Deutschland und Österreich eine Übergangszeit mit zwei Staaten vorgestellt. Aber die allseitige überschwängliche Stimmung scheint eine Radikallösung zu erlauben: Noch in LINZ, beim Mittagessen mit einem Kreis von zehn „verdienstvollsten und treuesten“ österreichischen Nationalsozialisten im Hotel WEINZINGER an der Donaulände verkündigt HITLER nunmehr den sofortigen Zusammenschluss: *„Österreich ist ein Teil des deutschen Reiches.“*

Dieser Satz wird als Vorlage für einen Gesetzestext prompt nach WIEN geliefert. Dort wird er von der Regierung rasch unterzeichnet. Der „Anschluss“ ist somit vollzogen. Österreich hat als souveräner und unabhängiger Staat aufgehört zu existieren und bleibt bis zum Jahr 1945 ein Teil von Hitlers großdeutschem Reich.

Und wieder erntet HITLER international auch diesmal keinen Widerspruch. Im Gegenteil. Wie allseits in Deutschland findet er für dieses Ansinnen wieder international vollste Zustimmung. Die britische Regierung ist die erste, die in der Folge diese Situation anerkennt: Bereits am Samstag, dem 2. April 1938, zieht sie die bisherige Gesandtschaft in Wien zurück und ersetzt sie durch ein Generalkonsulat.

Seitdem vermeidet HITLER in seinen Reden und Verlautbarungen bewusst die Verwendung des Begriffs „Österreich". Zunächst ersetzt er ihn durch den altertümlichen Ausdruck „Ostmark", der die alte Reichsgeschichte beschwört. Damit handelt er sich aber den Ärger des Bayreuther Gauleiters WÄCHTLER ein, denn „Ostmark" war seit Ende des Ersten Weltkrieges der Name des landsmannschaftsübergreifenden Zusammenschlusses der Bezirke Niederbayern, Oberpfalz und Oberfranken. Im Jahr 1933 hatte der damalige Gauleiter HANS SCHEMM diesen Begriff zur Bezeichnung seines Gaues durchgesetzt. Verbunden hatten die Nazis damit die Vorstellung von einer wehrhaften Grenzmark gegenüber der nach dem Ersten Weltkrieg neu gegründeten Tschechoslowakei, vor deren Wirtschaftskraft man Angst hatte.

Außerdem war diese „Ostmark" der Versuch, zwischen den sprachlich und religiös so unterschiedlichen Volksstämmen dieser Region ein gemeinsames Bewusstsein herzustellen. In einer Grußadresse an HITLER sieht WÄCHTLER sich daher vorsichtshalber veranlasst, sich und seinen fränkisch-bayerischen Gau ins Gedächtnis zu bringen.

Das allseitige Erstaunen über Hitlers erneuten Coup ist ansonsten allenthalben grenzenlos. Dass im ganzen Land Österreich, von Tirol bis Kärnten, in diesen Tagen Hitlers schwer bewaffnete Armee Gewehr bei Fuß steht und damit den schönfärberischen Ausdruck „Blumenfeldzug" konterkariert, ist für niemanden ein Thema.

Trotz sichtbarem Terror grenzenloser Jubel für den emporgekommenen Gott

Auch einem andren zeitgleichen Ereignis, welches das wahre Gesicht dieser bejubelten Diktatur zeigt, misst anfänglich niemand größere Bedeutung zu. Mit dem Einmarsch der deutschen Truppen in Österreich war in den Morgenstunden dieses Schicksalstages auch der deutsche „Reichsführer SS" HEINRICH HIMMLER auf dem damaligen Wiener Flughafen Aspen gelandet. Sofort hatte er begonnen, massivste „Säuberungen" durchzuführen. Er leitet unverzüglich die Verfolgung politischer Gegner in die Wege.

In den ersten 48 Stunden lässt HIMMLER seine SS-Männer 86.000 Verhaftungen vornehmen. Er veranlasst 200 Morde, die nie gesühnt werden. Und er nimmt 6.000 Entlassungen vor allem von jüdischen Beamten vor. Sogar Eisenbahnzüge werden auf freier Strecke angehalten und nach Fliehenden gefilzt. Aber dieser Terror ist in den Tagen der Begeisterung nur für die Betroffenen ein Thema, für kaum jemanden sonst.

HITLER hat jetzt den höchsten Punkt seines Ruhmes erklommen. Er ist, wie viele Kinder damals auch in Weidenberg lernen und ehrfürchtig sagen, „Gott"; sie denken an ihn in ihren täglichen Gebeten von den Kindergartengruppen an. Weil er so widerspruchslos und durchgreifend tätig ist, gilt er für sie als „Schöpfer“ und „allmächtig“.

Seine folgenden Taten werden diese Gottheit nur noch bestätigen und weiter überhöhen: Mit Zustimmung der meisten maßgeblichen Mächte kann HITLER im selben Jahr 1938 das „Sudetenland“ reibungslos anschließen; im März 1939 annektiert er völkerrechtswidrig die Tschechoslowakei und gliedert sie als „Protektorat Böhmen und Mähren“ in das nunmehrige „großdeutsche“ Reich ein; am 1. Sept. 1939 überfällt er Polen; er erobert Dänemark, Norwegen, Belgien, die Niederlande und Luxemburg; und schließlich überrollt er bis zum 22. Juni 1940 den „Erzfeind“ Frankreich in nur sechs Wochen – alle diese erfolgreichen „Blitzaktionen“ bestätigen den Bann des HITLER-Mythos.

Die HITLER-Begeisterung hat alle Deutschen erfasst, auch solche, die anfangs skeptisch waren. Sie beteiligen sich an dem damit verbundenen Kult und vertiefen ihn täglich. Es ist fast unmöglich, gegen HITLER zu sein, ohne den Zorn seiner Mitbürger auf sich zu ziehen.

„Charismatischer Held“ am Heldenplatz:
Hitlerrede im Taumel der Massen am 15. März 1938 in Wien

Knapp 20 Jahre hatte HITLER benötigt, um bei den eigenen Anhängern in vergleichbarer Weise unumstritten anerkannt zu werden, aber nur ganze fünf Jahre hat er gebraucht für die Anerkennung bei den übrigen Deutschen. Österreich ist für ihn die Tür zum absoluten Triumph als „Führer“ und zur Herrschaft über Europa. Ebenso grenzenlos soll nun auch die Jubelfeier gestaltet werden. Einer Apotheose, einer Vergöttlichung Hitlers gleich, soll es ein gigantisches Fest werden. Schon zwei Tage nach dem Einmarsch in Österreich soll am Wiener Heldenplatz sein Ruhm verkündet werden.

Viele Österreicher haben für diesen Tag extra schul- und arbeitsfrei bekommen. Die Nazis haben keinen Aufwand gescheut, die Feier durfte kosten, was sie wollte. Und entsprechend bombastisch sind die Dekorationen in der ganzen Hauptstadt, von denen die Zeitungen später in ellenlangen Berichten schwärmen.

Den Höhepunkt aber erfahren alle Deutschen und die ganze Welt per Rundfunkempfänger: HITLER verkündet theatralisch vor einer unübersehbaren Menschenmenge am Wiener Heldenplatz seinen Sieg auf seine ganz besondere Weise. Ganz der kleine und bescheidene kaiserliche Meldegänger aus dem Ersten Weltkrieg, „meldet" Hitler im vollen Understatement *„vor der Geschichte den Eintritt meiner Heimat Österreich in das Deutsche Reich."*

Später überträgt auch die Wochenschau in Stadt und Land die sensationellen Jubelbilder. So kann man diesem gigantischen Ereignis natürlich auch in den Weidenberger „Rosenau Lichtspielen" zusehen.[13]

Der gewappnete Reiter – Denkmal für die vermeintliche Lichtgestalt

Auch der Innsbrucker Universitätsrektor Prof. Dr. HAROLD STEINACKER lässt sich von dieser Begeisterung mitreißen. Er wird noch im Herbst dieses Jahres vorschlagen, Hubert Lanzingers Hitler-Gemälde von 1934/36 „DER BANNERTRÄGER" an der Stirnseite der neu gestalteten Aula der Universität INNSBRUCK als überdimensionales Wandmosaik nachzugestalten.

Der aus Innsbruck gebürtige Maler und Hitlerverehrer LANZINGER, 9 Jahre älter als HITLER, hatte das Original für das „Braune Haus", die Parteizentrale der NSDAP in München, gemalt, das die Partei im Jahr 1930 mit dem Geld des Industriellen FRITZ THYSSEN erworben hatte.

Nach seinem Kunststudium in WIEN war LANZINGER Kriegsmaler gewesen und hatte nach dem Ersten Weltkrieg in INNSBRUCK, BOZEN, MÜNCHEN und BERLIN gewirkt; seit dem Jahr 1930 bewohnte er ein eigenes markantes Wohnhaus bei Dreikirchen in den Dolomiten, das er im Stil der „neuen Sachlichkeit" des Bauhauses umgebaut und ausgestattet hatte, die Pension BRIOL.

---

[13] Vergl. in der 6. Folge des Projektes „MYRTEN FÜR DORNEN – Untergehen und Aufstehen" das Buch *„Die Rosenau Lichtspiele im Wandel der Zeiten"*, insbesondere das Kapitel *„Der Film in den Klauen der Nazis"*, S. 358ff.

Hitler-Gesicht 1945 von den Bajonettstichen eines US-Soldaten zerschnitten: Lanzingers Hitler

Dürers „Gepanzerter Reiter" von 1498 *(unten)* diente als Vorbild für Lanzingers „Bannerträger" *(oben)*

Sein allegorisches HITLER-Gemälde entstand vor oder um das Jahr 1936 nach dem Vorbild von Albrecht Dürers „Gepanzertem Reiter". Es zeigt HITLER in der Figur eines „Weißen Ritters", wie HITLER sich gern selber nach dem Vorbild seiner Lieblingsoper „Lohengrin" sah.

Die Ökonomie entdeckt dieses Motiv des Weißen Ritters heute neu als Retter eines angeschlagenen Unternehmens. In der Sage, aber auch im Gemälde Lanzingers ist er der Heilsbringer und Friedensstifter, der durch seine heldischen Taten die fronende Bevölkerung aus der dunklen Not ans Licht führt. Seine hochglanzpolierte Silber-Rüstung hält er dabei stets dreckfrei. Er hat den thronartigen Sattel auf dem Rücken einer schwarzen Pferdeattrappe erklommen und richtet, starr wie ein Roboter, den Blick gen Westen. Die rechte Hand hält die Hakenkreuzfahne gegen den Wind, die linke führt straff die silber-metallenen Zügel.

Mit LANZINGER zeigt sich ein versierter Reklamemaler am Werk, ein Propagandist und „Zwecklügner" (Ronge)[14]. Im Jahr 1937 wurde sein Bild als Gegenbeispiel für „entartete Kunst" im gerade neu gebauten „Haus

[14] Vergl. zu diesem Komplex TOBIAS RONGE, Das Bild des Herrschers in Malerei und Grafik des Nationalsozialismus: Eine Untersuchung zur Ikonografie von Führer- und Funktionärsbildern im Dritten Reich, 2009/10, insbesondere S. 129ff.

der Kunst“ in MÜNCHEN gezeigt. Empörte amerikanische Soldaten haben 1945 nach ihrem Einmarsch in MÜNCHEN ihre Bajonette in das Gesicht dieses „braunen Lohengrin“ gerammt und das Bild dann in die USA mitgenommen. Diese Einstiche in Hitlers Wange sind heute noch deutlich erkennbar, so auch im Coverbild zu diesem Supplementband im Projekt „MYRTEN FÜR DORNEN“.

Allegorische Führerdarstellungen waren im NS-Staat sonst eigentlich gar nicht erwünscht; sie waren seit Mai 1933 sogar gesetzlich verboten. Es waren aber in Deutschland viele Postkarten mit Lanzingers Bild im Umlauf. Als die Gestapo in FRANKFURT/Main in ihrem typischen vorauseilenden Gehorsam einmal solche Bildpostkarten in der Kenntnis dieses Gesetzes konfiszieren wollte, musste sie sich von der Münchner Polizeidirektion belehren lassen, dass das Vorbild das einzig erlaubte historisierende HITLER-Bild sei und dass Hitlers Kanzleichef – der als HITLER-Poet und Euthanasie-Experte oben schon genannte PHILIPP BOUHLER – es ausdrücklich als „eines der besten Führerbildnisse“ gepriesen hat. Hitlers Anhänger jedenfalls schätzten das Bild ganz außerordentlich.

Fragt man aber, was ihnen dieses Bild bedeutet, findet man kaum ernsthafte zeitgenössische Aussagen, sondern meist nur phrasenhafte Beschreibungen, wie z.B. diese Zeitungsnotiz:

„Das Lieblingsbild der deutschen Jugend! Hubert Lanzinger hat den Führer so gemalt, wie er in den Herzen der Jugend lebt: als erzgepanzerten, unerschrockenen Ritter, der die Fahne des Dritten Reiches hochhält“

Als Universitätsrektor STEINACKER im darauffolgenden Jahr 1939 das riesige Mosaikfaksimilie in seiner Aula einweihen kann, bemüht er sich um eine eigene Deutung:

Das Mosaik soll die *„Bindung unserer Zeit an ihn [Hitler] und sein Werk Großdeutschland sichtbar“* machen. Nur die bildende Kunst könne die *„zeitlose Größe und weltgeschichtliche Bedeutung“* dieses Mannes gestalten, der *„schon zu Lebzeiten für das eigene Volk, aber auch für andere Völker, namentlich für die Bauern (!) und für die Jugend des Südostens (!), zu einer mythischen Gestalt und Gewalt geworden“* sei.

STEINACKER erinnert in diesem Zusammenhang an bildliche Darstellungen von Hitlers „Vorläufer“ BISMARCK oder die berühmte riesige Skulptur am Hamburger Elbufer. Hier hatte im Jahr 1906 HUGO LEDERER die Gestalt Bismarcks in Form eines gerüsteten Rolands modelliert. Das monumentale Mosaik in INNSBRUCK gelte mehr noch der Idee Hitlers als seiner Person und solle *„auch kommenden Geschlechtern etwas vom Geheimnis seiner Größe“* sagen.

Würde man heute Politiker in Ritterrüstung zeigen, dann würde das sicher als Satire erscheinen. Damals beschrieb diese märchenhafte Darstellung die Sehnsucht der Deutschen nach einer messianischen Lichtgestalt. Einer sollte das Volk von aller

Trübsal erlösen und dauerhaften Frieden bringen. Vom Erzengel Michael, dem Schutzpatron der Deutschen, über den Heiligen Georg, Siegfried und Lohengrin bis zu Dürers Kupferstich „Ritter, Tod und Teufel“ und nun bis zu HITLER spannt sich der Bogen der gewappneten Beschützer gegen Feind und Tod im kollektiven Gedächtnis der Deutschen.

Es war kein Zufall, dass sich auch LANZINGER für das Vorbild seines „Bannerträgers“ bei ALBRECHT DÜRER bediente. Dessen im ausgehenden Mittelalter entstandenes Bild „Gepanzerter Reiter“ (1498) konnte er in Wiens ältester Galerie „Albertina“ in Ruhe betrachten und in den Stil der „neuen Sachlichkeit“ übertragen; er konnte dabei sicher sein, dass sein Bild beim Publikum wie eine Art tiefer „Erinnerung“ ankommen würde. Die Menschen projizieren ja gern das Wissen um ihre Endlichkeit in die Gestalt des göttlichen Helden, den der Tod nicht besiegen kann.

Verschmelzung mit dem Willen des Volkes

Die umstrittene Frage, ob dieser vielbejubelte Anschluss Österreichs im Jahr 1938 „freiwillig“ war, beantworten heute 53 % der österreichischen Bevölkerung, unter dem Eindruck der einstigen Filmaufnahmen von jubelnden Menschenmassen, immer noch mit Ja. Von den gleichzeitigen Verhaftungen von Gegnern und den beginnenden Judenverfolgungen gibt es kaum Bilder; so konnte sich die dunkle Seite dieses Anschlusses dem kollektiven Gedächtnis auch kaum einprägen, obwohl viele Österreicher maßgeblich beteiligt waren.

Vielfach wird in der Forschung aber auch die Meinung vertreten, dass Schuschniggs oben erwähnter Verzweiflungsplan – eine Volksabstimmung in letzter Sekunde – möglicherweise eine Mehrheit von Stimmen für die Eigenstaatlichkeit Österreichs erbracht hätte. Weil HITLER genau dies befürchtete, hatte er sich aus dem Bauch heraus zum sofortigen massiven Einmarsch entschlossen.

Dass dieser Einmarsch dann weitaus militanter war, als es die „blumigen“ Filmbilder erkennen lassen, ist ebenfalls oben schon dargelegt worden. Österreich hätte diesen Einmarsch mit seinen bescheidenen militärischen Möglichkeiten sicher nicht verhindern können.

Aber sichtbar geworden ist auch die völlig kampflose Ergebung der Österreicher in Hitlers Vorgehen und die bereitwillige Kooperation mit ihm. Diese Einwilligung in Hitlers Pläne hat Österreich moralisch doch in eine wenig glaubwürdige Position gebracht. Trotzdem haben die Österreicher nach dem Krieg lange Zeit hindurch einen selbstmitleidigen Opfermythos gepflegt, anstatt die eigene Geschichte ehrlich aufzuarbeiten. Heute ist unbestritten, dass sie, wie auch die Deutschen, sowohl Opfer als auch Täter zugleich waren.

Gerade bei der Verfolgung der Juden taten manche Österreicher sich bald so sehr hervor, dass deutsche Nazis schon meinten, mäßigend eingreifen zu müssen. Und in der späteren aktiven Teilnahme an den Gräueltaten von Soldaten oder in den KZs gab es zwischen Deutschen und Österreichern keine erkennbaren Unterschiede.

Natürlich sind auch die Persönlichkeit Hitlers, seine Intuition und sein strategisches Geschick Faktoren, die bei einer Bewertung bedacht werden müssen. Szenen, wie die jubelnden Menschenmassen beim Einmarsch in LINZ oder bei der Jubelfeier am Heldenplatz in WIEN, beweisen die magische und fast hypnotische Wirkung, die von der Persönlichkeit Hitlers ausgingen. Er war rhetorisch außerordentlich gewandt. Sein spontanes Handeln zeitigte unerwartete und eindrucksvolle Erfolge. Damit sind auch sein Selbstbewusstsein und seine Ausstrahlung weiter gewachsen.

Es ist für HITLER damals das wahrgeworden, was er wohl schon in seiner Jugend erträumt hatte, aber nicht wirklich erwarten konnte. 37 Jahre genau war es her, dass der Bub ADOLF HITLER im Alter von gerade 12 Jahren in LINZ mit der Aufführung von Wagners „Lohengrin" die *„erste Oper meines Lebens"* erleben durfte. Damals war er Wagners mystischer Ideenwelt verfallen. Die Wirkung der Erlösergestalten SIEGFRIED, LOHENGRIN, PARSIFAL usw. auf sein heranreifendes Gemüt kann sicher gar nicht hoch genug eingeschätzt werden: *„Mit einem Schlage war ich gefesselt; die jugendliche Begeisterung für den Bayreuther Meister kannte keine Grenzen. Immer wieder zog es mich zu seinen Werken"*, so notierte er rückblickend in „Mein Kampf" über diese Prägung. Vieles erlebt er nun bezogen auf die eigene Mission bei der Vereinigung mit Österreich.

Revolutionärer Erretter mit Grals-Taube: HITLER als LOHENGRIN vor seinem Heerbann. (Undatiertes Propagandaplakat)

So sind es bei WAGNER in der Schlussszene der Oper Lohengrin alle Heergefolge, die den zum Herrscher von Brabant ernannten Titelhelden leidenschaftlich begrüßen: *„Heil! Heil dem Helden von Brabant! Heil! Heil!"*. Und König HEINRICH DER VOGLER ergreift die Gelegenheit, aus diesen elektrisierten Kriegern seinen Heerbann gegen die Feinde aus dem

„öden Ost" zusammenzustellen. Wenn er den Helden LOHENGRIN begrüßt, hat er dafür das begeisterte Echo seiner Männer:

> *Heil deinem Kommen, teurer Held! / Die du so treulichst riefst ins Feld,*
> *die harren dein in Streites Lust / von dir geführt, des Siegs bewusst.*

Das gleiche begeisterte Echo war nun für HITLER in LINZ erstmals über Deutschlands Grenzen hinaus aufgeklungen. Monat für Monat wuchs sich jetzt diese Begeisterung zu einer wahren Hitlerbesessenheit aus. HITLER seinerseits ließ sich tragen von dieser ekstatischen Woge, die für ihn der Beweis seiner Sendung war.
Erst wenn man sich diese manische Hitlereuphorie vieler damals lebender Menschen weit über Deutschland hinaus vergegenwärtig, wird verständlich, wieso in den folgenden Jahren eine so große Zahl von Menschen zu kleinen oder großen Mittätern wurden. Es waren eben nicht nur Hitlers fanatische Parteigenossen, die sich mit dieser entrückten Erlösergestalt identifizierten. Sondern es waren auch ganz alltägliche Menschen, die nun in „vorauseilendem Handeln" für ihren Helden Partei ergriffen. Wenn sie Menschen begegneten, die diese Hitler-Besessenheit nicht teilten, waren sie gekränkt und ließen sich dann auch leicht zu Übergriffen auf Abweichler verleiten.

Nur so sind auch die Hetzjagden zu erklären, von denen oben schon berichtet wurde, wie der maßlose entwürdigende Anschlag auf den jungen Kaplan und die Pfarrersköchin im saarländischen MARPING bei der Hitlerwahl 1936, als herauskam, dass die beiden mit Nein gestimmt hatten. Nur so, durch diese Hitlerbesessenheit, wird auch der Überfall auf die Kirchenpingärtner Pfarrer erklärbar, der in diesem vorliegenden Buch das Zentrum der Darstellung ist. Er ereignet sich in der unmittelbaren Folge des Anschlusses Österreichs und des damit verknüpften Hitler-Plebiszits.

Obwohl es eigentlich keinen logischen Grund und kein wirkliches Ziel gab, wird dieser Anschlag damals mit aller Leidenschaft betrieben. Dieser Übergriff, zu dem sich die Weidenberger Nazis am Abend des HITLER-Referendums genau vier Wochen nach Hitlers Triumph verleiten lassen, ist ein Wutausbruch im kollektiven Wahnsinn. Denn als quasireligiöser Bekenntnisakt wurde diese HITLER-Wahl verstanden. Gekränkt wurde die heiße Liebe, die viele gegenüber ihrem göttlichen Idol HITLER empfanden. Sie wurde gekränkt, weil einzelne sich bei dem Wahlvorgang dem gemeinsamen öffentlichen Bekenntnisakt gegenüber HITLER verweigerten. Wenn man HITLER die Zustimmung verweigerte, kränkte man in Wahrheit alle, die an ihn glaubten.

Wenn es aber soweit kommt, dass eine Bevölkerung jede Nein-Stimme gegenüber ihrem Regenten als eine Kränkung der eigenen Persönlichkeit empfindet, dann hat es dieser Machthaber mit seinem Wunsch nach Verschmelzung mit dem Volk tatsächlich weit gebracht.

Zieht man die Vergleiche mit den großen Wagneropern bewusst, muss man aber auch auf eine Merkwürdigkeit im Handeln von HITLER und seinem verführten Volk aufmerksam machen: In den Opern „Lohengrin" und „Götterdämmerung" profezeit WAGNER der Sache seiner Helden ein dramatisches Scheitern, ja, eine Katastrophe apokalyptischen Ausmaßes. Wollte HITLER, wollten seine Helfer, wollten die in HITLER vernarrten Deutschen dieses tragische Ende nicht sehen? Wenn Volk und Führer in ihrer gegenseitigen Verschmelzung nicht mehr voneinander lassen können, dann bleiben sie auch bis in den Strudel des Untergangs untrennbar verbunden.

II. Teil: HITLERS RABAUKEN SUCHEN EIN ABENTEUER

1. Ein kleines Dorf in der Frankenpfalz erlebt den Nationalsozialismus

Die Frankenpfälzer in der Schusslinie

Wir befinden uns also im Jahr 1938. Ganz Großdeutschland ist fest in der Hand der Nazis ... Ganz Großdeutschland? Nein! Ein von unbeugsamen Frankenpfälzern bevölkertes Dorf hört nicht auf, dem Vordringen der Vergötzung Hitlers seinen Widerstand entgegen zu setzen. Und so ist das Leben nicht leicht für die Nazi-Hoheitsträger und ihre Legionäre, die SA, NSKK, HJ usw., die in

Hier lebt ein selbstbewusstes Völkchen: Die Frankenpfalz im Fichtelgebirge

ihrem Lager im Weidenberger Schloss auf der Lauer liegen ...

Mit diesen Worten nach den Asterix-Comics können wir auch die Nazi-Geschichte der Frankenpfälzer vor dem Überfall am 10. April 1938 zutreffend einleiten. Denn nicht anders als die Gallier gegenüber den Römern, sind auch die Frankenpfälzer ein ganz eigenes, stolzes, Respekt heischendes Völkchen. In einer über 1000-jährigen Geschichte haben sie – aus den drei unterschiedlichen Volksstämmen der Slawen, Franken und Bayern zusammengewachsen – gelernt, miteinander in Frieden zu leben. Als Spielball ihrer Landesherren, vom Kaiser über den Landgrafen, die Vögte und Herzöge, bis zu den Markgrafen und Landadligen, haben sie ihre Identität behauptet und in Reformation und Gegenreformation gefestigt.

Dem Protestantismus haben sie nach der Reformation im Herzen gehuldigt, seiner irritierenden Vielfalt in Luthertum und Calvinismus sind sie aber mit Kopfschütteln begegnet. Dem aufgezwungenen Katholizismus haben sie sich gefügt und ihn schließlich verinnerlicht. Wie ein wenig bekanntes Findelkind nun zwischen den Einflusssphären Frankens und der Oberen Pfalz hin und her geschoben, sind sie inzwischen darauf gefasst, dass ihre eigentümliche „Wou"-Sprache sowieso niemand versteht. Aber an ihrer Unbeugsamkeit soll sich auch ein Möchtegern-Gott wie HITLER die Zähne ausbeißen. Wie einst MIRACULIX fördern die örtlichen Geistlichen solchen Widerstandsgeist mit ihren zaubertrankähnlichen Mitteln.

Schon seit fast vier Wochen ist nun klar, dass Großes in der Luft liegt. Der „Führer" will wieder so ein inbrünstiges Bekenntnis, wie vorher schon beim Austritt aus dem Völkerbund, wie bei der Heimkehr der Saar, oder wie beim Einmarsch ins Rheinland. Und HITLER soll dieses Bekenntnis, nach Auffassung seiner Vasallentruppe in WEIDENBERG auch bekommen, darin sind sich der dortige Ortsgruppenleiter, des Ortsgendarm, die SA-Rabauken und der Großteil der dortigen Bevölkerung einig! Auch den abweisenden Frankenpfälzern soll der Nazi-Standpunkt klargemacht werden!

Die Leute vom nationalsozialistischen Weidenberger Kraftfahrerkorps NSKK unter Leitung ihres Truppführer CHRISTOPH K., dem „Sportstoffel", der selbst ein leidenschaftlicher Motorradrennfahrer ist, kleiden sich am Wochenende in braune Uniformen, holen ihre Motorräder aus dem Schuppen und fahren laut knatternd und demonstrativ durch die ganze Gegend, sowohl im Tal der Steinach, als auch oben auf der Hochfläche der Frankenpfalz. Jedem soll deutlich sein, dass ganz Deutschland nationalsozialistisch ist, und nichts anderes, auch in diesem Winkel der Frankenpfalz!

Ein Braunhemd zur Stoffersparnis leitet auch in Weidenberg den „Braun-Look" ein

Auch an den folgenden Sonntagen ziehen die Leute vom SA-Trupp WEIDENBERG wieder diese Uniformen aus dem Schrank. Sie haben sie sich persönlich angeschafft. Bei fast allem, was sie da so tragen, dominiert die Farbe Braun. Deshalb werden die Mitglieder der Nazibewegung bis heute „die Braunen" genannt, obwohl ihre Parteifarben ja eigentlich schwarz-weiß-rot waren.

Aber diese Farbe Braun verdankt Hitlers Bürgerkriegstruppe, die SA, angeblich einem Zufall: Einer ihrer Führer, GERHARD ROSBACH, war nach dem Hitler-Putsch von 1923 nach Österreich geflohen. Dort hatte er einen größeren Posten brauner Hemden billig erwerben können. Sie waren eigentlich für die deutsche „Schutztruppe" in Afrika unter General LETTOW-VORBECK bestimmt gewesen und nach der deutschen Niederlage im Ersten Weltkrieg nun übrig. Diese Hemden hatte ROSBACH nach seiner Rückkehr nach Deutschland bei der SA eingeführt. Die SA hatte sie dann ab 1924 unter der Bezeichnung „Lettow-Hemd" getragen.

Braun waren dann auch die Krawatten zum Braunhemd, die breiten Breeches-Hosen und die Stiefel. Darüber trägt der SA-Mann die braune Uniformjacke im militärischen Schnitt. Er zieht die Mütze mit Lederschirm, die von gleicher Farbe ist, tief über seinen Kopf und schiebt den Sturmriemen unter das Kinn.

Anfangs waren diese Mützen noch weich und schlabberig-lässig gewesen, so zeigte sich auch Gauleiter HANS SCHEMM gern. Später war ihr Corpus fest und gerade und trug oben einen farbigen Besatz, an dem man die Zugehörigkeit zum jeweiligen Gau erkennen konnte. Silberne Litzen in verschiedener Breite zeigten die Dienststellung des jeweiligen Trägers. Abzeichen auf den Kragenspiegeln bezeichneten seinen Rang.

Braun gekleidet wie Lettows Afrika-Krieger: SA-Uniform

Die Zugehörigkeit zur Partei, die anfangs durchaus nicht selbstverständlich war, kennzeichnete das Parteiabzeichen, das auf der Krawatte prangte oder als Anstecknadel in der Form des Parteiadlers getragen wurde.

Zum Schluss legt der SA-Mann sein ebenfalls braunes Lederkoppel mit Schulterriemen um, schließt das Koppelschloss mit dem aufgeprägten, gerundeten Hakenkreuz und dem umgebenden Eichenlaub, und kontrolliert den Sitz seines SA-Dolches, der an der linken Hüfte herabhängt. Nun kann er sich bei seinem Truppführer melden.

Der 33-jährige Postbote HANS F. hat sein Aussehen inzwischen ebenfalls vom Postmann zum SA-Mann verwandelt. Die beiden Sterne am Kragenspiegel kennzeichnen ihn als Truppführer im militärischen Rang eines Feldwebels. Welcher Aufmarsch, welche Demonstration steht heute an?

Auch die jungen Führer der Hitlerjugend und die Führerinnen des BdM trommeln mit Vorliebe zur sonntäglichen Gottesdienstzeit ihre Mitglieder zusammen und marschieren dann gern laut singend durch die Straßen. Wer in der Bevölkerung eine Hakenkreuzfahne besitzt, und das sind inzwischen doch die meisten, der hängt sie demonstrativ am Fenster hinaus. Man will ja seine Liebe zum Führer bekennen. Man will zeigen, dass man innerhalb der Volksgemeinschaft steht!

In der Schule ist den Kindern über das bevorstehende große Ereignis gesagt worden, das schöne Land Österreich, die Heimat des geliebten Führers, sei nun in das große Deutsche Reich heimgekehrt, und deswegen sollten sich alle freuen. Wenn sie noch zu klein sind und noch nicht die Uniform der „Pimpfe" und „Jungmädel" tragen dürfen, bekommen sie doch ein Papierfähnchen in die Hand gedrückt, auf dem ein Hakenkreuz aufgedruckt ist. Sie sollen den Vorbeimarschierenden zuwinken.

Da sind noch die offiziellen „Hoheitsträger" am Marktort. Sie haben in diesen Tagen natürlich viel zu tun: Sie müssen die Wahlen vorbereiten und die entsprechenden Kundgebungen und Parteiveranstaltungen organisieren. Jede Ortsgruppe will mit ihrer Huldigung an den Messias HITLER gut dastehen. Ihm allein schreiben sie ja die gewaltige Neugeburt Deutschlands zu, das „aus Elend und tiefer Nacht" nun fast zu historischer Größe erstarkt ist.

„Der Führer braucht unser Bekenntnis! ... Die Welt soll hören, was wir denken: die Welt soll vernehmen, was wir glauben: Ein Volk, ein Reich, ein Führer!" – solche Sprüche hörte man in diesen Tagen von jedem Nazifunktionär.

Ein Bürgermeister zwischen Nationalsozialismus und Kirche

Auch in der Frankenpfalz hatten die Nazis inzwischen ihre Vorposten bilden können: Im gleichen Jahr 1938 waren die bisherigen kleinen „Stützpunkte" dort draußen in KIRCHENPINGARTEN, LIENLAS und TRESSAU zur gemeinsamen Ortsgruppe zusammengelegt worden. Der Tressauer Bauer und dortige Bürgermeister HANS BUSCH war zum Ortsgruppenleiter bestimmt worden. Ursprünglich wollte er eigentlich kein Nazi sein. Lieber hielt er zu seiner katholischen Kirche.[15]

Außer ihm hatten die Nazis in TRESSAU wohl noch vier oder fünf weitere „Parteigenossen"; in der ganzen Frankenpfalz konnte man mit vielleicht 15 Pg rechnen, also

---

[15] Vergl. in der 3. Folge des Projektes "MYRTEN FÜR DORNEN – Der Anstreicher und seine Lehrjungen" den Abschnitt: „Wie einer einknickt und mit Naziideologie infiziert wird", S. 185ff.

Musiker und Kirchenpingärtner Bürgermeister: JOSEF SCHERM, (Zweiter von links) wird im Zweiten Weltkrieg Militärmusiker

insgesamt kaum 2 % der erwachsenen Bevölkerung.

Wie aus den späteren Spruchkammerakten ersichtlich, war insbesondere der Haupt- und Kirchenort KIRCHENPINGARTEN als hitlerkritisch und als die „schwärzeste Gemeinde Oberfrankens" bekannt. Aber dass nicht nur die Pg., sondern ebenso alle anderen dem vergötterten HITLER die Zustimmung geben würden, daran zweifelte eigentlich auch dort niemand.

Im Dorf KIRCHENPINGARTEN amtiert zu dieser Zeit Busch's Kollege JOSEF SCHERM als Bürgermeister. Auch er ist natürlich Parteigenosse. Männer, die nicht Mitglied in der NSDAP waren, wurden in solchem Amt schon länger nicht mehr geduldet. SCHERM gehört mit seiner Geige, Trompete und dem Tenorhorn zur verbreiteten Gruppe der Volksmusikanten in der Gemeinde. Und auch er rechnet sich selbst zu den aktiven Kirchgängern.

Bürgermeister SCHERM ist zugleich Gemeindeschreiber. Durch seinen Pfarrer MICHAEL GEIGER und dessen ebenso nazikritischen Amtsvorgänger ALOIS WEBER hat er sich aber zu einer politisch etwas zurückhaltenderen Haltung bewegen lassen. Dennoch will auch er sich immer wieder als bekennender Nazi beweisen. Diese Linientreue demonstriert er dann z.B. klar im Jahr 1944 im Fall der ANNA BUCHBINDER, die er vors lebensgefährliche Sondergericht bringt.[16]

Die katholischen Geistlichen waren, wie ihre ganze Kirche, wegen der repressiven Kirchenpolitik der Nazis hitlerkritisch eingestellt. Bereits im Jahr 1934 hatte Pfarrer WEBER es gewagt, in einer spektakulären Handlung den regimebegeisterten Nazi-Lehrer KRAUß von seinem Kirchendienst zu entbinden; das hatte in der Gemeinde einigen Eindruck hinterlassen, niemand war damals KRAUß beigesprungen.

So hatte auch Bürgermeister SCHERM einiges über die christliche Heiligung des Sonntags verinnerlicht, den die Nazis immer wieder mit ihren Demonstrationen und Übungen zu unterwandern trachteten. Und so stellt sich SCHERM jetzt auch hinter Pfarrer Webers Nachfolger MICHAEL GEIGER. GEIGER hat deutliche Kritik daran ge-

---

[16] Aao S. 187 f. – Vergl. dazu vom selben Verfasser das Buch „SPURENSUCHE FRANKENPFALZ", S. 36, wo der Fall der ANNA BUCHBINDER erstmals geschildert wird.

übt, dass die Hitlerjugend draußen zur Gottesdienstzeit Aufmärsche veranstaltet.

SCHERM unternimmt auch nichts, um in seiner Gemeinde einen BdM-Mädchenkreis oder eine örtliche NS-Frauenschaft einzurichten, wie es die Partei gern sehen würde und wie es anderenorts, wie z.B. in Weidenberg, selbstverständlich ist. SCHERM ist damit zufrieden, dass es damals im Ort Kirchenpingarten eine große unternehmungslustige kirchliche Frauengruppe gibt, die auf die ganze Frankenpfalz ausstrahlt: die „Marianische Jungfrauenkongregation“. Zu ihr gesellen sich gern auch die jüngeren Mädchen ab 15 Jahren.

Gerüstet zum geistlichen Widerstand: Die Marianische Jungfrauenkongregation

Pfarrer JOHANN BAPTIST GREISINGER hat diese Gruppe für weibliche Jugendliche und junge Erwachsene im letzten Jahr des Ersten Weltkrieges 1918 gegründet.[17] Sie erstrebte eine eigene Form von Emanzipation. Die Idee war, dass die jungen Frauen angesichts des hohen Blutzolls, den der Krieg unter den Männern gefordert hatte, sich nicht vom vielleicht vergeblichen Warten auf einen geeigneten Ehemann abhängig machten, sondern sich für ihre Selbstverwirklichung beherzt karitativen Aufgaben zuwandten. Die geistliche und gesellige Gemeinschaft in ihrer Gruppe sollte die Suche der Einzelnen nach einem eigenständigen weiblichen und christlichen Lebenskonzept stärken.

Diese jungen Frauen hatten sich dann auch gegen alle Gleichschaltungsversuche, welche die Nazis seit Hitlers Machtergreifung 1933 unternommen hatten, verbissen und selbstbewusst zur Wehr gesetzt. So treffen sie sich auch in diesem hektischen Jahr 1938 trotz der offiziellen Verbote demonstrativ zu Ausflügen. Bei Kundgebungen zeigen sie öffentlich ihre heilige Fahne.

Ausflug nach Haidenaab 1933: Marianische Jungfrauenkongregation Kirchenpingarten mit Kaplan ALOIS WINTER (2. v. re.)

[17] Vergl. auch das Buch „SPURENSUCHE FRANKENPFALZ“, S. 33.

Dieser Auftritt ist umso mutiger, weil zu der Zeit nur noch die Zusammenkünfte der Staatsjugend HJ und BDM erlaubt sind. Anderen Jugendgruppen ist durch die Polizeiverordnung von 1935 ein geschlossenes Auftreten in der Öffentlichkeit und das Mitführen von Fahnen strikt verboten. Ebenso sind ihnen jede sportliche Betätigung, wie auch das gemeinsame Wandern, Fahrt und Lager, untersagt. Sie dürfen auch keine einheitliche Kleidung und Abzeichen tragen, die sie als geschlossene Gruppe ausweist. Und ihnen ist auch verboten, öffentliche Werbung für ihre Arbeit zu betreiben.

Diese schneidige Kirchenpingärtner Frauengruppe mit Pfarrer GEIGER und Kaplan WINTER an der Spitze setzt sich aber ständig über solche einengenden Bestimmungen hinweg. Sie genießt deshalb in der Gemeinde einiges Ansehen. Freilich ist sie den Nazis im Nachbarort Weidenberg ein ganz besonderer Dorn im Auge; ja, verstärkt durch die landsmannschaftlichen und konfessionellen Gegensätze erscheint diese Frauengruppe dort als eine echte Provokation.

Solidarisch mit dem nazikritischen „Männerapostel“ Rupert Mayer: Die Marianische Männerkongregation wird an Hitlers Machthöhepunkt neu gegründet

Die männliche Frankenpfälzer Jugend tritt damals zunächst weniger deutlich in Erscheinung; die Konkurrenz zur dominierenden Hitlerjugend ist übermächtig. Doch sind auch die Buben und jungen Burschen der Frankenpfalz in ihrer Kirche fest integriert. Alle Jüngeren genießen als Katholische weiterhin die Feier der Erstkommunion und die Firmung, sie praktizieren selbstverständlich den kirchlichen Dienst als Messbuben. Die Größeren treffen sich beim 1907 gegründeten katholischen Burschenverein.

Ein ganz besonders deutliches Zeichen gegen den totalitären Anspruch der Nazis aber versuchen die Frankenpfälzer Pfarrer genau in diesem Jahr 1938 zu setzten, in dem HITLER dem Höhepunkt seiner Vergottung entgegenstrebt. Sie rufen nun auch für die jungen Männer eine Gruppe der „Marianischen Männerkongregation“ MMC ins Leben.[18] Damit haben sie trotz des Verbotes ein weiteres Bollwerk gegen den Einfluss der Nazis in der Frankenpfalz errichtet.

Als Zusammenschluss der MÄNNLICHEN Gemeindeglieder hatten einst die Jesuiten diese Laienorganisation zur Zeit der Gegenreformation ins Leben gerufen. Gestützt auf ihre Gemeinschaft in der MMC sollten die jungen Männer vom Firm-Alter an aufwärts als „Sodalen“ (Weggefährten) ihr Leben bewusst nach dem christlichen Glauben gestalten und ihr Bemühen unter das Gebet der Gottesmutter Maria stellen.

---

[18] Aao. S. 61 f.

Gefangen in Landsberg:
Pater RUPERT MAYER 1938

Der charismatische Pater RUPERT MAYER, der „Männerapostel", war seit dem Jahr 1921 zum Präses der Marianischen Männerkongregation bestimmt worden. Er wurde als standhafter Nazikritiker das Vorbild für die jungen Männer dieser geistlichen Gemeinschaft. Gegen ihn und sein Werk liefen die Nazis natürlich Sturm.

Genau in dieser Zeit, als HITLER dem Volk sein Bekenntnis abnötigen will, haben sie genug von Mayers Eifer, sie verhängen zum wiederholten Mal ein Rede- und Predigtverbot über ihn. Und als das nichts nützt, zerren sie den streitbaren Pater sogar vor das „Sondergericht". Diese Willkürjustiz soll des unbequemen Mannes endlich habhaft werden. Wie auch andern Nazikritikern seit dem Reichstagsbrand von 1933 wollen die Parteirichter RUPERT MAYER alle „heimtückischen" Bestrebungen gegen das Hitlerregime austreiben. Sie werfen ihn am 5. Januar 1938 in LANDSBERG am Lech wegen „Kanzelmissbrauchs" ins Gefängnis. Zum Zeitpunkt des Österreich-Plebiszits sitzt MAYER dort in Haft.

Sie werden ihn aber nicht kleinkriegen. Vorübergehend nach dem Österreich-Coup milde gestimmt, lassen ihn die Nazis aufgrund einer allgemeinen Amnestie für ein paar Monate frei. Anschließend verhaften sie ihn im Jahr 1939 erneut. Nun beginnen sie, ihn im KZ Sachsenhausen umso härter zu drangsalieren. Als er schwer erkrankt, internieren sie ihn ab 1940 bis Kriegsende im Kloster Ettal. Sie wollen keinen Märtyrer, aber sie wollen diesen aufsässigen Glaubensmann wenigstens äußerlich mundtot machen. Schwer gezeichnet von dieser Verfolgung überlebt MAYER das Kriegsende nur um wenige Monate.

Der Aufbau der widerständigen MMC im Jahr 1938 in KIRCHENPINGARTEN und zeitgleich in manchen anderen Orten Deutschlands ist trotz dieser rigiden staatlichen Maßnahmen aber nicht zu stoppen. Vielmehr betrachten viele katholische Pfarrer damals die Gründung solcher Gruppen als ihr Zeichen einer bewussten Solidarität mit diesem tapferen Glaubenszeugen RUPERT MAYER. Auch wenn manche dieser MMC-Gruppen vom Anlass ihrer damaligen Gründung heute nichts mehr wissen, so muss man sie doch historisch in den verbreiteten innerkirchlichen Widerstand des Katholizismus gegen die Naziherrschaft einordnen.

Die Röm.-katholische Kirche zollte RUPERT MAYER übrigens 42 Jahre nach seinem Tod ihre eigene Art der Anerkennung: Im Jahr 1987 wurde er für seine klare Einstellung gegenüber dem Hitlerregime und seine uneigennützige Leidensbereitschaft von Papst JOHANNES PAUL II seliggesprochen. Folgendes Gebet wird diesem tapferen

Glaubenszeugen zugesprochen:

Herr, ***wie*** *Du willst, soll mir gescheh'n, / Und wie Du willst, so will ich geh'n.*
Hilf Deinen Willen nur versteh'n.
Herr, ***wann*** *Du willst, dann ist es Zeit, / Und wann Du willst, bin ich bereit.*
Heut und in alle Ewigkeit.
Herr, ***was*** *Du willst, das nehm' ich hin, / Und was Du willst, ist mir Gewinn.*
Genug, dass ich Dein Eigen bin.
Herr, ***weil*** *Du's willst, d'rum ist es gut, / Und weil Du's willst, d'rum hab' ich Mut.*
Mein Herz in Deinen Händen ruht.

2. Die Weidenberger SA-Rabauken stehen zum Übergriff bereit

Scharf auf Schlägerei

Die Beziehung zwischen den Weidenberger Nazis und den Christen der Frankenpfalz war also deutlich gespannt, und das schon seit Längerem. Obwohl etliche Einwohner aus der Frankenpfalz beim größten Weidenberger Arbeitgeber, dem Granitwerk SCHILLER oder in der inzwischen „arisierten" Rosenthal-Porzellanfabrik in SOPHIENTHAL arbeiteten, war doch der konfessionelle, kulturelle und sprachliche Unterschied, der durch jahrhundertlange Grenzziehungen zwischen dem markgräflichen Oberfranken und der wittelsbachischen Oberen Pfalz vertieft war, eine zusätzlicher Grund für die gegenseitige Fremdheit. Und so bedurfte es eigentlich auch nur eines Anlasses, um die Nazi-Schlägertruppe der SA mal wieder zu einer Aktion anzuregen. Sie träumte ja gern von den Zeiten der „Alten Kämpfer", die sich noch in zünftigen Saalschlachten und Straßenkämpfen bewähren durften.

Rund 60 Mitglieder umfasste der SA-Trupp Weidenberg, der unter Führung des oben schon genannten Briefträgers HANS F. stand. Sein Rang war dem Rang des Feldwebels beim Militär vergleichbar. Einer der Scharführer war der evangelische Pfarrer auf der Ersten Weidenberger Pfarrstelle THEODOR HOFFMANN. Er stand im Rang eines Unteroffiziers einer „Schar" von rd. 15 SA-Leuten vor. Er war gleich nach seinem Amtsantritt in WEIDENBERG im Spätherbst 1933 der SA beigetreten, um so das seit April 1933 bestehende Aufnahmeverbot in der NSDAP zu umgehen und auf dem Weg über die Parteigliederung SA doch noch den Parteibeitritt zu erreichen.[19]

[19] Mit diesem Schachzug hat HOFFMANN Erfolg, er erhält 1935 sein Parteibuch. – Vergl. die ausführliche Beschreibung seines Lebens und des Wirkens in der 4. Folge des Projektes

Truppführer F. gehörte zum harten Kern der Weidenberger Nazis, er war eines ihrer Gründungsmitglieder ziemlich genau neun Jahre zuvor. Der spätere Gauleiter HANS SCHEMM hatte auch ihn, zusammen mit 16 weiteren Interessenten, persönlich für die NSDAP geworben und eingetragen. Das war im Februar 1929 in der sagenumwobenen Wirtshauskundgebung im Gasthaus VOGEL am Obermarkt gewesen, als die Ortsgruppe der Weidenberger Nazis gegründet wurde. Da war auch der Schneidersohn GEORG RUMLER zum Ortsgruppenleiter gemacht worden.[20]

Wohl im Jahr 1931 hatte RUMLER dem Postbediensteten F. den Auftrag gegeben, als Truppführer eine örtliche SA aufzubauen. Damals war die SA in Deutschland wirklich noch eine „Sturmabteilung" gewesen, wie es ihr Namenskürzel „SA" verriet, ein mächtiger chaotischer Haufen von revolutionsdürstenden und schlachtenhungrigen Zukurzgekommenen mit eigenen Mythen und Legenden.

Damals hatten sie noch unter dem Oberkommando des alten Weltkriegsoffiziers und Freikorps-Haudegens ERNST RÖHM gestanden. Er hatte diesen wilden Haufen in der „Kampfzeit" der Partei als Ordnertruppe für Parteiveranstaltungen geleitet. Die Männer hatten dem „Führer" ADOLF HITLER bei jeder Kundgebung beispringen und Gegner notfalls mit der Faust beeindrucken dürfen. Bereits bei der großen „Saalschlacht" im Hofbräuhaus in MÜNCHEN am 4. Nov. 1921 hatten sich diese wüsten Fanatiker ihre ersten Sporen verdient und waren von HITLER persönlich im gleichen Monat zur „Sturmabteilung" (SA) geadelt worden.

Kein Wunder, dass sich diese männliche „Kampfgemeinschaft" in den ersten Jahren zu einem Eldorado für Rechtsextremisten und Schlägertypen entwickelt hatte. Beim Putschversuch Hitlers und Ludendorffs am 9. November 1923 in MÜNCHEN hatten sie sogar das Bürgerkriegsheer darstellen und sich mit der Polizei messen dürfen. Dass einige von ihnen dabei ihr Leben verloren, machte sie als Blutzeugen in der verklärenden Erinnerung für die Späteren nur um so bedeutungsvoller.

Nach dem Marsch auf die Münchner Feldherrnhalle war im November 1923 reichsweit vorübergehendes Verbot verhängt worden. Nach der Wiederauferstehung der Nazipartei im Jahr 1925 hatten diese Männer bei unzähligen Wahlversammlungen mit ihren Aufmärschen Eindruck schinden, aber sich auch weiter bei Straßenschlachten vor allem mit den linken Gegnern austoben dürfen. Zu ihren beliebten Angriffszielen hatten schon damals die Juden gezählt. Aber auch kirchliche Gruppen, wie die katholische Kolpingjugend, hatten nicht vor ihnen sicher sein können.

„MYRTEN FÜR DORNEN – Christsein am Scheideweg" im Kapitel *„Das Trojanische Pferd der Nazis – Pfarrer Theodor Hoffmann und die Deutschen Christen".*

[20] Vergl. dazu das Kapitel *„Seit 1933 sind wir alle nicht mehr normal – Georg Rumler und der Aufstieg der Nazis in Weidenberg"* in der 3. Folge des Projektes ‚Myrten für Dornen', S. 109ff.

Gezähmte Kettenhunde

Krisenzeiten waren für HITLER und seine Anhänger, wie wir oben sahen, stets Zeiten besonderen Wohlgefühls und Aufschwungs. So hatte insbesondere die Weltwirtschaftskrise zu Ende der 20-er Jahre viele neue Mitglieder, vor allem aus der Unterschicht, in die SA-Reihen geschwemmt. Ihre Zahl war auf ein Maß angewachsen, das für den Bestand der Weimarer Republik gefährlich wurde. Die Stimmung war am Siedepunkt.

Weidenberger SA beim Wiesenfestumzug 1933 am Obermarkt, in ihrer Mitte Bürgermeister GEORG RUMLER und die Gemeinderäte in Zivil.

Am liebsten wären die SA-Männer damals wie Bluthunde losgeschnellt und hätten in einem gewaltsamen Handstreich die Macht in Deutschland an sich gerissen, um ihre Revolution durchzusetzen. Doch HITLER erwies sich in seiner Partei stets als der durchsetzungsfähige Alpha-Rüde, der von allen anderen im Rudel absolute Unterordnung forderte. Er lenkte die Partei nach seinem Willen und entschied alles allein aus seinem spontanen Kalkül und Gefühl.

Das Scheitern seines dilettantischen Putschversuchs von 1923 hatte ihn verunsichert, und er war sich der Chancen für seine Sache in einem Bürgerkrieg nicht sicher. So pfiff er beim Spiel um die Macht im Staat jetzt seine Bluthunde bewusst zurück und wählte statt eines erneuten Staatsstreiches, zur Verblüffung seiner Vasallen und auch seiner Gegner, als Alternative den mühsamen Marsch durchs Dickicht des demokratischen Systems, obwohl er es doch eigentlich so von Herzen hasste. In einem halsbrecherischen Vabanque-Spiel nahm Hitler sich vor, die Demokratie mit ihren eigenen Waffen zu schlagen. Dabei wollte er auf nichts anderes vertrauen, als auf den Glauben an seine Sendung durch die „Vorsehung", das Wissen um seine Ausstrahlung und die bewährten Mittel seiner eigenen stupende Rhetorik.

So hatte sich die SA an die Kette legen lassen müssen und ihre Ungeduld nur noch bei kleineren oder größeren Terrorakten und Übergriffen austoben dürfen. Nachdem HITLER am Ziel war und ihm der greise Reichspräsident v. HINDENBURG im Januar 1933 die Macht ganz in seine Hände gelegt hatte, hatte er den Schalter hinsichtlich seiner bisherigen Revolutionsgarden ganz umgelegt. Nun wollte er den gesitteten Kanzler aller Deutschen geben.

Die SA musste also weiter gezügelt werden. In Preußen wurde sie unter der Oberaufsicht von Hitlers wichtigstem Vasallen HERMANN GOERING zur Hilfspolizei umfunktioniert. Sie blieb aber weiterhin ein willkommenes Drohmittel, um Gegner einzuschüchtern. Und HITLER stellte sich selbst gern als der einzige Dompteur dar, der in der Lage war, diese wilden Bestien zu bändigen.

In Wahrheit war allen klar, dass mit der zunehmenden Festigung von Hitlers Herrschaft diese Chaotentruppe eigentlich überflüssig geworden war. Der Hauptwiderstand kam von ihrem Führer ERNST RÖHM. Er war einst Vorgesetzter Hitlers in Flandern gewesen und zählte zu den wenigen Duzfreunden Hitlers. Er hatte gehofft, „seine" SA zur Kerntruppe einer Art von „Volksheer" machen zu können und seinen Widersachern gedroht: *„Bedenkt, fast vier Millionen Rabauken stehen hinter mir!"*

Doch Hitler vertraute für den Aufbau seiner Wehrmacht mehr auf die Fähigkeiten der Reichswehr. Sie war eine Berufsarmee. Ihr Personal war vor allem in den Führungsdienstgraden viel besser ausgebildet als die SA. Zugleich gewann HITLER damit auch willkommenen Zugang zur Kaste des Offiziersadels.

So entzog HITLER der SA handstreichartig und ohne langes Fackeln sein Vertrauen und entmachtete ihre Führung. Ihren Anführer RÖHM ließ er in der „Nacht der langen Messer" verhaften und am 1. Juli 1934 im Gefängnis von Stadelheim skrupellos ermorden. Anschließend streute HITLER die Behauptung, er habe einen drohenden Putschversuch vereitelt. Danach verselbstständigte sich auch die ursprünglich zur SA gehörende SS. Sie wurde unter Hitlers treuem Vasallen HEINRICH HIMMLER zum neuen, abgöttisch ergebenen Bluthund und Henker des Führers, der alle schmutzigen Arbeiten von Hitlers Willkürherrschaft erledigte.

SA-Mitgliedschaft als Not-Einstieg in die NSDAP-„Elite"

Seitdem ist die SA eigentlich nur noch ein Veteranenverein, ein Club von „Freizeitrockern", der von den alten Kampfzeiten träumt und seine Männlichkeit spielerisch in halbernst gemeinten Machtproben mit vermeintlichen Gegnern auslebt.

Interessenten, die sich jetzt zur SA melden, sind eigentlich keine Schläger, wie in den Anfangszeiten der SA, sondern es sind nun auch ganz seriöse Leute dabei:

Studenten, Kaufleute, Lehrer, Pfarrer. Sie verbindet aber eines: sie sind alle überzeugte oder sogar fanatische Nazis.

Mit dem SA-Beitritt können viele das Hindernis umgehen, das die NSDAP aus Angst vor Verwässerung und „Trittbrettfahrern" seit 19. April 1933 aufgerichtet hat: den allgemeinen Aufnahmestopp in die NSDAP. Er dauert, mit kleinen Abschwächungen, bis Kriegsende. Er bedeutet, dass seitdem keiner mehr auf direktem Weg in die Partei aufgenommen wird.

Das ist sicher verblüffend und manchen Laienhistorikern weitgehend unbekannt. Die Kenntnis dieses Aufnahmestopps ist aber unerlässlich, wenn man die Verstrickung vieler Menschen in die NS-Geschichte beurteilen will.

So hatte sich mit der Machtergreifung im Januar 1933 eine Flut von Aufnahmeanträgen über die Parteileitung ergossen. Doch die Freude darüber hielt sich insbesondere bei der Garde der „alten Kämpfer" in Grenzen. Sie befürchtete, statt aus Überzeugung würden Menschen um eigener Vorteile willen die Parteimitgliedschaft anstreben. Außerdem könnten Saboteure versuchen, die Partei von Innen auszuhöhlen, ein Gedanke, der tatsächlich gar nicht so abwegig war: denn viele kirchlich eingestellte Menschen und auch viele aus der alten Jugendarbeit der „Bündischen" hofften tatsächlich, mit ihren Idealen die NSDAP unterwandern und auf ihre Linie bringen zu können.

So hatte HITLER selbst auch öffentlich den Zustrom zur Partei eingeschränkt. Bei seiner Abschlussrede zum Reichsparteitag 1934 in der Nürnberger Luitpoldhalle hatte er die Nazi-Partei deutlich zur Organisation mit elitären Ansprüchen erklärt. Zwar müsse sich jeder Deutsche zum Nationalsozialismus bekennen, aber nicht jeder können Mitglied sein: *„Alle anständigen Deutschen werden Nationalsozialisten. Nur die besten Nationalsozialisten sind Parteigenossen!"* So trennte er die *Gesinnung eines Nationalsozialisten,* die er von jedem Deutschen erwartete, von der *Partei-Mitgliedschaft,* die er nun als Privilegierung von Auserwählten, also als eine „Elite" verstand.

Es gab seit Mai 1933 nur noch den einen Weg, sich die Nazi-Parteimitgliedschaft zu „erdienen", nämlich über eine aktive Betätigung in einer der Unterorganisationen SA, NSKK usw. Pfarrer Hoffmann wählte die Mitgliedschaft bei der SA und bei der religiösen Parteigruppierung „Deutsche Christen" und erlebte über diesen Umweg dann am 1. Mai 1935 seine Aufnahme in die NSDAP. Wie auch seine Frau bleibt Pfarrer HOFFMANN dann treues Parteimitglied bis zum letzten Tag des Hitlerreiches.

Die „neuen" SA-Mitglieder kommen aus allen bürgerlichen Schichten und haben mit den klassischen „Schlägertypen" nichts gemein. Mit ihrer veränderten Schichtung erscheint die Weidenberger SA also auf den ersten Blick als harmlos. Man darf aber nicht übersehen: Es sind alles überzeugte Nazis.

Wir finden unter diesen SA-Leuten den aufbrausenden Mengersreuther Lehrer H. ebenso, wie den in der Schule ideologisch eher zurückhaltenden Weidenberger Lehrer AUGUST K.; seinen Bruder, den zielbewussten KfZ-Meister HANS K., ebenso, wie den ruhigen Metzgermeister LUDWIG N.; den eher kritischen Bauern und Gemeinderat MICHAEL P. ebenso, wie den moderaten Bauern und Bürgermeister KONRAD R. aus Döhlau. Wir finden unter den SA-Leuten aber erstaunlicherweise auch Arbeiter des Granitwerkes SCHILLER, von denen man sonst behauptete, sie alle seien eigentlich verkappte Kommunisten. Und wir finden rd. 50 weitere, sonst durchaus geachtete Mitbürger, mit denen man im Alltag seine ganz gewöhnlichen Geschäfte machte.

Doch der Schein der Harmlosigkeit trügt: Sie unterscheiden sich von den SA-Leuten der Anfangszeit in einem Punkt *nicht*, in ihrem Fanatismus. In ihrer unbeugsamen Haltung verkörpern sie die Parteidoktrin, und in ihrer unbedingten Hingabebereitschaft stehen sie voll für den vergöttlichten HITLER ein. Sie sind bereit loszustürmen, wenn man sie von der Leine lässt.

Gefährliche „Freitzeitrocker" als Parteireserve

Es ist bei der Weidenberger SA und dem verwandten Motorradklub NSKK damals ähnlich wie bei manchen „Freizeitrockern" und Motorrad-Gangs heute. Unter der Woche erscheinen die Mitglieder oft als ganz seriöse Bürger, die als Handwerker, Kaufleute, Versicherungsvertreter, Lehrer oder Arbeiter ernsthafte Verantwortung übernehmen und einen durchaus guten Ruf genießen. Aber am Wochenende holen sie ihre Kutte aus dem Schrank, spalten ihr eigenes dunkles Ich ab und verwandeln sich wie Dr. JEKYLL zu Mr. HYDE.

Freilich, was ihnen damals vielleicht nur wie ein Spiel erscheint, ist in Wirklichkeit eine verinnerlichte, fast zwanghafte Form von Hitler-Ergebung. Sie wollen es HITLER recht machen und seinem Willen Bahn schaffen. Diese süchtige Abhängigkeit hatte sich schon bei dem oben geschilderten Übergriff auf den saarländischen Kaplan FRITZSCHE und die Pfarrhaushälterin KINZINGER in MARPING nach der Hitlerwahl 1936 gezeigt. Sie lässt HITLER-Bekenner bisweilen jeden moralischen Maßstab verlieren und zum primitiven Mob werden.

Nur so ist es zu verstehen, dass fast alle dieser verbürgerlichten „Freizeitrocker" sich dann auch im Frühjahr 1938 am Überfall auf KIRCHENPINGARTEN beteiligen; und dass sich viele ihrer Gesinnungsgenossen in ganz Deutschland dann am 9. November desselben Jahres zu einer weiteren „spontanen" Parteiunternehmung hinreißen lassen, der Pogromnacht gegen die Juden. Es sind keineswegs die einstigen Bluthunde, sondern es sind vielfach diese abenteuerhungrigen Bürger aus der Mitte der Gesellschaft, die dem Fanatiker und Propagandisten JOSEF GOEBBELS beim gewollten Übergriff auf die Juden folgen. Dass es in WEIDENBERG in diesem November 1938 ruhig bleibt, ist wohl einzig dem Umstand zu verdanken, zu dieser Zeit keine Juden mehr am Ort wohnten. Früher hat es hier aber durchaus auch Juden gegeben. Wann die Letzten den Ort verlassen haben, ist noch nicht erforscht, möglicherweise erst kurz nach Hitlers Machtergreifung.

Doch WEIDENBERG hat seine eigenen Opfer der Nazizeit, die gern er übersehen werden, insbesondere Euthanasieopfer und politisch Verfolgte.[21] Eingeleitet wird das Ganze aber durch die schockierende Eruption im Anschluss an Hitlers „Bekenntnisfestival" im April 1938. Da wird deutlich, dass an diesem Marktort nicht die „besseren Menschen" das Sagen hatten. Es hat vielmehr auch hier fanatische Menschen gegeben, wenn auch in bürgerlichem Gewand. Sie gehen im Alltag unverdächtigen Beschäftigungen nach, haben ihren Mittelpunkt aber im Weidenberger SA-Trupp.

Viele Trupp-Mitglieder scheinen mit ihren 26-37 Jahren noch recht jung; Pfarrer HOFFMANN ist mit 50 Jahren der Älteste in dieser Runde. Sie sind ein verbürgerlichter Veteranenverein. Dieser Trupp hängt weiter an den alten Idealen, er trauert den mythischen Geschichten der „Kampfzeit" nach, und er sucht immer noch nach Gelegenheiten, seine einschüchternden Männlichkeits-Rituale zu praktizieren. Deshalb wird dieser Trupp, wenn er bei verschiedenen Gelegenheiten, wie dem 1. Mai, in Uniform und mit markigem Marschgesang auftaucht, auch von der Bevölkerung als eher angsteinflößend empfunden. Es ist, wie wenn die Katze mit der Maus spielt: Während die Katze scheinbar nur ihre Geschicklichkeit und Überlegenheit trainieren will, wird dieses „Spiel" von der Maus naturgemäß als lebensbedrohend wahrgenommen.

Manche wollen diese Aktivitäten in der Rückschau heute gern verharmlosen. Doch ihr Mythos zeichnet als ihr Vorbild den Rammbock im Chaos vor, den „Rabauken" und wilden Krieger, dessen bloße Anwesenheit Angst und Schrecken verbreiten soll.

Wie Freizeit-Motorrad-Rocker: Weidenberger NSKK 1933

Der SA-Truppführer F., den Ortsgruppenleiter RUMLER im Jahr 1931 zur Übernahme dieses ungeliebten Postens breitgeschlagen hat, ist als kleiner

[21] Vergl. dazu die 5. Folge des Projektes „MYRTEN FÜR DORNEN – Spuren der Opfer".

Post-Angestellter nur eine kleine Marionette; er besitzt in dieser Chaotentruppe keinerlei Autorität. Der hinter ihm stehende RUMLER ist der eigentliche Lenker, möchte das aber stets gern verschleiern.

So macht sich im nahen KIRCHENPINGARTEN auch eine gewisse Unruhe breit, als ein kleiner Teil dieser Truppe zwei Wochen vor der Hitlerwahl von 1938 plötzlich mit Motorrädern in diesem Dorf der Frankenpfalz auftaucht. Diese SA- und NSKK-Leute sind unberechenbar. Ihr Willkürhandeln, wenn sie losgelassen sind, ist schwer steuerbar, ihr Auftreten in Braunhemd und brauner Uniform wirkt martialisch.

3. Zweifelhafte Beute

Der Raub der Fahne der Marianischen Jungfrauenkongregation weckt den Widerstandsgeist der Kirchenpingärtner

Dazu weiß man nicht erst seit der Nazizeit, sondern bereits aus der jahrhundertlangen Vorgeschichte von den landsmannschaftlichen Spannungen zwischen den Bewohnern des einstigen fränkischen „Radenzgau“ und dem bayerischen „Nordgau“. Diese Gebiete grenzten oberhalb des kleinen Weilers Waizenreuth im Osten von Weidenberg aneinander.

Man weiß aus dieser Geschichte von manchen gegenseitigen Übergriffen zwischen den oberpfälzischen Frankenpfälzern „oben“ und den markgräflichen Weidenbergern „unten“, die durch viele konfessionelle Vorurteile erhärtet wurden. So wird z.B. berichtet, dass angeblich im Turm der katholischen Kirchenpingärtner Kirche lange eine Glocke gehangen habe, die fanatische Katholiken einst aus der evangelischen Stephanskirche am Weidenberger Friedhof geraubt hätte. Diese Glocke existiert allerdings nicht mehr; sie wurde im Ersten Weltkrieg zum Einschmelzen für die Rüstung abgeliefert.

Ein anderes Vorurteil besagt: Ein traditionsbewusstes katholisches frankenpfälzer Mädel lässt sich mit einem protestantischen Buschen aus WEIDENBERG nicht ein, und umgekehrt. Das legen die tradierten Familienregeln fest. Über diese Religionsreinheit ihrer jeweiligen Gebiete wachten insbesondere die Großmütter wie eine schier uneinnehmbar scheinende Festung.

Noch bis weit in die Zeit nach dem Zweiten Weltkrieg hinein sind solche historischen Spannungen zwischen WEIDENBERG und Frankenpfalz im Alltag greifbar. Sie bilden die Kehrseite zu einem ausgeprägten Traditionsverständnis, das in diesen Orten noch heute herrscht.

Auch ihre geweihten Kirchenfahnen sind den Frankenpfälzern heilig. Sie erscheinen ihnen wie krafthaltige Schutzsymbole, die gegen Angriffe immun sind und auch den Gläubigen schützen. Und so wagen sie damals in der Hitlerzeit trotz Verbotes, diese Fahnen in der Öffentlichkeit zu zeigen.

Es ist der erste Sonntag in der großen vorösterlichen Fastenzeit. Die Jungfrauenkongregation hat ihre Kirchenfahne jedenfalls an diesem Feiertag mit in den feierlichen Gottesdienst genommen. Die meisten Kirchenpingärtner sind in der Kirche.

Die wenigen zufälligen Zuschauer draußen sind natürlich besorgt, als sie das Knattern von Motorrädern hören. Sie bemerken, dass ein kleiner Motorrad-Trupp des „nationalsozialistischen Kraftfahrerkorps" NSKK aus WEIDENBERG ihre Maschinen an diesem Märzsonntag 1938 in die Frankenpfalz gelenkt hat und nun an der Straßenecke unterhalb der Kirchhofmauer in KIRCHENPINGARTEN abstellt.

Mit dem Glockenläuten strömen die Gottesdienstbesucher aus der schlichten Barockkirche St. Jakobus d. Ä. Anschließend stehen sie gutgelaunt plaudernd und nichtsahnend im Kirchenhof und an der Treppe beieinander. Sie treffen ihre Verabredungen und tauschen Informationen aus. Auch die Mädchen und Frauen der

Mit der heiligen Fahne noch nach dem Jahr 1936 an der Öffentlichkeit:
Marianische Jungfrauenkongregation Kirchenpingarten mit Pfarrer MICHAEL GEIGER (links)

Marianischen Jungfrauenkongregation haben inzwischen mit ihrer Fahne die Kirche verlassen und begeben sich in die Menge, die bis zur Kreuzung an der Hauptstraße reicht.

Es geht recht eng zu in der schmalen Kirchgasse gegenüber dem Pfarrhaus. So bekommen viele den Übergriff zunächst auch gar nicht mit. Erst das Geschrei der Mädchen macht andere aufmerksam: Blitzschnell sind die SA-Männer auf die Mädchen zugestürzt. Rasch hat einer von ihnen der Fahnenträgerin die gedrechselte, schwarze Fahnenstange mit dem kostbaren heiligen Tuch aus den Händen gerissen.

Sofort werfen die uniformierten Männer ihre Motorräder an und schwingen sich auf die Sitze. Der die Fahne erbeutet hat, hat den Sozius erklommen und schwenkt den stattlichen Fahnenbaum und das schwere Tuch triumphierend über sich wie ein Siegeszeichen. Johlend und mit Vollgas braust der Trupp mit seiner Beute Richtung WEIDENBERG davon. Die Männer empfinden das Ganze als sportlichen Wettstreit, so als hätten sie einen Maibaum entwendet.

Die Menge ist zunächst sprachlos, dann bricht ein umso wütenderes Protestgeschrei los. In den folgenden Tagen ist dieser Fahnenraub Gesprächsthema Nummer eins in allen Häusern von KIRCHENPINGARTEN und in der ganzen Frankenpfalz.

Was wie ein Streich übermütiger Burschen wirken sollte, wird wegen der Beteiligung der SA bzw. ihres Kraftfahrerkorps überraschend zum Politikum. Es bewegt nicht nur die örtlichen Geistlichen oder die Gemeindeglieder. Die Kunde dringt bald auch in höhere politische Kreise. So viel ist bald jedem Einsichtigen klar: Der Raub dieser geweihten Fahne ist auch in Hitlerdeutschland ein Sakrileg!

Des Kreisleiters Versöhnungsversuch bleibt ungehört

Es ist ja nicht mehr weit bis zur Hitler-Wahl, Gelegenheit also für die Regimekritiker zu einem Denkzettel an die selbstsicher Regierenden. Als wenige Tage vor der Wahl der Kreisleiter DENNERLEIN in KIRCHENPINGARTEN beim Bürgermeister SCHERM auftaucht, um mit ihm routinemäßig die Wahlhandlung und das angestrebte hochprozentige Ergebnis zu besprechen, macht dieser ein düsteres Gesicht.

Der 42-jährige Bauer JOSEF SCHERM, Parteimitglied seit dem Jahr 1933, stammt aus dem Anwesen am Kirchweg unterhalb der Kirche. Er kennt seine Leute. Ihnen ist ihr Katholizismus einst im Dreißigjährigen Krieg durch die damaligen neuen Wittelsbacher Landesherrn mit Hilfe von Polizei und Soldaten hart eingebläut worden[22], jetzt stehen sie auch in stürmischen Zeiten felsenfest dazu.

SCHERM weiß von der Empfindlichkeit seiner Mitbürger gegen jede Art von Über-

[22] Vergl. das Buch „SPURENSUCHE FRANKENPFALZ“, S. 51 ff.

griffen von weltlicher und geistlicher Obrigkeit. Seit ihnen auch noch die Bayerische Regierung unter dem Grafen MONTGELAS in der nach-napoleonischen Zeit im bilderstürmenden Wahn der Aufklärung ihre Martern und Andachtsbilder an Wegen und Feldern zerstört hat,[23] sind sie zu jeglichem mutigen Widerstand bereit, sollte sich noch einmal jemand an ihren Heiligtümern vergreifen.

So wiegt SCHERM ernst den Kopf, als ihn DENNERLEIN an die hohen Erwartungen der Partei erinnert. Nein, diese Wahl würde wohl nach der Beschlagnahme dieser Fahne kein gutes Ergebnis zeitigen. Vielleicht könne DENNERLEIN ja noch etwas machen und sich in WEIDENBERG dafür einsetzen, dass die SA-Leute vor der Wahl einiges wieder gut machen.

Tatsächlich nimmt NS-Kreisleiter DENNERLEIN diesen Rat ernst. Er weist den Weidenberger Ortsgruppenleiter RUMLER an, die örtliche SA solle die Fahne wieder herausgeben. – Wo diese Fahne heute verblieben ist, konnte der Verfasser leider nicht herausfinden. Es scheint aber so. dass RUMLER damals dieser Weisung seines Kreisleiters nachgekommen ist. Denn nach dem Krieg wird einer der beiden damaligen Kirchenpingärtner Ortsgeistlichen, Kaplan WINTER, bei den Zeugenvernehmungen zu den Überfällen auf KIRCHENPINGARTEN befragt; er bezeugt, dass die Fahne tatsächlich einige Tage vor der Wahl wieder in den Kirchort zurückgebracht worden sei. Diese Rückgabe sollte nach Winters Eindruck „gleichsam als Köder dienen für die erbitterten Vereinsmitglieder“ der empörten Marianische Jungfrauenkongregation.

Doch diese Erbitterung gegen Hitlers Bodenpersonal saß wohl schon zu tief, und dieser Versöhnungsakt der SA war wohl auch zu oberflächlich und zu wenig ernst gemeint, als dass die Kirchenpingärtner zu diesem Zeitpunkt damit noch ruhig zu stellen gewesen wären.

So naht sich also der große Tag zur Verherrlichung des „Führers“, der aber in KIRCHENPINGARTEN mit Gedanken der Wut umwölkt ist. Sich offen zum Widerstand zu bekennen oder sich gar als Anführer einer Auflehnung zu profilieren, wagt aber auch bei diesem tapferen Völkchen niemand, es wäre auch zu selbstmörderisch gewesen. Was man vorhatte, musste als Tat jedes Einzelnen im Verschwiegenen bleiben.

---

[23] Vergl. zu diesem Bildersturm um 1802 das Buch desselben Verfassers „WENN HOLZ UND STEINE REDEN – Marterlwege in der Frankenpfalz im Fichtelgebirge“, insbesondere S. 37; sowie die 4. Folge des Projektes „MYRTEN FÜR DORNEN – Christsein am Scheideweg“, S. 29.

III. Teil: Der Tag, an dem Hitlers Gottheit infrage stand

1. Die Wahlkampfmaschinerie läuft auf Hochtouren

Druck und Spannung für ein einheitliches Wahlverhalten

Wie überall im ganzen nun „Großdeutschen Reich" laufen in diesen Tagen auch in WEIDENBERG und in der angrenzenden Frankenpfalz die Vorbereitungen für die „Volksabstimmung" auf Hochtouren. Der dafür vorgesehene 10. April, der mit dem Beginn der Osterwoche zusammenfällt, soll ja der Höhepunkt der bisherigen „Bekenntnis-Tage" werden. Er soll aller Welt zeigen, dass die „Volksgemeinschaft" auch im nun erweiterten Großdeutschen Reich geschlossen hinter ihrem hochverehrten Führer ADOLF HITLER steht. Er soll als der erwartete Messias dieses neuen Reiches bestätigt werden.

Auch im Gau „Bayerische Ostmark", zu dem WEIDENBERG gehört – der aber seinen Namen bald an das angeschlossene Österreich verliert – werden die Einwohner durch Großkundgebungen, Aufmärsche, Rundfunkaufrufe und Zeitungsberichte zu einem einvernehmlichen Wahlverhalten gedrängt. Das „Ja" zum Anschluss Österreichs und damit zu Hitlers historischem Projekt „Großdeutschland" erscheint auf dem Stimmzettel als Hauptsache; die Reichstagswahl, die letzte in der Hitlerzeit und bis heute überhaupt, ist nur formales Beiwerk.

Der Propagandaaufwand ist enorm. Allein in diesem fränkisch-pfälzisch-niederbayerischen Gau finden innerhalb kürzester Frist rd. 4.000 Kundgebungen statt! Jeder Ort soll erreicht und in die Pflicht genommen werden.

Ort der Treuebekundung für Hitler und Stammtisch der Nazis: Gasthaus Wildenauer in Kirchenpingarten 1938

Am 1. April, also schon in der militanten Phase, die seit dem Übergriff der Weidenberger SA auf die Fahne der Jungfrauenkongregation von vielen Frankenpfälzern so empfunden wird, wagt sich der Parteigenosse BRENDEL aus BAYREUTH in die Höhle des Löwen nach KIRCHENPINGARTEN. Er hält im Gasthaus WILDENAUER eine Parteiversammlung ab. Er will auch hier die kleine Zahl der örtlichen Parteimitglieder, die durch Mitglieder aus anderen benachbarten Ortsgruppen verstärkt sind, auf die Hitlerwahl einschwören. Die wenigen erschienen KIRCHENPINGÄRTNER lassen sich von ihrem Zorn nichts anmerken. Die Zeitung „Bayerische Ostmark", die drei Tage später über diese Kundgebung berichtet, hat Hitlers Idee vom quasireligiösen gegenseitigen Bekenntnisakt zwischen dem Volk und seinem charismatischen Führer bereits verinnerlicht, wenn sie vollmundig und stark übertreibend schreibt:

„Zu einer eindrucksvollen Treuekundgebung gestaltete sich die Wahlversammlung, die im Saale Wildenauer stattfand und zu der sich die Volksgenossen von hier und der Umgebung in großer Zahl eingefunden hatten. Pg. Brendel zeichnete in klaren Umrissen die großen Geschehnisse der letzten Woche und ihre geschichtliche Bedeutung auf. Der Führer hat mit der Schaffung Großdeutschlands eine uralte Sehnsucht erfüllt. Seine Treue zum deutschen Volke verpflichtet uns zur gleichen Treue dem Führer gegenüber. Wir beweisen sie bei der Abstimmung am 10. April mit einem freudigen Ja"!

Propaganda bis in den letzten Winkel:
Lautsprecherwagen des NSKK

Auch Weidenbergs Ortsgruppenleiter RUMLER ist als „Kreisredner" in diesen Wochen für den Wahlkampf in ständigem Einsatz. Der örtliche Propagandawart WAGNER und seine Leute müssen Schwerstarbeit leisten: Massenweise sind Plakate zu kleben und Handzettel zu verteilen. Die Gau-Rundfunkstelle hat 48 Lautsprecherwagen bis ins kleinste Dorf ausgesandt. Zu lautstarker Marschmusik erschallen die markigen Wahlaufrufe auch in WEIDENBERG und in der Frankenpfalz.

Das Weidenberger Kino in der Warmensteinacher Straße muss den aufsehenerregenden Riefenstahl-Film *„Triumph des Willens"* über den Nürnberger Reichsparteitag von 1934 wiederholen. Zum Thema der Wahl, dem Einmarsch in Österreich, hat die Reichsfilmkammer rasch den Dokumentarfilm *„Hakenkreuz über Österreich"* zusammengeschnitten und mit der schneidenden Stimme seines Chefkommentators HARRY GIESE unterlegt. Da es auf dem Land keine weiteren Kinos gibt, schickt die Gau-Filmhauptstelle mobile Tonfilm-Projektoren auf die Dörfer und lädt, auf den Neugiereffekt setzend, erstmals zu Film-Freilichtveranstaltungen ein.

Vier Flugzeuge kreisen über den Orten des Gaugebietes; sie schleppen Transparente hinter sich her mit der Aufschrift *„Am 10.4. dein Ja dem Führer"* und werfen Flugblätter ab.

Post-Sonderstempel
„Am 10. April dem Führer Dein ‚Ja"

Die Deutsche Reichspost wirbt mit einer „Volksabstimmungs-Sondermarke". In den letzten 10 Tagen vor der Wahl sind alle Postsendungen mit dem Werbestempel *„Am 10.4. dem Führer Dein Ja"* versehen.

Die damaligen Heimatzeitungen „Bayerische Ostmark" und „Bayreuther Tagblatt" sind in diesen Tagen voll von Aufrufen für ein „Ja". Sportvereine werben im Anzeigenteil der Zeitung ebenso für das Ja zum Führer, wie die Maler-Innung, der Bauverein, der Mieterverein oder der Evangelische Bund. Treuebotschaften kommen auch von allen Nazigliederungen, wie SA, NSKK NSV usw. In den Anzeigen heißt es:

„Über 6 Millionen Deutsche [gemeint sind hier die vereinnahmten Österreicher], *die durch Gewalt und starre Paragraphen außerhalb der Gemeinschaft mit ihrem Volkstum bleiben mussten, sind heimgekehrt. Wir waren früher auch ein Volk, mussten aber in zwei Staaten leben. Doch Betrug, Lüge und Gewalt haben den Lauf der Geschichte nicht aufhalten können. Blut strebt zu Blut! Die Tat des Führers hat die Sehnsucht des Volkes erfüllt. Das neue deutsche Reich ist erstanden! Wir zeigen am 10. April der Welt unseren Willen. Wir alle stimmen mit Ja!"*

In anderen Anzeigen wird die Bevölkerung nach dem Willen von Propaganda-Minister GOEBBELS zum Dekorieren ihrer Häuser an diesem Wochenende gedrängt:

„Volksgenossen der bayerischen Ostmark! Am 9. und 10. April, den Fest- und Freudentagen der Nation, kein Haus, kein Fenster ohne Fahnen und Grünschmuck! Sichtbare Zeichen unseres freudigen und dankbaren Bekenntnisses zum Großdeutschen Reich sind die mit Fahnen und Girlanden geschmückten Häuser in der bayerischen Ostmark."

Kundgebungen mit SA-Marschtritt und Zapfenstreich-Musik

Die SA-Standarte 7 BAYREUTH, die alle Sturm-, Sturmbanngruppen und Trupps im Landkreis umfasst, begibt sich mit Spielmannszug, Musikkapelle und einer großen Anzahl ihrer Männer auf 24 Lastwagen und sechs Krafträdern auf eine Propagandafahrt durchs Fichtelgebirge. Am 3. April erreicht diese riesige Kolonne auch WEIDENBERG.

Mit wehenden Fahnen und klingendem Spiel ziehen die Uniformierten im Gleichschritt durch den Marktort. Zu beiden Seiten der Kolonne verteilten SA-Leute an die Weidenberger Bevölkerung Handzettel, Flugblätter und Wahlsonderzeitungen. Da gerade Mittagszeit ist, wird die hungrige Meute von ihren SA-Kollegen von der Weidenberger Ortsgruppe mit heißen Würstchen und warmem Tee versorgt.

Zum Abschluss solcher Kundgebungen erklingt seit dem Plebiszit zur Rheinlandbesetzung im Jahr 1936 das „Niederländische Dankgebet“ *„Wir treten zum Beten“*. Vermutlich ist der Choral nach dem Sieg der Niederländer über die Spanier in der Schlacht von Turnhout 1597 entstanden. Er hat im 19. Jh. in zahlreichen Ländern seine Wiederentdeckung erlebt. Der aus einer jüdischen (!) Familie stammende Dichter JOSEPH WEYL fertigte die bekannteste deutsche Übersetzung, und der Wiener Komponist EDUARD KREMSER lieferte bis 1877 die Melodiefassung. Kaiser WILHELM II. sah in dem Lied das religiöse Bekenntnis der Verbindung von Thron und Altar und setzte sich persönlich dafür ein, dass es bei öffentlichen Anlässen gespielt wurde. Seitdem heißt es bis heute beim „Großen Zapfenstreich“, der preußischen Ehrenbezeugung für die deutschen Staatsoberhäupter, nach dem „Helm ab zum Gebet“:

Im Streite zur Seite ist Gott uns gestanden. / Er wollte, es sollte das Recht siegreich sein. / Da ward, kaum begonnen, die Schlacht schon gewonnen. / Du, Gott, warst ja mit uns: Der Sieg, er war Dein!

Wir loben Dich oben, Du Lenker der Schlachten, / und flehen, mög'st stehen uns fernerhin bei, / dass Deine Gemeinde nicht Opfer der Feinde! / Dein Name sei gelobt, o Herr, mach' uns frei!

Die Nazis betonten mit diesem Lied die „gottgewollte Vollendung“ des Deutschen

Mieterverein Bayreuth E. V.

Unsere Mitglieder werden gebeten an den Wahlkundgebungen, insbesondere am Samstag, dem

„Tag des Großdeutschen Reiches“

sich vollzählich zu beteiligen.

Dem Führer bringen wir den schuldigen Dank am 10. April mit unserem einstimmigen

„Ja“

Evangelischer Bund, Zweigverein Bayreuth

Wir ersuchen unsere Mitglieder an den Wahlkundgebungen, insbesondere an den Veranstaltungen am Samstag, „dem Tag des Großdeutschen Reiches“ sich zahlreich zu beteiligen.

Dem Führer bringen wir den schuldigen Dank am 10. April mit unserem einstimmigen

„Ja“

Vereine werben für Hitler:
Zeitungsannoncen im April 1938

Reiches in ihrem „Dritten Reich“. Sie setzen es bewusst bei ihren Massenveranstaltungen ein, so auch bei diesem Hitlerreferendum 1938. Es soll dieser Kundgebung einen weihevollen religiösen Rahmen geben. HITLER soll gefeiert werden als Messias und Vollender der Taten, zu denen ihn „Gott, der Gerechte“ einst berufen habe.

In seinen Reden preist HITLER diesen Gott sonst meist als „Vorsehung“; manchmal beschwört er ihn auch als den „Allmächtigen“ oder den „Schöpfer“.

Nicht zufällig erklingt dieses Lied, gesungen vom Wiener Männergesangverein, dann als feierliche Krönung der reichsweit übertragenen Rede Hitlers in WIEN dann auch am Vorabend des Wahltages. Bei der dritten Strophe beginnen alle Glocken der Kirchen im ganzen Reichsgebiet zu läuten.

Ein Schauer läuft vielen den Rücken herunter. Keiner ahnt zu diesem Zeitpunkt, dass bis zum Ausbruch des II. Weltkrieges und dem Weg Deutschlands in den Untergang nur noch 17 Friedensmonate für die Menschen verbleiben und dass dieses Lied dann weitere fünf Jahre später in Propagandafilmen, wie „Fridericus Rex“ oder „Kolberg“ als bloße Durchhalteparole herhalten muss im bereits völlig zerstörten Land.

Internationale Werbung für eine „weltgeschichtlich einmalige machtvolle Demonstration“

Mit jedem Tag näher zur Wahl sorgen die Nazis für eine Steigerung der Spannung. Bereits einige Tage vor dem Referendum haben Deutsche und Österreicher mit Wohnsitz im Ausland ihre Wahlzettel abgegeben. Deren Ergebnisse werden vorab verkündigt, um die allgemeine Stimmung weiter anzuheizen. Sogar in Kamerun in Afrika werben Nazis für die Wahl.

Um die Hoheitsrechte des jeweiligen Landes zu umgehen, werden Wahllokale vielfach auf Schiffen unter deutscher Flagge eingerichtet. Verteilt über den Globus ankern sie überall. So können Deutsche und Österreicher, die in GENUA wohnen, an Bord des Torpedobootes „Wolf“ wählen, während in Brasilien ansässige Landsleute

Wählen auf dem Schiff: Torpedoboot „Wolf“ in Genua, „Wilh. Gustloff“ in London

an Bord des Dampfers „Curityba" ihre Wahlurne vorfinden. Wähler in RIO DE JANEIRO können ebenso an Bord von Schiffen abstimmen, wie Auslandsdeutsche am Schwarzen Meer.

Vor Zoppot ankert die „Preußen", auf der 500 Danziger wählen. Das im März 1938 vom Stapel gelaufene „KdF-Schiff" „Wilhelm Gustloff" ist nach London gefahren; hier wählen bereits am 1. April die deutsch- und österreich-stämmigen Wahlberechtigten. Sieben Jahre später wird dieses Schiff zur traurigen Berühmtheit, als es nach einem russischen Torpedo-Angriff untergeht und 9.000 Flüchtlinge mit in die Tiefe reißt.

Gerade im Angesicht des Auslandes wollen die Nazis Eindruck schinden. Die Korrespondenten ausländischer Zeitungen sollen an Bord kommen und sich von der vollkommenen Geheimhaltung der Abstimmung und dem Fehlen jeden Druckes oder jeder Fälschung überzeugen können. So ankert der Lloyd-Dampfer „Orotava" außerhalb der Dreimeilenzone vor Dänemark, um auch den Deutschen in Dänemark und Schweden die Erfüllung ihrer „Wahlpflicht" zu ermöglichen. Per Funk werden die Ergebnisse nach Deutschland gemeldet, und so kennt man hier schon fast eine Woche vor der Wahl das Endergebnis der Auslandsdeutschen: überall fast 100 % Ja-Stimmen, wie der jeweilige deutsche Gesandte unter allgemeinem Jubel verkündet.

Dem psychologischen Druck, den die Nazis verbreiten, entgeht niemand. So verkündet der Leitartikel im Bayreuther Tagblatt am 6. April 1938 noch einmal triumphierend und mahnend:

„Wir stehen am Vorabend des 10. April, des Tages, der den ersten Abschluss des größten historischen Ereignisses unserer Zeit, der Wiedervereinigung Österreichs mit dem Deutschen Reich bildet. Im unvergleichlichen Triumphzug, die Weltgeschichte hat bisher nichts dergleichen aufzuweisen, ist der Führer durch die deutschen Lande gefahren und hat zu den deutschen Menschen, zu seinem Volk in Ost und West, Nord und Süd gesprochen, und überall umbrandete ihn ein Jubel der Begeisterung, wurde ihm, dem größten Sohn der deutschen Erde, ein Treuebekenntnis von dankbaren und glücklichen Menschen bereitet, wie sich kein Mensch der Erde rühmen kann, dass sich je Menschen seines Blutes so zu ihm bekannten. Adolf Hitler, der einfache Sohn des deutschen Volkes, sein Name ist zu einem ***Glaubensbekenntnis aller deutschen Menschen*** *geworden, und das wird der 10. April, der ein noch nie erlebtes Wahl- und Abstimmungsergebnis zeitigen wird, beweisen."*

Offen gibt die Zeitung im weiteren Text zu, dass der Nationalsozialismus „eine schrankenlose Diktatur" sei, sieht das Handeln der Nazis aber dadurch gerechtfertigt, dass sie „die Herzen der Volksgenossen zu gewinnen" imstande seien. Vokabeln, die nur im religiösen Glauben angemessen sind, müssen für das Verhältnis der Deutschen zu HITLER herhalten, etwa, dass das Deutsche Volk *„dem Führer für diese gewaltige*

Bayreuther Tagblatt

Oberfränkische Zeitung

Anzeigenannahme: Opernstraße 3 und Maxstraße 60
Schriftleitung: Maxstraße 60
Fernruf Nr. 65 – Postschließfach 2/101

Postscheckkonto: Nürnberg Nr. 9597
Bankkonto: Bayer. Vereinsbank Filiale Bayreuth und Bayreuther Volksbank

…lagen: Ostmärkische Heimat – Romanzeitung

Unterhaltung – Der deutsche Film – Die braune Scholle

…ntagsbeilage: Zum Wochenende – Sportzeitung

Bilder aus der Bayer. Ostmark – Die deutsche Frau

1855 1938 1867

…. Jahrgang Bayreuth, Samstag, 9. April 1938 Nummer 84

…Bleibende für uns ist jene Substanz …Fleisch u. Blut, die „Deutsches Volk" … Partei, Staat, Wehrmacht, Wirt…t sind Einrichtungen u. Funktionen, … nur der Wert eines Mittels zum …k zukommen kann. Sie werden …der Geschichte gewogen nach den …sten, die sie dem Zweck leisten. Ihr …k aber ist immer wieder das Volk.

Führerworte.

Ein Fels im Meer: Helgoland

Deutscher! Dein Reich

Danke es dem Führer am 10. April mit

Ja!

Deutsch von Helgoland bis Wien, von Ostpreußen bis zum Großglockner:
Wahlwerbung des Bayreuther Tagblattes zum Hitlerreferendum 1938

Arbeit" danke, *„die einst zu leisten so unmöglich schien, während unsere Brüder und Schwestern in der alten deutschen Ostmark* [gemeint also das annektierte Österreich] *sich glaubensvoll zu ihm bekennen, weil sie wissen, dass nunmehr auch der Wohlstand, die Befreiung von allem sozialen Elend, bei ihnen eingekehrt ist."*

Eine machtvolle und einmalige Demonstration erwartet die Zeitung für den Vorabend des Wahltages. *„75 Millionen Deutsche Menschen werden marschieren und werden an diesem Tag schon das Bekenntnis zu Adolf Hitler und seiner Staatsführung ablegen, das sie dann am 10. April mit ihrem Stimmzettel in die Wahlurne legen. Von der Nordmark bis nach Österreich, vom Rhein bis hin nach Königsberg wird der Arbeiter neben dem Beamten, der Bauer neben dem Kaufmann, der Schüler neben seinem Lehrer, der Vater neben seinem Sohne marschieren und vor der Welt das Zeugnis ablegen, dass Adolf Hitlers Weg der Weg ist, den das deutsche Volk will."*

In keinem anderen Lande der Welt sei eine solche „Demonstration an geschlossener Einheit und Gewalt möglich". Deshalb müsse sich jeder deutsche Mann und jede deutsche Frau durch die Freude am Vorabend und das Ja am Wahltag zum „Führer" bekennen. Jeder müsse zeigen, dass er voll Vertrauen *„zu ihm und seinem Werke"* steht und in tiefster Dankbarkeit *„zum Führer aufschaut"*. Alle müssten einstimmen in den Kampfruf: *„Ein Volk – ein Reich – ein Führer! Dein Dank – dein Ja"*. Keiner dürfe so verhärtet sein, *„um in diesen großen Stunden abseits zu stehen, das Wort muss sich erweisen und bewahrheiten: Der Führer ruft, und alle, alle kommen!"*

2. Folkloristischer Polit-Gottesdienst am Wahlvorabend

Stimmungsorgien trotz April-Schauer

Wie in der Gauhauptstadt BAYREUTH und im ganzen Großdeutschen Reich, fiebert man auch in WEIDENBERG der „Volksabstimmung" als dem großen „Bekenntnistag der Deutschen" entgegen. Wer mit der Bahn fährt, spürt das Besondere: Alle Lokomotiven tragen an der Stirnseite Schilde mit dem Hakenkreuz, dazu Tannenzweige und Fähnchen. Auch der Bahnhof ist mit grünem Tannenreisig und Fahnen dekoriert.

Im Schmuck von Tannengrün und Hakenkreuz:
Eisenbahnzug im April 1938

Spätestens am Samstag, dem 9. April, sind auch die Fenster aller Häuser, wie es die umfassende Anordnung des Propagandaministers vom 28. März 1938 gebietet, mit Tannenreisig, Blumen und Girlanden geschmückt. An den Fassaden wehen die Fahnen. Es ist nicht möglich, sich von dieser allgemeinen Hysterie auszuschließen.

Schon seit einer Woche stehen in den Auslagen der Geschäfte große Hitlerbilder, aber nun sind alle übrigen Auslagen fortgeräumt. Nur Blumenschmuck umgibt noch das „Führer-Portrait" wie ein Heiligenbild, Lampen strahlen es an.

Doch ist diese lokale Festlichkeit natürlich noch gar nichts im Vergleich zur gigantischen Show, die zu gleichen Zeit in WIEN und anderen großen Metropolen abläuft: Allein in Österreichs Hauptstadt hängen 200.000 solcher überformatiger Heiligenbilder Hitlers an allen Straßenkreuzungen und lassen von dort den „Führer" auf sein Volk blicken. Wie in der Antike das Abbild des vergöttlichten Herrschers in seinen Territorien seinen jederzeitigen totalen Anspruch auf die Menschen verkörperte, so

Hakenkreuz und Hitlerbild: Geschmücktes Uhrengeschäft am Weidenberger Obermarkt

vermitteln auch die Hitlerplakate die allgegenwärtige Präsenz des göttlichen „Führers".

Auch mitten auf dem Weidenberger Obermarkt ist ein großer Fahnenmast aufgestellt. An allen Seiten des Platzes sind Lautsprecher aufgehängt. Als angeblicher Elektroingenieur, tatsächlich nach seinem Arbeitsbuch „Elektroinstallateur", versteht Ortsgruppenleiter RUMLER sein Fach der Verkabelung. Kurz vor 12 Uhr soll eine erste öffentliche Rundfunkübertragung stattfinden. An Bedürftige, die nicht von zu Hause fortkönnen, sind kostenlos „Volksempfänger" verteilt worden. Gruppen der HJ und ihrer jungen „Pimpfe", sowie des BdM und ihrer Jungmädel haben sich singend zum Marktplatz aufgemacht. Menschen aus allen Betrieben sind an diesem Tag zum ersten gemeinsamen Rundfunkempfang abgeordnet. Ortsgruppenleiter und Parteimitglieder treten an. Auch die übrige Bevölkerung soll sich einfinden.

Der Radioreporter schildert mit bebender Stimme die Situation in Wien. Den Ablauf für den ganzen Tag hat das Propagandaministerium in einer Art Drehbuch minutengenau festgelegt. Um exakt 11:59 Uhr betritt Reichspropagandaminister GOEBBELS persönlich als Herold den Balkon des Wiener Rathauses. Er verkündet laut deklamierend den „Tag des Großdeutschen Reiches". Dann gibt er das entscheidende Kommando, auf das die Funktionäre in allen Rathäusern und ihre Helfer schon warten: *„Heißt Flaggen"*. An allen öffentlichen Gebäuden und Plätzen im gesamten Reich, auch am Weidenberger Rathaus und auf dem Obermarkt, gehen nun zum gleichen Zeitpunkt die Hakenkreuzfahnen hoch.

Die ferne Innsbrucker Alpennordkette hat ihre eigene kitschige Show: Im Schnee strahlt eine riesige Leuchtschrift auf. Sie verkündet zur Wahl den Nazislogan : *Ein Volk - ein Reich - ein Fürer.* An die senkrechte Felswand ist ein riesiges Hakenkreuz gemalt. In Wien steigen in zur selben Zeit rauschend 30.000 Brieftauben aus allen Reichsgebieten auf und füllen den Himmel wie eine riesige lebendige Wolke; sie machen sich mit Tageslosungen auf den Weg zu ihrem heimatlichen Schlag.

Hakenkreuz am Fels, Leuchtschrift im Schnee:
Innsbrucker Nordkette im April 1938

Um Schlag 12 Uhr mittags beginnen an allen Orten die Feuerwehr- und Fabriksirenen zu ertönen. Lokführer lassen die Signalpfeife erschallen. In den Städten stoppen für zwei Minuten alle Straßenbahnen und Busse. Lastkraftwagen und PKWs halten an. Krad- und Radfahrer steigen ab. Auch die Fußgänger stehen still. Ähnlich hält auch in Weidenberg für einen Moment die Zeit an. Ergriffenheit erfüllt den Ort, der sich kaum jemand entziehen kann.

Nachmittags an diesem Samstag schlendern ab 15 Uhr erneut viele Bürger zum Obermarkt. Sie wollen den Musikdarbietungen zuhören. Alle Musik ausübenden Vereine, Musikanten und Chöre sind gedrängt worden, sich mit angemessenen Beiträgen an der Ausgestaltung des Tages zu beteiligen. Euphorische Stimmung soll sich breit machen wie bei einem riesigen Wallfahrtsfest oder einem christlichen Kirchentag. Man will die Menschen zu einem förmlichen „Vereinigungstaumel“ aufpeitschen.

Inzwischen sind auf den Höhen rings um WEIDENBERG riesige Holzhaufen aufgeschichtet worden. Sie sollen am Abend bei Dunkelheit entzündet werden. Solche Höhenfeuer *„von Ungarn bis Saarbrücken, von den Alpen bis zur Nordsee“* sollen der ganzen Welt künden, dass *„die schicksalshafte Stunde gekommen“* ist. Das garstige Wetter trübt allerdings die allgemeine Stimmung trotz des großen Aufwandes erheblich. Es herrscht ein sprichwörtliches Aprilwetter, für die Jahreszeit viel zu kühl. Eisiger Wind treibt Wolken von Schneeflocken durch die Straßen. Sie verdichten sich bisweilen zu unangenehmen Schneeschauern. Auf den Anhöhen um WEIDENBERG liegt tatsächlich zu Beginn der Osterwoche Neuschnee. Die Menschen frösteln ganz elend und würden viel lieber zu Hause bleiben. Doch die Show muss weitergehen.

Der Rundfunk überträgt den Polit-Gottesdienst auf jeden Marktplatz

Wie ein Abschlussgottesdienst bei der gemeinsamen Wallfahrt oder beim Kirchentag steht nun das Ritual einer reichsweiten inbrünstigen Feier mit dem Helden HITLER bevor. Der Führer wird seine letzte Wahlrede in diesem historischen Bekenntnisakt bewusst im Stil einer „Predigt" halten.

Ab 18:30 Uhr beginnt auch in Weidenberg der erneute Aufmarsch der Parteigliederungen. In den Fenstern brennen nun in der hereinbrechenden Dunkelheit Kerzen. Die Leute vom NSKK lassen als ihr besonderes Gloria die Kradmotoren aufheulen. Der SA-Trupp marschiert mit den Fahnen vorbei, ihm folgt die Partei- und Ortsprominenz, dann die die Hitlerjugend und der BdM. Die Mädchen frieren ganz erbärmlich in ihren dünnen Blusen und knappen Uniformjacken.

Ortsbürger schließen sich dem Zug an. Der Marktplatz füllt sich. Niemand soll zu Hause bleiben, denn nur in Gemeinschaft sei zu begreifen, dass man an diesem Tag mit der Heimkehr der Ostmark Weltgeschichte geschrieben habe, so ist es jedem eingetrichtert worden. Die Leute haben Liedblätter mit dem oben zitierten „Niederländischen Dankgebet" in der Hand. In dicke Mäntel gehüllt, warten sie andächtig auf die zweite Rundfunkübertragung aus WIEN an diesem Tag.

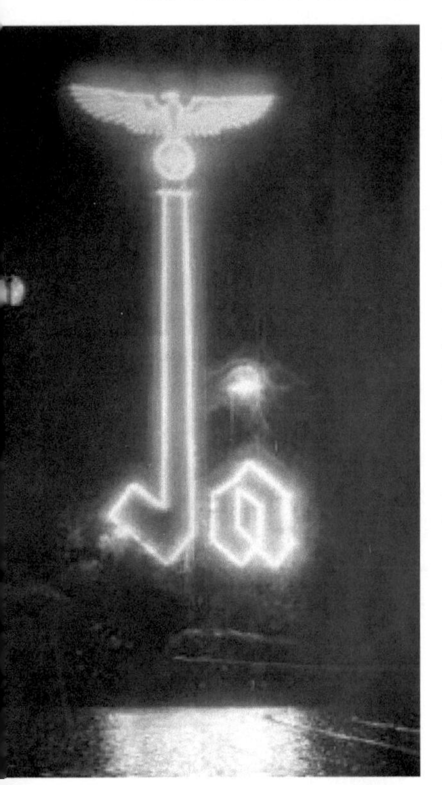

Das JA zum „Führer":
Leuchtreklame in Wien

Pünktlich um 19:15 Uhr beginnt wiederum Reichspropagandaleiter GOEBBELS persönlich mit einer Reportage aus Hitlers Quartier im Hotel „Imperial". Seine Botschaft läuft über alle deutschen Rundfunksender. Pathetisch erklingt dann um 19:30 Uhr als Präludium aus dem Konzerthaus der Chorgesang mit Beethovens „Die Himmel rühmen", begleitet von großem Orgelspiel. Und so, wie jetzt bei einer religiösen Messfeier der Einzug der Kirchenfahnen und der Geistlichen erfolgt, so schildert ein Reporter nun den Einmarsch der SA-Leute mit den Fahnen und die Anfahrt Hitlers.

GOEBBELS berichtet, dass jetzt der „Führer" das Hotel „Imperial" verlassen habe und im Korso die 3,5 km über den Ring, die Aspernbrücke und Praterstraße zur Trunnerstraße und zur Halle der Nordwestbahn fährt. Leuchtreklamen mit einem riesigen „Ja" säumen Hitlers Weg.

Diese große gläserne Bahnhofskathedrale, von der schon seit dem Jahr 1924 kein Personenzug mehr fährt, ist von der Propaganda für diese Abschlusskundgebung vor allem wegen der ungünstigen Witterung gewählt worden. Schon länger dient sie politischen Veranstaltungen. Seit November 1937 haben die Nazis hier ihre antisemitische Propaganda-Ausstellung „Der ewige Jude“ untergebracht. Vom nah gelegenen Nordbahnhof soll HITLER mit dem Führersonderzug noch in der Nacht nach BERLIN zurückkehren.

Polit-Predigt in der Bahnhofs-Kathedrale

Um genau 20 Uhr trifft HITLER in der riesigen Halle ein. Sie ist mit Hakenkreuzfahnen und Tüchern verhängt. Zu seiner Begrüßung erklingt der Badenweiler Marsch. Am Fuße der Redner-Tribüne vollzieht HITLER ein bewährtes Ritual: Er begrüßt die Hinterbliebenen von österreichischen Parteileuten, die dort in der „Kampf- und Untergrundzeit“ „gefallen und ermordet“ worden sind. Erst dann begibt er sich zu seinem Platz auf der Tribüne und wird vom Wiener Gauleiter JOSEF BÜRCKEL devot begrüßt. Dann beginnt HITLER seine zweite Rede an diesem Tag, nachdem er mittags bereits am Rathaus gesprochen hat. Eine Zeitbegrenzung hat die sonst so exakte Parteiregie für ihn nicht vorgesehen, HITLER ist als „charismatischer Führer“ auch Herr der Zeit.

HITLER nutzt die Regie für seine Selbstdarstellung. Die Rede wird zeitgleich über Rundfunk in alle größeren Orte Deutschlands und Österreichs übertragen. Diesmal hält er keine auftrumpfende Propagandarede, sondern gibt den zurückhaltenden, fast seelsorgerlichen Berater derer, die bislang noch „unentschlossen“ sind.

Wie so oft in seinen Reden inszeniert er sich als den tief betroffenen persönlichen Bekenner, der auch andere vertraulich hineinschauen lässt in seinen entscheidungsschweren Lebensweg. Einmal mehr lässt er die schmerzvollen Erfahrungen des verlorenen Krieges von 1918 aufleben, um die nationalsozialistische Politik zur rechtfertigen. Er betont, dass er ja nicht schuld sei an den desolaten Zuständen in Deutschland

Bahnhofshalle als Polit-Kathedrale:
Wahlkundgebung in Wien am 9. April 1938

und Österreich nach dem Ersten Weltkrieg und stellt einmal mehr auch seinen eigenen entscheidungsschweren Weg heraus, der ihn aus der Erkenntnis der Not für Deutschland heraus überhaupt erst in die Politik geführt habe.

Und einmal mehr lässt er die Menschen auch in sein religiöses Herz blicken. Die Hinwendung zur Politik verbindet sich für ihn mit dem Erweckungserlebnis nach seiner Kriegserblindung im Lazarett von Pasewalk. Er verdanke diese Lebenswende dem Willen Gottes und der Fügung der „Vorsehung". HITLER sieht sich von dieser „Vorsehung Gottes" zum Retter Deutschlands gesandt:

„Ich glaube, dass es auch Gottes Wille war, von hier einen Knaben in das Reich zu schicken, ihn werden zu lassen, ihn zum Führer der Nation zu erheben, um es ihm zu ermöglichen, seine Heimat in das Reich hineinzuführen ... Und mir wurde die Gnade zuteil, am Tage des Verrates meine Heimat in ein Reich eingliedern zu können."

Gott habe den „Führer" zu seinem Werkzeug gemacht. HITLER schließt in hörbar tiefer Bewegung mit der Empfehlung zum Vertrauen an diesen geschichtslenkenden Gott:

„Möge am morgigen Tag jeder Deutsche die Stunde erkennen, sie ermessen und sich morgen in Demut verbeugen vor dem Willen des Allmächtigen, der in wenigen Wochen ein Wunder an uns vollzogen hat."

Es sind Motive der Mose-Geschichten im Alten Testament von der Rettung und Befreiung des Gottesvolkes, die HITLER hier anklingen lässt. Aber dieser Moses ist nun er selbst als Befreier Deutschlands.

Es ist bewusst die Sprache des Religiösen, die HITLER wählt. Sie soll in der wiedergewonnenen „Ostmark" auch fromme katholische Menschen einlullen und zur Aufgabe ihres inneren Widerstandes bewegen. Doch jedem kritisch denkenden Menschen sticht nicht nur heute, sondern genauso damals die Hybris in Auge und Ohr, wenn Hitler solche religiösen Formeln gebraucht. Die religiösen Worte stehen ja im krassesten Widerspruch zur tatsächlichen Politik der Nationalsozialisten, welche auch die Österreicher erleben. In überaus rigider Weise zeigen die Nazis von der ersten Stunde an ihre Menschenfeindlichkeit gegen bestimmte Gruppen dieser „Volksgemeinschaft", insbesondere gegenüber den Juden.

Leider muss man ja sagen, dass ein solches menschenverachtendes Verhalten für alle „charismatischen Führungssysteme" typisch ist. Gegner werden in diesen Systemen konsequent ausgegrenzt, eingeschüchtert und mundtot gemacht; sie werden gefangen gesetzt und ausgeschaltet. Dabei schrecken Hitlers Schergen von den ersten Tagen an auch in Österreich nicht vor Morden an Andersdenkenden zurück.

Gläubige halten Hitler für einen frommen Christen

Doch auch wenn HITLER sein religiöse Vokabular gezielt einsetzt, um kirchlich gebundene Menschen zu beeindrucken, muss man doch davon ausgehen, dass er es nicht zu Propagandazwecken einfach nur erfunden hat. Sondern es ist bei ihm eine Sprache, die er verinnerlicht hat: Er glaubt wirklich an eine Berufung durch seinen bizarren Gott.

Er ist ja als Kind im katholischen Milieu groß geworden. Schon im Kindesalter hat er das pompöse Ritual der kirchlichen Liturgie miterlebt. Und als junger Ministrant hat er sich gern selbst darin geübt, die salbungsvollen Reden der Pfarrer und Bischöfe nachzuahmen, sehr zum Vergnügen seiner Alterskameraden; sie haben später gern davon erzählt.

So hat HITLER durch die ganze Machtherrlichkeit der katholischen Kirche seine eigenen Machtfantasien von Kindheit an beflügeln lassen. Und er hat sich selbst zunehmend im Lauf der Jahrzehnte in den Glauben an seine persönliche politisch-religiöse Sendung hineingesteigert.

Vieles klingt bei ihm authentisch. Und so sind tatsächlich damals viele einfache religiöse Menschen im katholischen Bereich HITLER auf diesen religiösen Leim gegangen. Viele haben ihn tatsächlich für fromm gehalten. Manche haben sich ernsthaft vorgestellt, dass HITLER in seiner täglichen frommen Andacht zu diesem vielbeschworenen Gott betet. Und auch im evangelischen Bereich hat er die Herzen vieler der ganz Frommen gewonnen. So haben auffallend viele Diakonissen aus vielen Berufs- und Lebensverbänden in ganz Deutschland HITLER vom ersten Tag seiner Machtübernahme an ganz fest in ihr Herz geschlossen. Auch andere pietistisch Gesonnene waren ganz fest davon überzeugt, dass HITLER jeden Tag in der Bibel liest.

Autogramm bei einem Glas Milch:
HITLER mit Diakonisse

So berichtet Schwester DORA GERHARDT vom Zehlendorfer Verband für evangelische Diakonie bereits im Herbst 1933 vor über 1.000 Diakonissen von der Begegnung einer Diakonisse mit HITLER; diese habe ihn gefragt: 'Herr Reichskanzler, woher nehmen Sie nur die Kraft für Ihr schweres Werk?' Da habe er ein Neues Testament aus seiner Rocktasche gezogen und gesagt: 'Hier, Schwester!'[24]

So fiel es zahllosen kirchlich eingestellten Menschen nach dem Krieg auch sehr schwer anzuerkennen, dass sie einem Verführer aufgesessen waren und dass sie sich von dessen religiöser Rhetorik hatten täuschen lassen.

Taufpatenschaft 1938 für EDDA GÖRING:
HITLER mit EMMY und HERMANN GÖRING

Mit zu diesem Irrtum über Hitlers Religiosität hat die damals bekannte Tatsache beigetragen, dass HITLER nie aus seiner katholischen Kirche ausgetreten ist. Anders als der Katholik JOSEF GOEBBELS, der nach seiner Hochzeit mit einer Geschiedenen vom Empfang der Eucharistie ausgeschlossen wurde, wurde HITLER auch nie eines kirchlichen Rechtes beraubt oder gar exkommuniziert, selbst als die Kunde von seinen Verbrechen, insbesondere an den Behinderten und an den Juden und anderen Gruppen, bis nach ROM vorgedrungen war. HITLER zahlte seine Kirchensteuer. Er übernahm auch vollgültige kirchliche Patenschaften bei Kindstaufen hoher Funktionäre wie dem Protestanten HERMANN GOERING, als dessen Tochter EDDA von D.C.-Reichsbischof LUDWIG MÜLLER in CARINHALL in diesem ereignisreichen Jahr 1938 getauft wurde, aber auch bei zahlreichen Kindern aus Familien mit mehr als sieben Kindern.

Wie aktuelle Untersuchungen belegen, gebrauchte HITLER Glaubensaussagen von Anfang an bis fast zum Ende seines Lebens, und es besteht kein Grund anzunehmen, dass er von dem Gesagten nicht auch völlig überzeugt war.

Ordnet man aber seine religiös klingenden Sätze in den Zusammenhang seiner Weltanschauung ein und betrachtet dazu auch sein praktisches Handeln, dann wird rasch deutlich, dass sein Gott nichts zu tun hat mit dem dreieinigen Gott im Glauben der Christen. Wie HITLER selbst stets ein Krieger war und bis zuletzt in den Kategorien des Krieges dachte, so ist auch sein Gott ein ‚Kriegsgott', er ist der Initiator des ewig fortdauernden Darwin'schen Kampfes ums Dasein.

Dieser Gott Hitlers ist der Schöpfer und Erhalter der zur Weltherrschaft bestimmten arischen Rasse; sein höchstes Gebot ist der Kampf um die Art-Erhaltung. Dieser

---

[24] Zit. nach Ernst Klee a.a.O. S. 42.

Gott liebt den Stärkeren, Kämpfenden, Sieggläubigen und hat sich HITLER zu seinem Werkzeug und Messias gewählt. Er soll das Deutsche Volk zu seiner Mission ertüchtigen und mit ihm Gottes Willen vollstrecken, nämlich die vom Juden verletzte göttliche Weltordnung wiederherstellen. Den christlichen Heiland Jesus und seine Heilstat am Kreuz und auch den Hl. Geist braucht HITLER bei seinem Gottesbild nicht; er ersetzt ihn vollständig in seiner eigenen Person.

3. Eine Wahl, die zum totalen Triumph werden soll

Religiöse Blasphemie zum Palmsonntag

Weil Hitlers Gott nichts mit dem Gott der Christen und ihrem Heiland JESUS CHRISTUS zu tun hat, so hat auch die von HITLER gewählte Inbrunst und Feierlichkeit gar nichts zu tun mit der religiösen Feierlichkeit, die dem folgenden „Palmsonntag" eigentlich von seinem Charakter in Geschichte und Glauben der Christen her zu eigen ist, nämlich als Begrüßungsfest für den Einzug ihres Königs des Friedens und der Gerechtigkeit.

An diesem kirchlichen Fest des Palmsonntags jubeln die Gläubigen ihrem Messias zu, der, symbolisch auf einem Esel reitend, in die Tempelstadt Jerusalem einzieht, um dort am Kreuz vor den Augen der Welt sein Leben zu vollenden. Mit diesem Palmsonntag beginnt für die Christen die „Heilige Woche", die bedeutsamste Zeit im Kirchenjahr.

Mit dieser Heiligen Woche verknüpfen sich auch die wesentlichsten Elemente des christlichen Glaubens: Die Taufbewer-

Einzug Hitlers in Wien 1938: Anleihen beim Jubel für Christus

ber bereiten sich auf ihre Taufe vor, indem sie in Andacht und Gebet den Weg Christi durch die Tiefe des Todes ins Leben nachvollziehen. In Abendmahl und Eucharistie feiert die Kirche die Gemeinschaft mit ihrem Herrn, die jede irdische Volksgemeinschaft weit übersteigt. In der Feier der Auferstehung am Ende der Heiligen Woche erlebt der Gläubige die Erneuerung seines Menschseins in einer existenziellen Weise, wie sie keine irdische Heilslehre vermitteln kann. Und in den Konfirmationen und Firmfeiern, die bewusst in diese österliche Zeit gelegt sind, segnen die Kirchen ihre jungen Menschen ein für die Nachfolge Christi.

Alle diese tiefen existenziellen Einsichten aus dem christlichen Glauben möchte HITLER auf sein Konstrukt einer nationalsozialistischen Heilslehre übertragen. So weiß er sehr wohl um diesen heiligen Charakter des christlichen Palmsonntags; aus seiner Kindheit kennt er ja selbst die hohe Feierlichkeit der „Heiligen Woche". Er missbraucht aber diese Feierlichkeit bewusst und nutzt die Symbole blasphemisch für seine politischen Zwecke.

Ganz bewusst hat er seinen pompösen Einzug in Österreich wie den Einzug des Messias in JERUSALEM inszeniert. Die Propagandabilder, wie er sich da, umgeben von seinen uniformierten Jüngern, auf seinem großen dreiachsigen Mercedes-Kommandowagen mit Heilrufen von der Menge feiern ließ, verspotteten Zug um Zug die christlichen Bilder von der Begrüßung Jesu am Palmsonntag.

Aber niemand aus den Kirchen wagte, dieser Blasphemie zu widersprechen. Aus Sorge um das eigene Überleben haben die Kirchenoberen damals grünes Licht zu diesem Verrat ihres Glaubens gegeben. Sie ließen alle Glocken läuten zu Hitlers Schaustellungen. Sie nahmen an der „Freude des ganzen deutschen Volkes über die Heimkehr Österreichs ins Deutsche Reich aus vollem Herzen Anteil" und gaben ihren Mitgliedern den Rat, sich an der Wahl zu beteiligen.

Weidenberg opfert den Konfirmationstag für die Hitler-Inszenierung

In WEIDENBERG ist seit dem Jahr 1934 der Palmsonntag der Konfirmationstag, damals eingeführt von D.C.-Pfarrer THEODOR HOFFMANN. Der Grund war ursprünglich ein ganz praktischer: Das Schuljahr endete 1934 erstmals nicht im Sommer, sondern bereits vor Ostern. Schon mit 1. April oder spätestens am 1. Mai begann in den Ausbildungsberufen die Lehrzeit. Deshalb sollte die Konfirmation, die ja zugleich den Übergang ins Erwachsenenalter bezeichnet, vor dem Antritt der Lehre erfolgt sein

22 Jungen und 24 Mädchen waren es, die nun eigentlich auch im Jahr 1938 damit gerechnet hatten, am Palmsonntag konfirmiert zu werden. Ihre Feier war sogar schon festgelegt, die Verwandten waren eingeladen, die Gasthäuser bestellt. Doch als Pfarrer HOFFMANN von der Absicht des Hitlerplebiszits erfuhr, hatte er kurzfristig und will-

kürlich diese Konfirmation um eine Woche auf den Sonntag „Judica" in der Fastenzeit, den 3.April, vorverlegt. Es geschah in vorauseilendem Gehorsam für die Sache Hitlers, ohne dass HOFFMANN den zuständigen Kirchenvorstand fragte. So findet sich darüber auch kein Eintrag im Protokollbuch des Kirchenvorstandes; der neue Termin erschließt sich nur durch den Eintrag der Konfirmation im Kirchenbuch. Damit hatte der linientreue Pfarrer zugleich alle Beteiligten unter einen ziemlichen Druck gebracht.

Hoffmanns Eigenmächtigkeit, die er auch sonst immer wieder an den Tag legte, entsprach sicher seinem Verständnis von „Führung" auch in der Kirche nach dem Muster der gleichgeschalteten Vereine. Niemand aus dem Kirchenvorstand wagte anscheinend, ihm zu widersprechen und sein Handeln infrage zu stellen. Auch von seinem inzwischen deutlich hitler-kritischen Kollegen REDENBACHER sind keine Reaktionen bekannt. Die Hitlerwahl galt allen als das höhere Ziel. Ohnehin wurde ja von allen Jungen und Mädchen, die in HJ- und BdM-Gruppen aktiv waren – und das waren ja inzwischen die Allermeisten – erwartet, dass sie an Hitlers Wahltag einen umfangreichen Dienst ableisteten. Konflikte wären also beim Festhalten am Konfirmationstermin in jedem Fall vorprogrammiert gewesen.

So sind an diesem Palmsonntag die Hitlerjungen schon früh in weltlicher Mission auf den Beinen. Um Punkt 7 Uhr lässt ihr Fanfarenzug über WEIDENBERG den „Weckruf" erklingen; so hat es Hitlers Propagandachef GOEBBELS für alle Orte im Reich angeordnet. Dumpf krachende Böllerschüsse und hell klackende Gewehrsalven treiben alle müden Schläfer aus den Betten.

Unter Absingen ihrer Nazilieder marschieren die Jugendlichen durch den Ort. Immer wieder halten sie an und lassen die ebenfalls vorgeschriebenen mahnenden Sprechchöre erschallen:

„Dein Ja dem Führer", „Ein Volk - Ein Reich - Ein Führer! Auf zur Wahl!", „Geht zur Wahl. Tut Eure Pflicht!" oder *„Euer Ja - Unsere Zukunft!"*

Die Wahlurne wird zum „Dankopferaltar der Nation"

Vor dem Weidenberger Schulhaus am Obermarkt rückt auch der gesamte SA-Trupp von WEIDENBERG zum „Wahldienst" an. Der Auftritt der Männer in ihren braunen Uniformen soll Eindruck machen. Schon kommen die ersten Wähler; bald bilden sich lange Schlangen. Die Partei hat extra zur „Frühwahl" aufgerufen. Bis Mittag sollen möglichst alle pflichtbewussten Bürger gewählt haben. Es soll noch genügend Zeit bleiben, damit Nichtwähler noch „bearbeitet" werden können.

Die Feuerwehrkolonnen sind mit unter den ersten, die für den „Führer" stimmen sollen, sie haben ja anschließend noch Dienst. Auch alle Parteigenossen und Mitglieder der Parteigliederungen und angeschlossenen Verbände sollen zugegen sein, wenn der Wahlakt um 9 Uhr offiziell eröffnet wird. Ebenso wird von den Beamten erwartet, dass sie die Teilnahme an dieser Wahl als ihre Pflicht betrachten. Sie sollen so früh wie möglich zum Wählen kommen und den übrigen Volksgenossen ein gutes Beispiel geben.

Als Vorbilder werden auch die Mitglieder der NSKOV, der „Kriegsopferversorgung“, angesehen; es sind meist Versehrte aus dem Ersten Weltkrieg. Sie, wie alle körperlich Behinderten überhaupt, sollen unter allen Umständen in den Wahllokalen den Vortritt haben.

Ein Wahlausschuss aus 10 Parteimitgliedern begleitet die Wahlhandlung, die Mehrzahl von ihnen trägt die Parteiuniform. Ausschussmitglied und Fabrikant CHRISTIAN SCHILLER, der seit dem Jahr 1937 ebenfalls Parteimitglied ist, wenn auch unter Zähneknirschen, amtiert bewusst in Zivil; er will deutlich machen, dass er eigentlich nicht zu den Überzeugten gehört, sondern zu solchen, denen man den Parteibeitritt eher aufgenötigt hat. Er hat seinen Eintritt erst auf Druck des Ortsgruppenleiters vollzogen, um, nach eigener Aussage, Unheil von seiner Firma abzuwenden.

Als „Wahlkabinen“ sind die üblichen dreiteiligen dünnen Pressstoffplatten auf Tischen aufgestellt. Eine weitere Standkabine ist sogar mit Vorhang verschließbar. Doch hat sie nur Alibicharakter; denn ein „richtiger“ Nazi hält eine geheime Wahl für überflüssig, er bekennt sich offen vor allen Leuten zu seinem „Führer“. Wer das nicht tut, erscheint verdächtig.

Rasch ist auf dem weißen Wahlzettel das Kreuz in den „richtigen“, den großen Kreis in der Mitte des Blattes gesetzt. Die Stelle war ja überhaupt nicht zu verfehlen, hatten doch auch alle Zeitungen auf Anweisung der Propaganda in den Tagen zuvor eine genaue grafische

Wahlkabine: Mit Anweisung zum „richtigen“ Ankreuzen

Anleitung mit deutlichen Pfeilen veröffentlicht, die jedem auf fast dümmliche Weise zeigte, wohin genau dieses Kreuz gehörte. Auch an der Wahlkabine wies ein Poster mit Pfeil auf die richtige Stelle hin.

Der Stimmzettel im doppelten Postkartenformat enthielt unter der Überschrift: „Volksabstimmung und Großdeutscher Reichstag" lediglich die plumpe und anbiedernde Frage:

„Bist Du mit der am 13.März 1938 vollzogenen Wiedervereinigung Österreichs mit dem Deutschen Reich einverstanden und stimmst Du für die Liste unseres Führers Adolf Hitler?"

Darunter war in Formularmitte der große Kreis zum Ankreuzen mit der Überschrift „Ja" und am Bildrand ein kleiner mit „Nein" aufgedruckt.

Wer sein Kreuz gemacht und seinen Zettel in der Wahlurne versenkt hat, dem hefteten die Parteimitglieder vom Wahlausschuss eine Anstecknadel ans Revers. Sie trug das Relief eines Hitlerportraits und die Umschrift *„Ein Volk, ein Reich, ein Führer"* und sollte nun den Tag über sichtbar getragen werden.

So sollte die Erfüllung der Wahlpflicht für alle sichtbar sein. Allen Kreispropagandaleitungen hat die Reichspropagandaleitung nach der Anzahl der Wahlberechtigten solche Abstimmungsplaketten übersandt, die über die Ortsgruppen auf alle Wahllokale aufgeteilt wurden. Das Wahlverhalten war also jederzeit öffentlich erkennbar und kontrollierbar.

Für alle sichtbar zu tragen: *Wahlplakette „Ein Volk - ein Reich - ein Führer"*

Ein Triumph um jeden Preis

Und es wird scharf kontrolliert an diesem Tag. Ein straff organisierter flächendeckender Mahn- und Schlepperdienst aus den zuverlässigsten Leuten der SA, HJ, BdM, NS-Frauenschaft und der sonstigen Naziverbände überwacht anhand der Wählerlisten alle Häuser. Für die Außenorte muss das Weidenberger NSKK die erforderlichen Kraftfahrzeuge bereitstellen. Außerdem sind Hitlerjungen mit Fahrrädern zusätzlich als Mahner eingesetzt. Wahlberechtigt, und damit nach NS-Ideologie auch zur Wahl verpflichtet, sind alle deutschen Männer und Frauen über 20 Jahren. Nicht wahlberichtigt sind alle Juden, sowie Strafgefangene und Bürger ohne Ehrenrechte, aber seltsamerweise auch die Männer im Heeresdienst.

Eine solche Wahlpflicht, wie sie die Nazis wünschen, aber nie gesetzlich verankern, ist international eigentlich gar nichts Ungewöhnliches, sie ist auch heute in über 60 Ländern der Erde in der Verfassung festgelegt. Die Hälfte dieser Länder verhängt sogar Sanktionen bei Nichtwahl, von kleinen Geldbußen bis zu Gefängnisstrafen.

HITLER hat keine Strafen vorgesehen, aber die Nazis haben doch ihre ganze eigene Methode, Nichtwähler „umzustimmen". Bis Mittag soll die Wahl von allen willigen Wählern absolviert sein. Dann beginnt die Zeit der oben genannten „Mahner" und „Schlepper".

Bereits von der Öffnung des Wahllokals an dient der „Wahlmahndienst" als Hilfskolonne, um auch Kranke und Gebrechliche an die Urnen schleppen zu können. Zur Vorsicht begleiten Sanitäter diese Zwangsaktionen. Unmittelbar nach 13 Uhr sollen sie alle bis dahin nicht erschienenen Volksgenossen festgestellt haben und die Säumigen nun zum ersten Mal an ihre Wahlpflicht „erinnern". Der Mahner überreicht dem Gemahnten an der Haustür ohne weiteren mündlichen Kommentar das schlichte Mahnwort: *„Sie haben Ihrer Wahlpflicht noch nicht genügt. Auch Ihr Bekenntnis darf am heutigen Tag nicht fehlen. Also auf zur Wahl!"* Um den Überblick zu behalten, soll kein Mahner und Schlepper mehr als fünf Mehrfamilienhäuser „betreuen".

Zugleich ziehen ab Mittag die Musikzüge und Singgruppen der HJ mit dem Jungvolk zusammen singend bzw. musizierend durch die einzelnen Orte und Straßen und treiben erneut alle Zögerlichen mit ihren Sprechchören zur Wahl.

Um 15 Uhr traben die Mahner, Schlepper und die Musik- und Sprechgruppen erneut los zur Mahnung ihrer säumigen Klientel. Sie wiederholen ihre Aktionen von da an halbstündlich bis zur letzten Stichprobe. Nochmals wird die Liste der Wähler sorgfältig mit dem Wählerverzeichnis abgeglichen. Wer nicht zur Wahl geht, muss auch mit Sanktionen seines Arbeitgebers rechnen. Dies gilt insbesondere auch für Beamte. So entgeht praktisch fast niemand diesem unverrückbaren Willen Hitlers und seiner Partei: Eine Wahlbeteiligung von möglichst 100% muss erreicht werden. Das Hitlerbekenntnis soll überzeugend sein.

Schlepper und Wahlwerber: Hitlerjungen und „Pimpfe" vor der Weidenberger Schule

Um 17 Uhr schließen die Weidenberger Wahllokale. In nichtöffentlicher Sitzung sind die Stimmen rasch ausgezählt. Sie erbringen das erwartete Ergebnis: Von 866 in WEIDENBERG abgegebenen Stimmen lauten 861 mit Ja, immerhin zwei lauten mit „Nein", drei Stimmen werden für ungültig erklärt. Stimmzettel, auf denen überhaupt nichts angekreuzt ist, werden automatisch den Ja-Stimmen zugerechnet. Damit hat sich die intensive Vorarbeit und Überwachung ausgezahlt. Wunschgemäß haben sich an diesem Tag 99,42 % der Weidenberger „zum Führer bekannt". Dieses Ergebnis lag sogar noch über dem Reichsdurchschnitt von 99,08 %.

Kein Zweifel an Hitlers Gottheit?

Hitlers Triumph erscheint zunächst vollkommen. Viele empfinden es keineswegs als anstößig, dass die Parole auf dem Wahlbestätigungsbutton „Ein Volk - ein Reich - ein Führer“ eine blasphemische Abwandlung der religiösen Parole des deutschen Kaiserreichs bei Gründung 1871 darstellt: *„Ein Reich, ein Volk, ein Gott“.*

Im Kaiserreich: „Ein Volk - ein Reich - ein Gott“. Gottes Stelle nimmt bei den Nazis HITLER ein – kein Unterschied?

Die ursprüngliche Losung ist z.B. als Banner auf der teuersten 5-Mark-Briefmarke des Kaiserreiches bis 1918 abgedruckt: Als Hauptmotiv ist hier in filigraner Zeichnung Kaiser WILHELM II. im Kreis seiner Honoratioren dargestellt; sie begehen gerade im Weißen Saal des Berliner Stadtschlosses die Feier zum 25. Jahr der Reichsgründung. Der Kaiser hält die Reichsfahne in seiner Rechten. Er sieht seine Herrschaft durch Gottes Recht legitimiert; er gilt dem Volk als Herrscher „von Gottes Gnaden“.

An die Stelle, die das alte Kaiserreich noch für die Urheberschaft durch Gott reserviert hat, ist aber nun HITLER selbst als „Führer“ getreten. Für viele scheint das in diesem Augenblick kein Unterschied. Sie haben kein Problem damit, ihn persönlich als Inkarnation Gottes zu betrachten. Wie oben schon gezeigt, pflichten diesem Wahn sogar einzelne bekannte Theologen bei. Dagegen verhallt die Kritik der Bekennenden Kirche an solcher Hybris ungehört.

Die Wahlergebnisse werden sofort telefonisch auch an die Zeitung weitergegeben, Sie sollen anderentags auf der Titelseite gefeiert werden. Die Leitartikler werden vollmundig texten: *„Triumphales Bekenntnis aller Deutschen".*

Durch die Stimmabgabe auf Hitlers *„Dankopferaltar der Nation“* hat das Deutsche Volk mitsamt seinen *„Brüdern und Schwestern in der alten deutschen Ostmark“* vor den Augen der ganzen Welt offenbar gemacht, wie tief sein Glaube auf die titanischen

Kräfte des „Führers" ausgerichtet ist, der das Unmögliche schafft, und wie sehr das Volk ihm *„seine gewaltige Arbeit"* dankt. *„Seinen unerschütterlichen Glauben an Großes und Hehres"* haben sie sich zu eigen gemacht und sich bereit erklärt, ihm *„nachfolgen in das ewige großdeutsche Reich,"* so lautet der religiös anmutende Tenor der Wahlberichterstattung in der Zeitung.

Sich von so einem gewaltig schallenden Credo fernzuhalten, erfordert Mut. Man muss schon sehr unerschrocken sein, um in dieser fortgeschrittenen Phase der Vergottung Hitlers nicht zur Wahl zu gehen. Den gleichen Mut erfordert es, einen leeren Stimmzettel abzugeben oder gar gegen das Regime mit NEIN zu stimmen. Solches widerständige Verhalten haben die Nazis seit ihren ersten Experimenten mit Volksabstimmungen im Jahr 1933 schrittweise und erfolgreich ihren Bürgern ausgetrieben. Das Einssein mit dem „Führer" ist den Deutschen inzwischen so in Fleisch und Blut übergegangen, dass sich Jedermann ungefragt zum Anwalt Hitlers macht und jede Abweichung als Verrat an der gemeinsamen Sache gebrandmarkt wird.

Die wenigen Abweichler, die es dennoch gibt, werden nicht nur von überzeugten Nazis zu „Landesverrätern und berufsmäßigen Nörglern" erklärt. Auch weniger fanatische Mitbürger stimmen zu, wenn ein Plakat an das Haus eines Abweichlers geklebt wird: *„Hier wohnt ein Volksverräter"*. Andere rufen ihren abtrünnigen Mitbürgern nach: *„Hängt sie auf"* oder und bestrafen sie zumindest mit Verachtung.

Immerhin, es gibt ja in WEIDENBERG nur zwei Neinstimmen, zwei von 866 Wählern, ein verschwindender Prozentsatz. Warum also sollen sich die Bürger nicht, wie woanders auch, zu einem abendlichen Fackelzug durch die Marktgemeinde zusammenfinden, um diesen „gewaltigen Sieg" zu feiern?

Doch plötzlich macht sich im Marktort Unruhe breit. Rund um den Obermarkt und in den Wirtshäusern Weidenbergs beginnt es zu summen, wie in einem Wespenbau, den ein unbedachter Schuhtritt getroffen hat. Was ist geschehen?

4. Ein Überfall als Sühne für den Wahlschock aus Kirchenpingarten

Über 15% Gegenstimmen – eine Schande für Hitlers Jünger

Ganz genau lässt sich das Geschehen der folgenden Stunden nicht rekonstruieren, trotz einer Fülle von Zeugenaussagen. Im Ganzen ergibt sich aber insbesondere aus den Spruchkammerverfahren ab 1946 ein Bild, das der oben geschilderten Situation vom Jahr 1936 in MARPING in mancher Beziehung verblüffend ähnelt. Mit der besonderen Note, dass sich in den zwei inzwischen verstrichenen Jahren der Hitlerkult weiter maßlos gesteigert hat. Die quasireligiöse Verehrung Hitlers ist an einem hysterischen Höhepunkt angelangt. Entsprechend intensiv und grundsätzlich sind die Reaktionen auf allen Seiten. Sie gehen weiter als in MARPING.

Damals im Saarland waren es nur der Kaplan und die Haushälterin des Pfarrers gewesen, die mit ihren beiden Nein-Stimmen ertappt und daraufhin öffentlich gedemütigt worden waren. Hier in WEIDENBERG heißt es nach einem Anruf aus KIRCHENPINGARTEN: Gleich 38 Wähler hätten dort gegen HITLER gestimmt, und das bei nur 251 Wahlberechtigten, das entspricht also über **15 % der Wähler**.

Das war wirklich eine Sensation! Solche Ergebnisse hatte es in Deutschland schon seit Jahren nicht mehr gegeben! Alle Welt würde jetzt auf Weidenberg schauen, alle Finger hierhin deuten!

Mit hochrotem Kopf müssten sich nun die Parteigenossen und Funktionsträger des Ortes vor HITLER und dem ganzen Volk dafür verantworten, dass sie bei der „Mission 100%" so sehr versagt hatten!

Auch im Vergleich des Wahlbezirks Bayreuth-Land machte

Bayreuther Tagblatt Oberfränkische Zeitung 11. April 1938

So wählte der Bezirk Bayreuth

Abgegebene Stimmen 24 816 — Ja-Stimmen 24 694 — Nein-Stimmen 114 — Ungültige 8

	abgegeb. Stimmen insgesamt	Ja	Nein	ungült.
Aichig	150	150	—	—
Altdrossenfeld	131	131	—	—
Altenplos	387	387	—	—
Bärnreuth	128	128	—	—
Benk	325	325	—	—
Berneck	1687	1679	8	—
Birk	321	321	—	—
Bischofsgrün	1446	1445	1	—
Brandholz	312	312	—	—
Busbach	214	214	—	—
Colmdorf	161	159	2	—
Cottenbach	134	134	—	—
Creez	207	207	—	—
Crottendorf	136	136	—	—
Döhlau	133	133	—	—
Donndorf	361	356	4	—
Dressendorf	201	201	—	—
Eckersdorf	579	579	—	—
Emtmannsberg	198	198	—	—
Eschen	83	83	—	—
Escherlich	216	216	—	—
Euben	194	194	—	—
Fichtelberg	1052	1052	—	—
Fischbach	75	75	—	—
Forkendorf	85	85	—	—
Frankenhaag	195	195	—	—
Gesees	320	320	—	—
Glashütten	318	315	3	—
Görschnitz	199	199	—	—
Goldkronach	587	587	—	—
Goldmühl	201	201	—	—
Haag	195	195	—	—
Hauendorf	85	85	—	—
Heinersreuth	622	616	6	—
Hinterkleebach	180	180	—	—
St. Johannis	662	6654	8	—
Kirchenlaibach	241	241	—	—
Kirchenpingarten	251	213	38	—
Laineck	816	816	—	—
Lankendorf	80	80	—	—
Lehen	74	74	—	—
Leisau	122	122	—	—
Lessau	156	156	—	—
Lienlas	161	158	3	—
Mengersdorf	75	75	—	—
Mengersreuth	147	147	—	—
Meyernberg	237	236	1	—
Mistelbach	549	549	—	—
Mistelgau	384	381	2	1
Nairitz	97	97	—	—
Nemmersdorf	366	366	—	—
Neudorf	142	137	5	—
Neunkirchen	167	166	1	—
Oberkonnersreuth	284	284	—	—
Obernschreez	85	85	—	—
Obernsees	315	313	—	2
Oberpreuschwitz	330	330	—	—
Oberwaiz	144	144	—	—
Oberwarmensteinach	458	446	9	3
Pettendorf	173	173	—	—
Pittersdorf	196	196	—	—
Plösen	236	236	—	—
Ramsenthal	259	259	—	—
Reislas	60	66	—	—
Rimlas	112	112	—	—
Schamelsberg	68	68	—	—
Seitenbach	101	101	—	—
Seulbitz	104	102	2	—
Seybothenreuth	439	439	—	—
Sophienthal	143	143	—	—
Thiergarten	199	198	1	—
Tressau	201	192	9	—
Truppach	129	129	—	—
Unternschreez	114	114	—	—
Untersteinach	142	142	—	—
Unterwaiz	106	106	—	—
Warmensteinach	705	704	1	—
Weidenberg	866	861	2	3
Windischenlaibach	145	124	—	—
Wolfsbach	124	124	—	—
Wülfersreuth	91	91	—	—

Ergebnisse im Bezirksamt Pegnitz

	Ja	Nein	ungültig
Adlitz	103	3	—
Behringersmühle	208	3	1
Bühl	165	--	—
Creußen	770	2	—
Christanz	69	8	—
Freiahorn	75	4	—
Gößweinstein	535	1	1
Gottsfeld	339	4	—
Kirchahorn	334	1	1
Körzendorf			
Männer	123	2	2
Frauen	102	2	1
Lindenhardt	269	-	—
Oberailsfeld	171	3	—
Poppendorf	44	7	—
Prebitz			
Männer	403	—	—
Frauen	242	1	—
Reizendorf	87	2	2
Schnabelwaid	425	1	—
Seidwitz	172	—	—
Trockau	187	2	—
Volsbach	128	3	1
Vorderkleebach	46	—	—

38 Nein-Stimmen: Damit ist Kirchenpingarten Spitzenreiter im Landkreis Bayreuth und wohl auch in Großdeutschland

sich das Kirchenpingärtner Ergebnis nicht gut: Bei den abgegebenen insgesamt 24.816 Stimmen gab es ganze 114 Nein-Stimmen, die Zustimmung betrug also 99,1 % und lag also noch über dem Reichsdurchschnitt. Aber von diesen 114 Nein-Stimmen entfielen nun 38 allein auf Kirchenpingarten, das entspricht einem Drittel aller Nein-Stimmen im gesamten Landkreis Bayreuth!

Im Übrigen fällt auf, dass die hohe Zahl der Nein-Stimmen sich auf das Dorf KIRCHENPINGARTEN beschränkt. In den übrigen drei Wahlorten der Frankenpfalz gab es in TRESSAU 9 Nein-Stimmen, das entspricht 4,5 % der Wähler und in LIENLAS 3 Nein-Stimmen, entsprechend 1,9 % der Wähler. Auch diese beiden Ergebnisse waren zwar immer noch leicht überdurchschnittlich, aber nicht sensationell. Dagegen gab es in dem frankenpfälzer Ort REISLAS, der direkt an Kirchenpingarten angrenzt, erstaunlicherweise überhaupt keine Nein-Stimme. Dort haben alle 66 Wahlberechtigten für HITLER gestimmt, obwohl auch die Reislaser den SA-Übergriff auf die Fahne der Jungfrauenkongregation miterlebt und kritisiert hatten!

Interessant ist es, den Wahlausgang in den übrigen Gemeinden des Bayreuther Landes genauer zu betrachten: In 61 von insgesamt 81 beteiligten Gemeinden haben die Bürger sogar zu exakt 100 % für Hitler bestimmt! In den verbleibenden 20 Gemeinden lagen die Nein-Stimmen alle im einstelligen Bereich: Die höchste Ablehnungsquote hatten die – wie Kirchenpingarten – „katholischen" Dörfer OBERWARMENSTEINACH und TRESSAU mit je neun Nein-Stimmen. Sogar im als nationalsozialistische Hochburg verschrienen BERNECK gab es 8 Nein-Stimmen.

Im Weidenberger Umland stimmten die Gemeinden GÖRSCHNITZ und LESSAU ebenfalls zu 100 % für HITLER. Noch mehr verblüfft, dass sogar das „linke" SOPHIENTHAL geschlossen *für* Hitler stimmte. Das Dorf hatte mit seiner großen, bis dahin meist kommunistischen Arbeiterschaft im Thomas-Porzellanwerk in den ersten Jahren des „Dritten Reiches" zu den aktiven Hitler-Gegnern gezählt. Hier hat es sich sicherlich für die Nazis „ausgezahlt", dass sie im Jahr 1937 die Porzellanfabrik, die PHILIPP ROSENTHAL gehört hatte, „arisiert", sprich dem Eigentümer weggenommen und einem parteitreuen Aufsichtsrat übergeben hatten. Zudem hatten sie im Ort mittlerweile einen eigenen Partei-Stützpunkt errichtet und so unmittelbar auf die Bevölkerung einwirken können.

Umso auffallender und blamabler also das Wahlergebnis von KIRCHENPINGARTEN! Mit über 15% Nein-Stimmen ragt es weit aus allen Gemeinden heraus. Hier wird doch erheblich an Hitlers Nimbus gekratzt! Was soll man also tun mit diesem Ort, nachdem sich die Kunde von der Verweigerung der Hitlerverehrung wie ein Lauffeuer in WEIDENBERG und darüber hinaus verbreitet?

Die gemeldeten Zahlen gelten, zumindest aus der späteren Sicht der Spruchkammerverfahren, als reichsweit schlechtestes Ergebnis der Hitlerwahl von 1938 überhaupt. Die Wahrheit dieser Behauptung kann vom Verfasser dieses Projektbandes nicht überprüft werden. Doch wurde diese Nachricht in diesem Sinn auch bereits an diesem ereignisreichen Abend 1938 in der ganzen Gegend weitergeflüstert. Damit waren die Weidenberger Nazis öffentlich blamiert und der Hitlerkult beschädigt. Eine prompte Sühne zur Wiederherstellung des Ansehens Hitlers schien den örtlichen Parteijüngern notwendig.

Weidenbergs Ortsgruppenleiter RUMLER machte jedenfalls an diesem Abend ein ziemlich betretenes Gesicht, er. und mit ihm seine Parteivasallen, fühlten sich mitverantwortlich für die Schlappe.

Sie brauchten nicht lange zu überlegen. Wie schon die Nazis in MARPING zwei Jahre zuvor, hatten auch die aufgeregten Weidenberger Nazis sogleich die Kirche und ihre Geistlichkeit als Urheber der Nein-Stimmen im Visier, in diesem Fall also den Kirchenpingärtner Pfarrer MICHAEL GEIGER und seinen engsten geistlichen Mitarbeiter Kaplan ALOIS WINTER. Nur diese Leute konnten es gewesen sein, die an diesem Komplott gegen die Heiligkeit Hitlers aktiv beteiligt waren! Sicher hatten sie in ihren Predigten die Kirchenpingärtner aufgehetzt und auch noch andere Bürger mit ihrem Defätismus angesteckt! Ihnen musste man also einen Denkzettel verpassen.

Fabrikant Schiller will den Pfarrer vor dem Überfall gewarnt haben

Was jetzt kommt, behauptet der Chef des Weidenberger Granitwerkes und Spätnazi von 1937, CHRISTIAN SCHILLER, „gerochen“ zu haben. Denn gleich nach Bekanntwerden der Wahlergebnisse der Frankenpfalz sei er nach KIRCHENPINGARTEN hinaufgefahren. Er habe den Pfarrer „vorsichtshalber“ vor einem möglichen Übergriff warnen wollen.

Schade war nur, dass SCHILLER der einzige war, der sich später an diese tapfere Verteidigungsaktion erinnern konnte. Zwar scheint er mit seiner Frau ELEONORE und seinen Mitarbeitern HANS und GRETE SCH. deren Aussagen abgesprochen zu haben, trotzdem bleiben sie besonders an diesem Punkt widersprüchlich.

Fabrikbesitzer mit rotem Admiral: CHRISTIAN und ELEONORE SCHILLER

GRETE SCH. wollte zumindest bezeugen, dass sie in den

Abendstunden mit ihrem Mann zunächst im Gasthaus HAGEN am Weidenberger Obermarkt gesessen hätte. SCHILLER sei nach Bekanntwerden des Wahlergebnisses hereingekommen und habe ihnen gesagt, er fahre nach KIRCHENPINGARTEN, sie sollten mitfahren, seine eigene Frau sei auch dabei. Was SCHILLER dort allerdings dann gemacht habe, hätten die Frauen nicht mitbekommen, da sie am Ortseingang im Auto sitzengeblieben seien und gewartet hätten. Wozu waren sie also überhaupt nach KIRCHENPINGARTEN mitgefahren, was wollten sie dort?

HANS SCH. bezeugte seinerseits, er sei mit SCHILLER tatsächlich ausgestiegen und zum Pfarrhaus gegangen. Was sie dort gemacht hätten, beschreibt er allerdings nicht. Lediglich, dass schon Leute dort gewesen seien und beim Pfarrer geklingelt hätten, berichtet er noch. Ob diese Beobachtung allerdings für diese frühe Stunde zutrifft, ist anzuzweifeln. In der Logik der Ereignisse und nach den Berichten anderer hatte eine solche Aktion erst später ihren Platz. – Dann seien sie zu viert ins Wirtshaus WILDENAUER neben der Kirche gegangen, um ein Bier zu trinken. Anschließend seien sie wieder heimgefahren. Dabei hätten sie in der Nähe der Gastwirtschaft KÄß hinter der Kirche Leute singen hören. Auf Befragen erklärt Sch. noch, dass ihm ein Lkw, mit Personen beladen, unterwegs *nicht* begegnet sei.

Nach dem Krieg wollte SCHILLER den korrupten einstigen Ortsgendarmen WAGNER händeringend „bekehren", dass wenigstens er seine – Schillers – Guttat für den Pfarrer bezeugen sollte. Doch dieser Polizist war selbst verstrickt; er wollte sich „beim besten Willen" an nichts dergleichen erinnern.

Auch die übrigen Zeugen der Ereignisse, insbesondere auch die Haushälterin des Pfarrers, wussten nichts von Schillers vorausschauender besorgter Widerstandsaktion. Und Pfarrer MICHAEL GEIGER selbst konnte man nicht mehr dazu befragen, er war an den gesundheitlichen Spätfolgen der Haft, die er durch sein unbedachtes Handeln in der Folge der Ereignisse später erlitt (s.u.), inzwischen im März 1947 verstorben.

Auch SCHILLER selbst tat sich mit seiner Erinnerung später immer wieder schwer. Er wusste nicht einmal mehr die genaue Uhrzeit, wann er nach KIRCHENPINGARTEN hinaufgefahren sein wollte und gab später bei der Vernehmung 17 Uhr an. Ortsgruppenleiter RUMLER nennt 18 Uhr als Zeitpunkt für die Schließung des Wahllokals. Das scheint zwar im ersten Moment logisch, weil Wahlen üblicherweise zu dieser Zeit enden. Anderseits kann Schillers Zeitangabe für das Ende dieser besonderen Hitlerwahl durchaus zutreffen; denn auch andere Informationen bestätigen den Wahlschluss schon für 17 Uhr.

Allerdings dauert die Auszählung auch in einem kleineren Wahlbezirk und die Übermittlung vom einzigen Orts-Telefon aus doch wohl mindestens 15 Minuten oder länger, Grund genug für die späteren Spruchkammerrichter, Schillers gute Tat im

Ganzen anzuzweifeln. Möglicherweise ist SCHILLER an diesem Abend aber auch zweimal nach Kirchenpingarten gefahren. Er taucht ja dann als Mittäter bei der Strafaktion gegen die Geistlichen auf, wie man ihm in seinen Spruchkammerverfahren vorwirft; dieser (zweiten) Autofahrt könnte eine erste Fahrt vorausgegangen sein. Jedenfalls bezeugt auch der bei SCHILLER beschäftigte Steinmetzgehilfe RICHARD ROSENHAUER, er habe SCHILLER beim kleinen Ort WAIZENREUTH in die Frankenpfalz hinauf- und bald wieder hinunterfahren sehen.

Dieser Arbeiter erzählte weiter, er selbst habe seinerzeit gehört, dass eine „Kundgebung" der NSDAP WEIDENBERG in KIRCHENPINGARTEN stattfinde, und sei aus Neugierde hinauf gegangen. Kurz nachdem SCHILLER wieder nach WEIDENBERG zurückgefahren sei, sei ein erster Lastkraftwagen mit uniformierten SA-Leuten in Richtung Kirchenpingarten gefahren.

Die Sonne ging jedenfalls an diesem 10. April 1938 gegen 19:10 Uhr unter. Diese Uhrzeit spielt deshalb eine Rolle, weil die eigentliche Aktion nach den Aussagen vieler Zeugen erst bei Dämmerung begann, also wohl gegen 20 Uhr.

Wer gab den Befehl zur Strafaktion?

Welche Person gab nun den Befehl für eine Strafexpedition der Weidenberger SA-Leute? Auch dies ist heute, wie so manches andere an diesem Abend, nicht mehr mit letzter Sicherheit aufzuklären. Nach der allgemeinen Stimmungslage im Volk ist es nicht ganz auszuschließen, dass es sich auch um eine weitgehend „spontane" Aktion ohne expliziten Einzel-Initiator gehandelt haben könnte. Denn wie schon oben ausführlich dargelegt, identifizierten sich ja die meisten inzwischen mit dem vergöttlichten HITLER so intensiv, dass sie die Nein-Stimmen der Kirchenpingärtner als gegen sich persönlich gerichtet empfanden. Dazu kamen die verschiedenen weiteren aufgestauten Aversionen gegen die konfessionell und sprachlich andersgearteten Frankenpfälzer; sie können sich bei dieser Enthemmung mit ausgewirkt haben.

Verantwortlich für das Handeln der SA-Leute aber war natürlich, entsprechend dem „Führerprinzip", in erster Linie der Weidenberger Ortsgruppenleiter RUMLER. Wenn dieser später behauptet, er sei nur mitgefahren, um Schlimmeres zu verhüten, so dürfte dies eine Schutzbehauptung gewesen sein, die zum Bereich seiner sonstigen wiederholten Märchenerzählungen vor den Spruchkammern passt. Er versuchte damit, die umfassende Vollmacht herunterzuspielen, die solche örtlichen Hoheitsträger wie RUMLER in der HITLER-Hierarchie tatsächlich hatten.

Das ganze System der Führer-Diktatur funktionierte ja so, dass die unteren Stellen zwar oft ohne direkte Weisung, aber nie ohne Zustimmung der nächsthöheren Stelle agierten. Das war dann bei der grausigsten Tat der Nazis, der Vernichtung der Juden ab 1941, genauso. Auch für dieses Verbrechen finden sich keine nachweisbaren, direkten Anweisungen Hitlers, sondern stets nur düstere Profezeiungen in seinen Reden. In einer Art vorauseilendem Gehorsam machten die unteren Stellen „zweckdienliche Vorschläge", die dann von der Führung mündlich abgesegnet wurden, im Falle des Holocaust sicher von HITLER persönlich.

Als umso bemerkenswerter beurteilen die Historiker daher die von HITLER unterzeichnete Weisung zu Beginn der Euthanasieaktionen 1939, durch die sich die Mordärzte dann zu ihrem unhippokratischen Handeln an den Behinderten legitimiert sahen.[25] Es ist die einzige schriftliche Anweisung von HITLER für die Mordtaten der Deutschen.

Mit anderen Worten: Jeder Parteigenosse und Funktionär bemühte sich, Hitlers Willen zu ahnen oder zu interpretieren und ihm in einer Art vorauseilendem Gehorsam zuvorzukommen, oder wie der renommierte englische Historiker IAN KERSHAW dieses geheimnisvolle Funktionieren des chaotisch erscheinenden Hitlersystems nennt: „dem Führer entgegenzuarbeiten". So empfanden auch die SA-Leute ihre Übergriffe und Strafaktionen nicht als selbst erdachte Willkür, sondern als Vollzug des Willens Hitlers.

Diese Wechselbeziehung für ein Planen von Taten im vorauseilenden Gehorsam ohne ausgesprochene Anweisung, die dann auch ausgeführt werden, nachdem die nächsthöhere Ebene mündlich zugestimmt hat, findet sich im Handeln aller Nazi-Hierarchie-Ebenen. So kam wohl auch die Idee zu dieser „Demonstration" – wie alle Beteiligten in der Rückschau unisono ihren Übergriff auf die Geistlichen von KIRCHENPINGARTEN nannten – möglicherweise nicht vom Ortsgruppenleiter GEORG RUMLER persönlich, sondern wahrscheinlich vom schon genannten Ortsgendarmen und Kommissar der Landpolizei HEINRICH WAGNER. Und dieser hatte sich wiederum wohl durch die Stimmung in der Bevölkerung beeindrucken und zu diesem Vorschlag verleiten lassen.

WAGNER war sozusagen noch frisch in seinem Parteiamt. Ortsgruppenleiter RUMLER hatte ihn erst kurz vorher zum „Propagandaleiter" der Weidenberger Nazis gemacht. Wie es typisch war für das Hitlersystem, das nach sozial-darwinischen Prinzipien funktionierte, bemühte sich WAGNER aber sogleich, sich zu profilieren. Er wollte den vorausschauenden, durchsetzungsfähigen und pflichtbewussten Parteisoldaten geben.

Eine solche Profilierung war WAGNER umso wichtiger, weil ihn gerade Gerüchte aus der Bevölkerung in seiner Partei in die Schusslinie gebracht hatten. Man sagte

---

[25] Vergl. den Abdruck der von HITLER persönlich unterzeichneten Anweisung vom 1.9.1939 in der 5. Folge des Projektes „MYRTEN FÜR DORNEN – Spuren der Opfer" S. 29.

nämlich allgemein, Wagner sei bestechlich und neige zur Vorteilsnahme und man wusste manches Beispiel davon zu erzählen, wie weiter unten zu zeigen sein wird.

Andererseits lag ja eine Strafmaßnahme gegen die Kirchenpingärtner Geistlichen zu der Zeit in der Luft, hatten sie doch eben erst die hitlerkritische „Marianische Männerkongregation“ des „Männerapostels“ RUPERT MAYER in KIRCHENPINGARTEN eingeführt. Solch ein provozierendes Verhalten forderte klar die Erteilung eines „Denkzettels“.

Von dem allen will WAGNER aber später nichts mehr wissen. In den Spruchkammerverfahren nach dem Krieg wird er mehrfach vorgeladen, bei einigen Verhandlungen als Zeuge, bei anderen auch als Beklagter. Stets gibt WAGNER sich ahnungslos oder versucht sogar, Unterlagen entsprechend zu manipulieren.

So verlegt er, als er den Eintrag in seinen Meldebogen für die Spruchkammer macht, seinen Amtsantritt als Propagandaleiter zeitlich um über zwei Jahre nach hinten, nämlich vom 1. April 1938 auf den 1. Mai 1940. So will er seine eigene Rolle bei der Strafaktion herunterspielen. Für diese Betrugsabsicht handelt er sich den Rüffel der Richter ein und qualifiziert sich als Zeuge selber ab: Er nehme es mit der Wahrheit ja nicht so genau.

Auch sonst tut der korrupte WAGNER später alles, um Ortsgruppenleiter RUMLER die Alleinverantwortung zuzuschieben. Nachdem er, WAGNER, an diesem Abend

717 | Weidenberg (Einlieferungsort) | 26. April 1946 | W (Buchstabe)

Meldebogen auf Grund des Gesetzes zur Befreiung von Nationalsozialismus und Militarismus vom 5. März 1946.

Deutlich und lesbar ausfüllen (Druckbuchstaben)! Dickumrahmtes nicht ausfüllen! Jede Frage ist zu beantworten!

Zuname: Wagner Vorname: Heinrich Beruf: ehem. Ldj. Stat.-Kdt.

Wohnort: Weidenberg Straße: Obermarkt 13

Geburtsdatum: 6.9.1896 Geburtsort: Redwitz a. Rodach Familienstand: ledig/verheiratet/verwitwet/geschieden

Wohnorte seit 1933:
a) Stammbach von 1933 bis Juni 1936
b) Weidenberg von Juni 1936 bis
c) von bis

1.	Waren Sie jemals Angehöriger, Anwärter, Mitglied, förderndes Mitglied der:	Ja oder Nein	Höchster Mitgliedsbeitrag monatlich RM	von	bis	Mitglieds-Nr.	höchster Rang od. höchstes bekleidetes Amt od. Tätigkeit, auch vertretungsweise od. ehrenhalber: Bezeichnung	von	bis	Klasse oder Teil B
a	NSDAP.	Ja	1.80	1933	1945	1765665	Prop. Wart	1.5.40		
b	Allg. SS	nein								
c	Waffen-SS	nein								
d	Gestapo	nein								
e	SD (Sicherheitsdienst)* der SS	nein								
f	Geheime Feldpolizei	nein								
g	SA.	nein								
h	NSKK. (NS.-Kraftfahr-Korps)	nein								
i	NSFK. (NS.-Flieger-Korps)	nein								
k	NSF. (NS.-Frauenschaft)	nein								
l	NSDSTB. (NS.-Studentenbund)	nein								
m	NSDoB. (NS.-Dozentenbund)	nein								
n	HJ.	nein								
o	BdM.	nein								

* Hier ist auch nebenamtliche Mitarbeit, z. B. Vertrauensmann, aufzuführen.

2.	Gehörten Sie außer Ziffer 1. einer Naziorganisation gemäß Anhang zum Gesetz an?*: Bezeichnung	von	bis	höchster Rang oder höchstes bekleidetes Amt od. Tätigkeit, auch vertretungsweise od. ehrenh.: Bezeichnung	von	bis
a	N.S.V.	1936	1945	nein		
b						
c						
d						
e						
f						
g						

* Es ist jedem freigestellt, hier auch die Zugehörigkeit zu anderen Organisationen nachzuweisen.

3. Waren Sie Träger von Parteiauszeichnungen (Parteiorden), Empfänger von Ehrensold oder sonstiger Parteibegünstigungen? nein
Welcher? nein

4. Hatten Sie irgendwann Vorteile durch Ihre Mitgliedschaft bei einer Naziorganisation (z. B. durch Zuschüsse, durch Sonderzuteilungen der Wirtschaftsgruppe, Beförderungen, UK-Stellung u. ä.)? nein
Welche? nein

5. Machten Sie jemals finanzielle Zuwendungen an die NSDAP. oder eine sonstige Naziorg.? nein
an welche nein in welchen Jahren: nein insgesamt RM: nein

Hier abtrennen!

717 (Lfd. Nr.) **QUITTUNG**

Vom Meldepflichtigen selbst auszufüllen und sorgfältig aufzubewahren!

Bei der Lebensmittelkartenausgabe vorzuzeigen!

Herr/Frau/Frl. Wagner Heinrich geb. am 6.9.1896
wohnhaft in Weidenberg Straße 13 hat heute auf unterzeichneter Dienststelle seinen Meldebogen abgegeben.

Weidenberg d. 25.4.46 (Ort, Datum) Stempel und Unterschrift der Dienststelle

Druck: J. C. Weiß'sche Buchdruckerei, München.

Amtsantritt als Propagandaleiter „vergessen“:
Der gefälschte politische Meldebogen von Gendarm HEINRICH WAGNER für das Spruchkammerverfahren

gesehen habe, dass sich vor dem Wahllokal in WEIDENBERG am Obermarkt Menschen zusammenrotteten, sei er zu RUMLER gegangen und habe „mit ihm die Ereignisse bezüglich Kirchenpingarten“ besprochen. RUMLER habe diese „Volkserhebung“ gebilligt.

Man muss sicher einräumen, dass Ortsgruppenleiter RUMLER in seiner persönlichen Entscheidungsschwäche, die er gern als Gutmütigkeit tarnte, wohl auf die Idee für eine solche gewaltsame Aktion gar nicht selbst gekommen wäre. Sie war ihm vielleicht sogar peinlich. Er fühlte sich aber möglicherweise durch die aufwallenden Meinungen im Wahlausschuss gedrängt. Auch hörte er das Gerede nach der Wahl an den Wirtshausstammtischen und spürte den Unmut der wartenden Menge draußen. Andererseits wäre es, da hat wiederum WAGNER recht, ohne Rumlers Zustimmung keinesfalls zu dieser Strafexpedition gekommen.

WAGNER hat also wohl in seiner Eigenschaft als Propagandaleiter RUMLER diese Strafaktion vorgeschlagen. Er sah darin die passende Möglichkeit, den peinlichen Wahlausgang zu ahnden; zugleich konnte er die Kirchenpingärtner Geistlichen bestrafen und ihre selbstbewussten Jugendlichen einschüchtern. Und er konnte die Gerüchtemacher der Frankenpfalz hinsichtlich seiner eigenen, Wagners, Person Bange machen, wobei letzteres sich letztlich aber als Fehlkalkulation erwies; die Gerüchte und Geschichten über diesen „unehrlichen Gendarmen“ gingen damals munter weiter und führten später zu einem bizarren Nachspiel, von dem dann weiter unten zu berichten ist.

So erweist sich der korrupte WAGNER als der maßgebliche Mann. Aus Eitelkeit und eigenem Interesse hat er dem unsicheren Ortsgruppenleiter RUMLER den Überfall auf KIRCHENPINGARTEN eingeredet. RUMLER wiederum trägt entsprechend den Regeln der Nazi-Hierarchie die eigentliche Verantwortung.

Eine „spontane Volkserhebung“ im „vorauseilenden Gehorsam“

Allerdings standen die Weidenberger SA-Männer bei Bekanntwerden des Wahlergebnisses schon hufescharrend bereit. Schließlich hatte ja die gesamte SA Weidenbergs schon den ganzen Tag auf dem Schulhof in Uniform „Wahldienst“ geschoben. Dieser Trupp verkörperte die Parteiräson mit dem Ziel, die Bevölkerung einzuschüchtern und zum „richtigen“ Wahlverhalten anzuleiten. So war die SA auch darauf abgerichtet, alles auffällige Bürgerverhalten bei der Wahl sofort zu ahnden.

So harren die Männer schon begierig darauf, nach bewährter Rabaukenart wie in alten Zeiten nachdrückliche Denkzettel zu verteilen. In gespielter Erregung freuen sie sich in auf das kommende Abenteuer. Diese gehässige Vorfreude unterscheidet sie von den Römer bei ihren Aktionen gegen Asterix‘ Gallier. Denn diese Gallier waren den Römern an Witz und Kraft überlegen und konnten auf ihren geheimnisvollen

Zaubertrank vertrauen. Die Frankenpfälzer aber hatten der Macht der Weidenberger Nazis nichts entgegenzusetzen.

Wahrscheinlich hatte Propagandaleiter WAGNER inzwischen auch den Truppführer der Weidenberger SA, den bereits oben genannten Briefträger und Nazi der „ersten Stunde" von 1929, HANS F., „vorauseilend" eingeweiht. Denn geheimnisvollerweise stand am Obermarkt bereits ein ladebereiter offener Lastkraftwagen bereit, der zum Transport der Männer dienen konnte. Er gehörte, wie sich bald herausstellte, und wie auch die Firmenaufschrift erkennen ließ, dem Mühlenbesitzer ALBERT F., der ebenfalls einer der Alt-Parteigenossen von 1929 war.

Diesem Mühlenbesitzer war aber seine Beteiligung später sichtlich peinlich, und er verwickelte sich in den Spruchkammerverfahren, nach der eigenen Rolle befragt, in eklatante Widersprüche. Bei den Verhandlungen im Jahr 1946 erklärt er zunächst scheinheilig, er habe seinen LKW erst später *„zufällig außerhalb Weidenberg nach Richtung Kirchenpingarten fahren sehen"* und sei diesem Lastwagen *„mit seinem PKW hinterdreingefahren, um festzustellen, wer den Auftrag zur Fahrt gegeben"* habe. Dabei habe er gesehen, dass sich *„auf dem Lkw eine größere Anzahl Leute"* befanden. Der Auftraggeber für diese Fahrt sei Ortsgruppenleiter RUMLER gewesen.

Ganz anders schildert derselbe F. den Verlauf des Wahlabends dann bei seiner Vernehmung ein Jahr später, 1947. Jetzt gibt zu, dass seine erste Version eine ziemlich schlecht erfundene, wolkige Geschichte war. Er wird nun wünschenswert präzise:

„An dem Tage der Abstimmung im Jahre 1938 war ich auf dem Marktplatz in Weidenberg. Es waren viele Leute anwesend, darunter auch SA-Leute. Es ging die Rede um die Abstimmung. Dabei hieß es, dass Kirchenpingarten ***der einzige Ort in ganz Deutschland*** *sei, der so viele Nein-Stimmen hatte. Plötzlich wurden in der Masse Stimmen laut, da müssen wir einmal hinauf. Etwa 10 Minuten später kam der Lastwagen der Firma Hans Fröber, Weidenberg, an der ich beteiligt war. Der Kraftwagenführer sagte: Bei meinem Kompagnon Kaiser sei angerufen worden, der Lastwagen solle kommen, es ginge nach Kirchenpingarten. Wer den Wagen bestellt hatte, sagte er nicht und hat er auch nicht gewusst, wie ich bei späterer Nachfrage bei ihm erfuhr."*

Der geheimnisvolle Hauptverantwortliche dieser „Volkserhebung" – wie wir sahen: der Ortsgruppenleiter RUMLER – bleibt bei dieser zweiten Vernehmung von F. ungenannt; er kann sich deshalb vor der Spruchkammer aus der Schlinge ziehen. Wahrscheinlich hat er den anderen Beteiligten in dem dazwischen liegenden Jahr gedroht, genug Beweismittel aus seinem einstigen Parteiamt in der Hand zu haben, mit denen er seinerseits solche Zeugen wie F. in erhebliche Schwierigkeiten bringen könnte.

RUMLER hatte ja bereits bei seinen ersten Vernehmungen nach seiner Internierung im Lager Hammelburg angegeben, große Mengen von Unterlagen aus seiner Amtszeit als NS-Ortsgruppenleiter in seiner Wohnung am Obermarkt Haus-Nr. 49 gelagert zu haben, mit denen er andere belasten konnte. Es hat dann im Jahr 1947 auch eine polizeiliche Durchsuchung im Auftrag des Landrats gegeben, wobei angeblich auch Akten gefunden wurden. Leider verliert sich deren Spur bald, sodass diese für die Aufarbeitung der NS-Zeit wichtigen Unterlagen heute im Marktarchiv gänzlich fehlen. Sie sind bislang auch in keinem anderen einschlägigen Archiv auffindbar. Mangels Beweisen lässt sich dieses auffällige „Verschwinden" der Akten auch nicht weiter kommentieren.

Aber es zeigt sich durch die Aussage von F. hinreichend deutlich, dass sich die „Kirchenpingarten-Demonstration" nicht auf den eher kleineren Kreis der Parteigenossen, Funktionsträger und der SA-Leute beschränkte, zu dem ja auch F. selbst gehörte. Nach seinen Aussagen und auch nach vielen anderen inzwischen bekannt gewordenen Berichten war eine sehr viel größere Anzahl auch von durchaus angesehenen Bürgern in diesen Übergriff verstrickt, als es die Weidenberger Ortsgeschichtsschreibung – und auch noch der Autor von „MYRTEN FÜR DORNEN" in seinem Buch „SPURENSUCHE FRANKENPFALZ" von 2009 – bislang für möglich gehalten haben.

Es sind damals am Abend dieser hochemotionalen Hitlerwahl 1938 Erregungen auch bei ganz normalen Bürgern wie du und ich hochgekocht und haben das folgende Geschehen vorangetrieben. Nur die alles ergreifende Wucht des Hitlerkultes kann die massiven und gewalttätigen Gefühlsausbrüche bei dieser Nachtaktion erklärbar machen, die jedem, aus der Rückschau betrachtet, nur noch peinlich sein können. Aus Besorgnis, hier als Mitbeschuldigte dazustehen, verweigerten viele Beteiligte lange Zeit hindurch jedes Eingeständnis und jede Einsicht über die eigene Beteiligung.

Eine Sühnetat der Bevölkerung zur Heilung der Ehre des göttlichen Helden

Das Motiv für die Erhebung ist klar: Das Schamgefühl, der Gottheit Hitlers durch das mangelhafte Wahlergebnis etwas schuldig geblieben zu sein, ergreift damals alle Weidenberger, die davon erfahren. Den Menschen ist es höchst unangenehm, dass in ihrem Bereich dieser Ort KIRCHENPINGARTEN liegt, der als *„einziger Ort in ganz Deutschland ... so viele Nein-Stimmen hatte"*, so beschreibt der Zeuge F. die Situation ja ziemlich genau. Eine gemeinsame Tat soll dieses Schuldgefühl aufheben, ein Sündenbock-Opfer muss diese Verletzung der Ehre ihres Heros Hitler heilen.

Man will zu dem Zweck gemeinsam etwas unternehmen. Man nimmt auch ohne zu zögern an, dass die Geistlichen die gesuchten Sündenböcke sind. Man hat aber für diese Tat eigentlich keinen Plan, und auch später wird niemand dem Gericht genauer erklären können, was man dort oben in KIRCHENPINGARTEN eigentlich erreichen

Mit eigenem PKW dabei:
Beigeordneter und SA-Mann HANS K.

wollte. HANS K., Rumlers rechte Hand im „beschließenden Ausschuss“, der damals ebenfalls, wie auch seine Brüder, ohne zu zögern mitfährt, gehört mit zu den vielen, die von einer Mitverantwortung im Nachhinein nichts wissen wollen. Er sei „in die ganze Aktion hineingezogen“ worden und „gleich anderen aufgefordert, nach Kirchenpingarten mitzufahren“. Auch habe er sich bei dem Überfall „reserviert“ und „vollkommen passiv“ verhalten. Er gibt aber einen interessanten Hinweis auf ein mögliches gemeinsames Ziel:

„An eine Demonstration gegen die Kirche hat keiner der Beteiligten gedacht, sondern es sollte lediglich gegenüber dem dortigen Pfarrer Protest erhoben werden, gegen den Missbrauch der Kanzel für politische Gegenpropaganda.“

Es geht also um einen Denkzettel für den Pfarrer. Völlig voreingenommen und ohne jeglichen Beweis verdächtigt man ihn, sein Gemeinde von der Kanzel aus beeinflusst zu haben. Dass dieser sogenannte Protest sich dann als unberechtigt herausstellt und dass er auch noch so sehr aus dem Ruder läuft, dass der Pfarrer dabei um sein Leben fürchten muss, dies alles zählt für den Beteiligten K. nicht. Im Grunde handeln alle damals aus dem Bauch heraus nach ihrem spontanen Gefühl, und das bedeutete: Sie wollten ohne Rücksicht auf Verluste eine irgendwie geartete Sühne für die Kränkung Hitlers erreichen, der für sie zu der Zeit Gott war.

So sind sich auch alle merkwürdig einig: *„Plötzlich wurden in der Masse Stimmen laut, da müssen wir einmal hinauf.“*

Wie viele diesem spontanen Drang damals nachgegeben haben, steht nicht fest. Die Gesamtzahl der Menschen, die damals aus Überzeugung eine Sühne für Hitlers Kränkung anstrebten, bzw. von solchen, die lediglich aus Neugier mitgingen, ist nirgends vollständig erfasst. Die zahlreichen Zeugenaussagen in den mindestens zehn oder mehr Spruchkammerverfahren, in denen die „Kirchenpingarten-Demonstration“ später zur Sprache kommt, sind sehr uneinheitlich und oft auch widersprüchlich.

Es kristallisiert sich aber heute bei den vertieften Recherchen heraus, dass im ersten veröffentlichten Bericht im Buch „Spurensuche Frankenpfalz“ die Dimension des Überfalls auf KIRCHENPINGARTEN noch viel zu zurückhaltend beschrieben wurde. Damals konnte sich der Autor nur auf die verdienstvollen Forschungen des im Juli 2017 verstorbenen Justizhistorikers HELMUT PAULUS von der Bayreuther „Geschichtswerkstatt“ als der einzigen und zudem unveröffentlichten Quelle stützen. PAULUS war, als er seinerzeit vom Forschungsprojekt „MYRTEN FÜR DORNEN“ zur Weidenberger Geschichte erfuhr, von sich aus auf den Autor zugekommen, hatte ihn auf diese monströse Begebenheit aufmerksam gemacht und ihm wertvolle Dokumente und Einschätzungen aus seinem reichen Schatz an Unterlagen zur Verfügung gestellt. Danach erschien aber dieser Überfall zunächst nur als Tat eines relativ kleinen fanatisierten SA-Trupps. Er wurde nach Paulus‘ Vorlage mit knappen Worten und ohne eingehende Analyse der Hintergründe so beschrieben: *„Am Abend des Wahltages unternahm die Weidenberger SA … mit 30 Mann und zwei Lastwagen eine Pöbelaktion nach Pingarten.“*

Inzwischen aber konnten Unterlagen aus allen einschlägigen, damals durchgeführten Spruchkammerprozessen studiert und mit Zeitzeugenaussagen und weiteren Quellen verknüpft werden. Und daraus ergibt sich, dass PAULUS seinerzeit viel zu nachsichtig geurteilt hat. Heute darf man mit Recht annehmen, dass es ein sehr aufsehenerregendes Ereignis gewesen sein muss. Die Gesamtzahl der beteiligten Weidenberger muss mehr als dreimal so groß gewesen sein, wie zunächst angenommen, nämlich deutlich über 100 Personen. Dies bestätigte auch der ehemalige Ortsgruppenleiter RUMLER in seinen Vernehmungen. Eher dürften es wohl über 150 gewesen sein. Und es entsteht jetzt auch ein viel genaueres Bild über den tatsächlichen Ablauf dieser verwunderlichen abendlichen Prozession am Palmsonntag 1938.

Eine bizarre Prozession

Im Ganzen waren es wohl mindestens drei oder sogar mehr Lastwagen, die als Mannschaftstransportmittel im Einsatz waren. Dazu hatten sich auch etliche der damaligen Weidenberger PKW-Besitzer neugierig mit ihren Autos auf den Weg gemacht. Sie rekrutierten sich vor allem aus Kaufleuten und Händlern und hatten weitere Parteigenossen und andere Passagiere mitgenommen.

Im mühsam ersparten Auto nach Kirchenpingarten: Ortsgruppenleiter GEORG RUMLER, hier mit Nichte HENRIETTE, links seine Braut JOHANNA POPP

Andere Beteiligte waren mit Motorrädern mit Sozius unterwegs oder strömten mit Fahrrad oder zu Fuß in die Frankenpfalz, als ginge es zu einem Volksfest.

Der Ortsgruppenleiter RUMLER und sein Propagandaleiter WAGNER haben jetzt ihre große Stunde. RUMLER führt die Prozession an. Wie ein General fährt er im eigenen Wagen voraus. Er trägt an diesem Tag seine schmucke Parteiuniform, und er hat seine gutaussehende Braut, die 37-jährige JOHANNA POPP, mit an Bord. Sie ist die Schwester des Weidenberger Zahnarztes RUDOLF POPP und im ganzen Ort und auch in Rumlers Verwandtschaft nur als „das Mädel" bekannt; RUMLER wird sie im folgenden Jahr 1939 heiraten.

Zwei weitere wichtige Männer dürfen in Rumlers Wagen mit einsteigen: der Initiator des Ganzen, Gendarm und Propagandaleiter WAGNER, sowie Gendarm BÄR, „zur Aufrechterhaltung der Ordnung", wie RUMLER später angibt.

Alle warten nun da draußen auf irgendetwas Weltbewegendes. Sie wollen ja die HITLER angetane Schmach wiedergutmachen. Die Männer sind von brennendem Ehrgeiz erfüllt. Wie kann man HITLER die Loyalität beweisen, nachdem dessen Gottheit an diesem Tag für alle so sichtbar durch die selbstbewussten Kirchenpingärtner infrage gestellt worden ist?

Rumlers Rolle bei dieser „Demonstration" verdient eine besondere Betrachtung. RUMLER will sich zur Fahrt nach KIRCHENPINGARTEN ja entschlossen haben, „um die aufgeregten SA-Leute dortselbst am Zaume zu halten." Bei einer späteren Vernehmung im Jahr 1948 wird RUMLER genauer. Er schildert, dass eine halbe Stunde nach dem offiziellen Wahlschluss der Anruf von KIRCHENPINGARTEN gekommen sei – wohl vom damals einzigen öffentlichen Telefon des Dorfes Kirchenpingarten im Gasthof „Post" –, der meldete, dass das Wahlergebnis des Ortes 38 Nein-Stimmen aufweise. RUMLER habe sich gedacht, „dass dies ein schlechtes Wahlergebnis" sei. Später seien Leute zu ihm gekommen und hätten gesagt, daran seien nur die Pfarrer schuld.

Einer der Leute – dies dürfte also wohl Propagandaleiter WAGNER gewesen sein – habe gesagt, *„Da müssen wir hingehen und die Fenster reinhauen".* Überall am Weidenberger Obermarkt hätten sich Gruppen gebildet. Die Leute hätten angeblich spontan, also auch ohne den Ortsgruppenleiter, nach KIRCHENPINGARTEN gehen wollen. Da habe ihm seine Mutter (!) den Rat gegeben, mitzugehen. Dann sei er vorausgefahren und habe am Eingang von KIRCHENPINGARTEN gewartet. Dort habe er den Befehl gegeben, in geschlossener Formation einzumarschieren.

RUMLER bestätigt also den oben bereits dargestellten Eindruck des Zauderers, der sich bei diesem Feldzug zunächst von anderen zum Handeln anschieben lässt. Es sind nach seiner Aussage seine Parteigenossen, die ihn bedrängen, dann sein Propagandaleiter.

Schließlich will er zu seiner Entschuldigung auch noch seine 73-jährige Mutter ins Spiel bringen, die tüchtige Geschäftsfrau BARBARA RUMLER, geb. FUCHS. Vor ihren

Meinungsäußerungen hat RUMLER sein Leben lang Respekt. Sie erinnert „ihren großen Jungen“ an diesem Abend gewissermaßen an seine „Aufsichtspflicht“ als Bürgermeister und Ortsgruppenleiter.

Andererseits braucht RUMLER persönlich die Stimmung im Volk gar nicht anzufachen, sie ist bereits aufgeladen, und so kann er sich eher als „Mäßiger“ geben. Es geschieht ja hier eine der „spontanen Erhebungen“ zugunsten des „Führers“, wie sie auch sonst in Hitlers System üblich sind, spätestens dann im selben Jahr im November bei der „Reichskristallnacht“ gegen die Synagogen, Geschäfte und Häuser der Juden. Alle diese Erhebungen vollziehen sich im vorauseilenden Gehorsam und im gemeinsamen Bestreben aller Beteiligten, „es dem Führer recht zu machen“. Sie werden von HITLER geduldet und von seinem Propagandaleiter GOEBBELS befeuert.

In Kirchenpingarten dabei: die motorrad- und autobegeisterten Brüder CHRISTOPH (oben), HANS und AUGUST K. (unten). - Aufn. um 1941

So hat sich binnen kurzem am Weidenberger Obermarkt auch die Zahl der beteiligten Lastwagen erhöht, welche die eifrigen SA-Leute organisiert haben. Inzwischen sind es mindestens drei oder sogar noch mehr Fahrzeuge mit offener Ladefläche. Rd. 60 SA-Leute hocken aufgeregt schnatternd auf den LKWs, ihr Truppführer F. ist als Letzter hinten aufgestiegen. Die Fahrzeuge reihen sich hinter dem vorausfahrenden RUMLER in die Kolonne ein.

Unter denen, die quasi im Schlepptau in diesem seltsamen Konvoi mitfahren, befindet sich das Rudel der Motorradfahrer vom NSKK unter Führung der hitlertreuen Brüder aus dem Autohaus K. Sie gehören ebenfalls zu den Weidenberger Nazis der ersten Stunde: der 27-jährige CHRISTOPH, der die elterliche Kraftfahrzeugfirma leitet, sein knapp 30-jähriger Bruder AUGUST, welcher Lehrer, Nazi-Propagandist und lebenslang ein begeisterter Hitleranhänger ist, und der oben bereits genannten älteste Bruder HANS, der mit seinen knapp 34 Jahren als Ortsamtsleiter und Beigeordneter im „beschließenden Ausschuss“ der engste Mitarbeiter von Ortsgruppenleiter RUMLER ist. Ihr Motorrad-Trupp hat in KIRCHENPINGARTEN ein paar Wochen zuvor die heilige Fahne der „Marianischen Jungfrauenkongregation“ geraubt und so erst den Widerstand der Kirchenpingärtner entfacht. So ist dieser Fahnenraub die eigentliche Ursache für das schlechte Wahlergebnis. Hier bewahrheitete sich also die Befürchtung, die der Kirchenpingärtner Bürgermeister JOSEF SCHERM rechtzeitig vor der Wahl dem NS-Kreisleiter DENNERLEIN mitgeteilt hatte.

Nach den Motorrädern reihen sich die PKWs der Parteigenossen ein, darunter weitere „Alte Kämpfer“ der ersten Stunde von 1929 in WEIDENBERG, allen voran der schon genannte Müller ALBERT F., der sich in seinem Firmenwagen von seinem Fahrer chauffieren lässt; der Kaufmann FRITZ F., der sonst mit Tee für die Wehrmacht einträglich handelt; der gemütliche Metzgermeister und SA-Mann LUDWIG N.; und der Mosterei-Besitzer KARL SCHL. Letzterer ist kaufmännische Hilfskraft bei Ortsgruppenleiter RUMLER für die Verwaltung der Weißmainkraftwerke, durch deren Leitung RUMLER seine Einkünfte hat.

SCHL. ist in der Verwaltung zuständig für Rumlers schriftliche Arbeiten und offenbar ein guter Organisator und eine erkennbare Führungspersönlichkeit. Als in WEIDENBERG im folgenden Jahr kurz vor Kriegsbeginn die Saarländer einquartiert werden, um sie vor den Franzosen in Sicherheit zu bringen, erscheint es ihnen, wie sie später berichten, als sei SCHL. und nicht RUMLER der eigentliche Ortsgruppenleiter von Weidenberg.

Ihnen schließen sich noch einige weitere Autos an, und sie alle haben natürlich weitere Parteimitglieder und sonstige Neugierige an Bord.

Auch Ziegeleibesitzer KONRAD K. hat sich, wie er später angibt, „aus Neugierde und Sensationslust“ dem Zug angeschlossen, um sich „den Rummel“ in KIRCHENPINGARTEN anzusehen. RUMLER hatte ihn im Jahr 1937 nach der teilweisen Aufhebung des Parteiaufnahme-Stopps zum Parteieintritt „bewegen“ können, „damit seine Firmengeschäfte keinen Schaden leiden“. Diesem K. kommen aber jetzt, als sich der Zug in Marsch setzt, doch sittliche Bedenken, und er biegt mit seinem Auto ab.

Viele Radfahrer und viel Fußvolk sind schon vor ihnen unterwegs, als sie über die Neue Straße ins Tal der Steinach hinunterfahren. Auf diesen aufwendigen Straßenbau als erste innerörtliche direkte Verbindung von Ober- und Untermarkt im Jahr 1934 ist RUMLER stolz. Die notwendigen Grundstücke hat er dem örtlichen Granitwerkbesitzer SCHILLER zum Schnäppchenpreis abgetrotzt. An der Lindenkreuzung biegen sie nach Rosenhammer ab und fahren dann durch den Wald den Waizenreuther Berg hinauf. Auf der weitläufigen Hochfläche der Frankenpfalz kommt rechts bald Reislas in Sicht und hinter dem nächsten Hügel das in einer Mulde gelegene Dorf KIRCHENPINGARTEN mit seiner auffallenden barocken Jakobuskirche in der Mitte.

Am Ortseingang in Höhe der „neuen Schule“ stellen sie ihre Fahrzeuge unter ein paar Bäumen ab. Von hier sind es nur noch 200 m auf der gewundenen Dorfstraße bis zur Kirche mit dem vorgelagerten Pfarrhaus.

Die Männer steigen von den LKWs. Sie wissen, in der Ortsmitte geht es eng zu. Und außerdem möchten die Firmeninhaber nicht, dass die Kirchenpingärtner die Firmenaufschriften auf den Fahrzeugen identifizieren. Mühlenbesitzer F. sagt deshalb zu seinem Fahrer: *„Fahre nicht in die Ortschaft. Wir stehen mit den Einwohnern in Geschäftsbeziehungen, ich will nicht, dass die Leute verärgert werden, wenn sie die Firma auf unserem Wagen lesen.“* Auch Schillers auffallend großer rot leuchtender PKW steht schon geparkt am Straßenrand.

Rumlers Befehl zum geordneten Marschieren verhallt offenbar unerhört. Ein starkes ungeordnetes Rudel ergießt sich an der Statue des Heiligen Nepomuk am Badweiher vorbei und durch die Engstelle am Forsthaus von 1799 hindurch, die einmal in der napoleonischen Zeit Bayreuths als Zollschranke dienen sollte.

Nun haben sie das Pfarrhaus und die Kirche direkt in Reichweite. Auch Truppführer F. merkt, dass er den wilden Haufen seiner SA-Männer nicht im Griff hat. Er befürchtet in diesem chaotischen Gedränge das Schlimmste. Nun beginnt es auch noch finster zu werden.

IV. Teil: Als der Kirchenpingärtner Pfarrer um sein Leben fürchtete

1. Schuldige für das Wahldebakel gesucht

Rempeleien im Gasthof Wildenauer

An das Kirchengrundstück mit seiner alten Wehrmauer grenzt im weiteren Verlauf der Kirchenpingärtner Hauptstraße östlich unmittelbar die Gastwirtschaft Wildenauer an. Der Metzger und Wirt Josef W. bedient gerade in den beiden Räumen seine Gäste. Er selbst gehört zu den wenigen örtlichen Parteigenossen der NSDAP.

Bei ihm treffen sich an diesem Abend weitere Parteigenossen vor allem aus der Frankenpfalz, unter ihnen der neu ernannte Ortsgruppenleiter Hans Busch von Tressau und die Mitglieder des Wahlausschusses. Kurz vorher waren in diesem Jahr 1938 die bisherigen Partei-„Stützpunkte“ der Frankenpfalz, Kirchenpingarten, Lienlas und Tressau, zu einer einzigen Ortsgruppe mit Busch an der Spitze zusammengelegt worden.

Im Bereich dieses historischen Panoramas von Kirchenpingarten spielte sich 1938 der Überfall ab: Am linken Bildrand der Ortseingang Richtung Weidenberg, in der Mitte die Kirche St. Jakobus d.Ä., davor das Pfarrhaus, links davon das Wirtshaus Käss, weiter rechts daneben das Wirtshaus Wildenauer.

Die Herren diskutieren natürlich das auffällige Wahlverhalten der Kirchenpingärtner Bevölkerung. Immerhin hat es auch in TRESSAU neun Gegenstimmen gegeben und in LIENLAS drei. Aus KIRCHENPINGARTEN kommt aber der Löwenanteil, 38 Neinstimmen! Die Debattierenden sind sich einig: Der Überfall der SA vor einigen Wochen und die Wegnahme der Fahne der Jungfrauenkongregation sind die Ursachen.

Das Ziel des Übergriffs: Das Pfarrhaus von Kirchenpingarten links vor der Kirche St. Jakobus d. Ä. (hist. Aufnahme um 1960)

Sie haben die eigentlich friedfertigen Einwohner der Frankenpfalz zu „Wutbürgern" gemacht. Der Wahlausgang hat nach Meinung der örtlichen Parteigenossen nichts mit den Pfarrern oder gar der katholischen Kirche zu tun, wenngleich deren kritische Einstellung gegenüber den Nationalsozialisten bekannt ist.

Am Nebentisch lauschen die Herren SCHW. aus MUCKENREUTH und G., der offenbar von auswärts ist, sowie der 58-jährige Kirchenpingärtner Handweber GEORG P., sie beteiligen sich aber nicht an der Diskussion. Wildenauers Ehefrau MARIE, die am folgenden Tag ihren 40. Geburtstag feiern will, und ihre 15-jährige Tochter TRAUDEL bringen den Männern Bier und Brotzeit. Da hören sie draußen vom Gang her laute Stimmen.

Die Tür zum Saal springt auf. Ein ganzes Rudel von Männern quillt in den Saal. Sie drängen sich durch die offene Schiebetür in den Schankraum, die meisten von ihnen in SA-, Partei- oder Polizeiuniform. Gastwirt W. erkennt den Gendarmen WAGNER, der hier öfter einkehrt, dahinter Ortsgruppenleiter RUMLER in Uniform, sowie den Granitwerkbesitzer SCHILLER; der Letztere ist in Zivil.

Die Männer wirken erregt. RUMLER steuert direkt auf BUSCH zu. Dieser sitzt mit den übrigen Männern am Tisch. RUMLER spricht ihn in recht scharfer Form an: Der Wahlausgang in Kirchenpingarten habe die Partei blamiert. Nun suche RUMLER die Pfarrer, weil er sie verdächtige, die Gemeinde aufgewiegelt zu haben.

BUSCH erklärt, dass Pfarrer GEIGER wohl zu Hause sei, während sein Kaplan WINTER wahrscheinlich im Gasthaus zur Post neben der Kirche beim Kartenspielen säße; dort wäre auch der Kirchenpingärtner Bürgermeister SCHERM zu finden.

RUMLER beabsichtigt, die Pfarrer verhören. Er fordert BUSCH auf, mitzukommen, er solle sich am örtlichen Parteibüro im Schulhaus hinter der Kirche bereithalten.

Auf Suche nach den Geistlichen: Vorn Gastwirtschaft und Metzgerei Wildenauer mit Zoiglstern, hinter der Kirche links das Pfarrhaus

Gastwirt WILDENAUER steht am nahen Ausschank. Er behauptet später dennoch, von diesem Gespräch nichts mitbekommen haben. Es herrscht ziemliche Unruhe. Auch die Männer am Nebentisch hören nur Gesprächsfetzen.

Dann aber wird Gendarm WAGNER lauter. Der Gast P. vernimmt Worte wie: *„Es wird glatt einer verhaftet"*. Da hält es P. und SCHW. nicht mehr auf ihren Stühlen, sie springen auf und protestieren. Sie wollen die aggressive Schar der Eindringlinge, die den ganzen Raum füllen, beschwichtigen: *„Nun seids mal staad"*. Darauf wird Gendarm WAGNER noch lauter. Er fuchtelt P. mit der Hand vor dem Gesicht herum – andere meinen sogar seine Pistole gesehen zu haben – und brüllt giftig: *„Das geht euch einen Dreck an"*. Der ältere GL. wiederum schimpft auf die Kirchenpingärtner: *„Daran sind nur eure Pfaffen Schuld!"*

WAGNER gibt später an, dass sowohl er als auch SCHILLER in dieser Wirtschaft im Stehen ein Glas Bier getrunken hätten. Diese ehrliche Auskunft überrascht, da er ja offiziell „im Dienst" war und auch Uniform trug. Sie erklärt aber vielleicht das gereizte und unkontrollierte Verhalten, das WAGNER hier, wie auch später im Gasthaus KÄSS, an den Tag legt.

Dann verlassen die Hereingekommenen das Gebäude wieder durch den Saal. Wo sie hingehen, bleibt den anderen im Gasthaus zunächst verborgen.

Nach dem Krieg, zu Anfang des Jahres 1947, wird P. Besuch von den Mitgliedern der Weidenberger CSU erhalten, die im Herbst 1945 gegründet wurde. Es erscheinen die Herren GEORG F., GEORG W. und SCH.[26] P. solle unterschreiben, dass SCHILLER damals hier in dieser Gaststätte den Ausdruck *„Da sitzen ja die Verräter!"* gebraucht habe. Der Befragte bestreitet diese Kenntnis, er bestätigt aber die Anwesenheit SCHILLERS in KIRCHENPINGARTEN.

Zwei oder drei Wochen später wird P. nunmehr vom inzwischen als Bürgermeister amtierenden CSU-Kontrahenten SCHILLER aufgesucht und zum Widerspruch genötigt. SCHILLER steuert in seinem eigenen Spruchkammerverfahren einen ziemlich unklaren Kurs. Sein Zeugnis in eigener Sache bleibt für diesen Abend des Palmsonntag 1938 trotz dieses aussagebereiten Zeugen verworren. Er gibt immer nur so viel zu, wie man ihm beweisen kann.

Aufruhr im Gasthof zur Post

Hinter dem Kirchenpingärtner Pfarrhaus gab es damals am Kirchweg noch ein weiteres Wirtshaus, den Gasthof „Zur Post". Betreiber waren der Wirt XAVER KÄSS und

[26] Diese seltsame Begebenheit führt zu einer weiteren verdrängten Phase der Weidenberger Geschichte unmittelbar nach dem Zweiten Weltkrieg, der Entstehung und den Konflikten der jungen Parteiendemokratie am Marktort. Sie wird in der 6. Folge des Projektes „MYRTEN FÜR DORNEN – Untergehen und Aufstehen" ab S. 261 ausführlich behandelt.

Einziger Briefkasten und einziges Telefon im Ort:
Wirtshaus zur Post neben der Kirche

seine Frau. Xavers Vater war der urige Bauer, Gastwirt, Musiker und Komponist JOHANN KÄSS. Er hatte das Anwesen, das vorher das Pfarrhaus war, im Jahr 1874 erworben und das Schankrecht der ehemaligen Wirtschaft „Löwe", die früher gleich neben der Kirche war, hierhin übertragen lassen. Der Sohn war in die Fußstapfen des Vaters getreten, er war mit Leib und Seele Musiker. Am Wochenende war er mit seiner Kapelle häufig zwischen der Oberpfalz und Oberfranken unterwegs. Auch leitete er den Kirchenchor in Kirchenpingarten.[27]

Neben dem Eingang zur Wirtschaft war der Postbriefkasten des Ortes angebracht. Im Haus war eine kleine Poststelle eingerichtet, und im Nebenraum stand das einzige Telefon des Ortes. Die Tochter der Wirtsleute, MINNA, versorgte damals die Poststelle mit. Sie ist an diesem Abend bereits zeitig zu Bett gegangen. Von dem folgenden Aufruhr kriegt sie aber einiges durch das angelehnte Fenster mit.

Auch der Bauer ALOIS PH. aus Reislas hat sich unmittelbar nach Abschluss der Wahlhandlung zu diesem Gasthaus Post auf den Weg gemacht. Auffälliges war ihm aber unterwegs zu dem frühen Zeitpunkt dieses aufregenden Abends noch nicht begegnet. Als er den kleinen Schankraum betritt, findet er das Lokal an den drei Tischen bereits fast vollständig besetzt.

Am hinteren Tisch erkennt er den jungen Kirchenpingärtner Kaplan ALOIS WINTER, mit Blondschopf und dem typischen Kollar um den Hals. Dieser weiße, ringförmige Stehkragen weist ihn als Angehöriger des geistlichen Standes der Kirche aus und wird damals von vielen katholischen Geistlichen als Erkennungszeichen auch außerhalb des Dienstes getragen. Die runde Nickelbrille lässt den Kaplan sympathisch, aber auch ein bisschen pennälerhaft erscheinen.

WINTER ist mit zwei weiteren Männern ins Kartenspiel vertieft. PHILIPP nimmt den Stuhl direkt neben dem Kaplan und macht nach einer Weile beim Kartenspiel mit.
An einem der beiden vorderen Tische sitzt Schillers Werkmeister KONRAD E. Er spielt ebenfalls Karten und hat dabei als Partner die Bauern ALOIS B. aus FLINSBERG und

---

[27] Vergl. zu dieser Musikerfamilie das entsprechende Kapitel im Buch „SPURENSUCHE FRANKENPFALZ" desselben Verfassers: *„Volksmusik an der Grenze zwischen Franken und Bayern im 19. und 20. Jh"*., S. 209 ff..

Wirt und Musiker: XAVER KÄSS mit Frau

KARL KÄSS aus REISLAS. KÄSS wird nach dem Krieg in REISLAS zum Bürgermeister gewählt werden.

Am dritten Tisch hat der 65-jährige JOSEF W. Platz genommen. Er ist nicht nur Bauer, sondern auch Militärmusiker, Kapellmeister und Leiter einer Volksmusikkapelle. Seit dem Jahr 1933 ist er Parteigenosse und amtiert als Bürgermeister in REISLAS. Bei ihm sitzen der 48-jährige Kirchenpingärtner Landwirt JOHANN R., der nicht in der Partei ist, sowie der schon genannte Kirchenpingärtner Bürgermeister JOSEF SCHERM.

Bürgermeister SCHERM wirkt zu diesem Zeitpunkt nervös und fahrig. Vom Nebenzimmer aus hat er telefonisch das Wahlergebnis nach WEIDENBERG durchgegeben. Er hat es auch an die Kreisleitung und an die Zeitung gemeldet. Immer wieder wird er in den folgenden Stunden an den Apparat gerufen, um Auskunft zu geben über die Wahl und ihre Peinlichkeiten.

Musiker und Bürgermeister in Nöten: JOSEF SCHERM

So ist er mit seinen Gedanken auch gar nicht bei den Leuten in der Wirtschaft. Er kriegt nicht einmal mit, dass Kaplan WINTER anwesend ist, und er nimmt auch die folgenden Ereignisse eher wie durch einen Schleier wahr. Zu sehr lastet auf seinen Schultern das Versagen bei dieser Wahl. Im Geist sieht er 70 Millionen anklagende Augenpaare aus dem ganzen Großdeutschen Reich auf KIRCHENPINGARTEN gerichtet.

Wie auch die anderen im Raum hört er plötzlich von draußen lautes Rufen und sieht, wie die Tür aufspringt und drei erregte Männer hereinstürzen. Scherms Blick fällt sofort auf die blasse schmächtige Gestalt Rumlers, dessen Uniform über den schmalen hängenden Schultern immer eine Nummer zu groß wirkt und dessen blaue Augen hinter den runden Brillengläsern bedrohlich funkeln.

Dass der Gendarm WAGNER und der Granitwerkbesitzer SCHILLER die beiden anderen Herren sind, die mit RUMLER den Raum betreten, nimmt er nur schemenhaft wahr. Ihm entgeht auch, dass sich mit weiteren Männern noch der zweite Gendarm BÄR und einige aus dem Pulk der SA-Leute hereindrängen. Auch das laute Rufen, das die anderen im Raum und aus dem offenen Gang wahrnehmen, kann er später nicht bezeugen. Vielleicht sei er zu dieser Zeit gerade am Telefon gewesen, gibt er zu bedenken.

Wenn Schimpfworte „gerichtsmassig" werden

Werkmeister ENGELBRECHT am vorderen Tisch erinnert sich später nur, dass der Lehrer AUGUST K., der mittlere der drei Brüder aus dem Autohaus, ins Gasthaus gekommen sei und gerufen habe: *„Raus! Alles muss mit."* K. war ja SA-Mann und Obertruppführer beim Weidenberger NSKK. Er hatte sich inzwischen mit einigen seiner SA-Leute in den kleinen Raum gedrängt.

Darüber hinaus hören einige andere auch die Worte *„Verräter und Lumpen"*. Diese Worte stehen dann irgendwo im Raum. Nach dem Krieg, ab dem Jahr 1946, greift die oben schon erwähnte, wenige Monate zuvor neu gegründete Weidenberger CSU-Ortsgruppe diese Worte für ihren Wahlkampf gegen die SPD auf. Sie schiebt sie SCHILLER in den Mund, der in den ersten Nachkriegsjahren der SPD-Spitzenmann ist. Immer wieder strengt sie Klagen gegen SCHILLER an. Sie will ihn in Spruchkammerverfahren als Nazi-Aktivisten belasten. Auf unanfechtbare Zeugenaussagen kann sie sich dabei aber nicht berufen.

So bezeugt zwar der Reislaser KARL K., es seien diese Hereinkommenden gewesen, die über den Ausgang der Wahl geschimpft und mit Bezug auf Herrn Kaplan WINTER gerufen hätten: *„Da sitzen die Verräter."* Er könne aber nicht mit Bestimmtheit sagen, wer diesen Ausspruch getan habe. Er tippt bei einer späteren Befragung wegen der Stimme am ehesten auf AUGUST K.; es könnte aber auch SCHILLER gewesen sein.

Der Reislaser ALOIS PH. will die gleichen Worte gehört haben und betont ebenfalls, damit sei Kaplan WINTER gemeint gewesen; er ist sich aber über die Person des Rufers nicht sicher und gibt später an, dass die Rufe wohl nicht von SCHILLER, sondern eher von einer Person gekommen seien, die draußen im Gang war. Alles sei aber so furchtbar schnell vor sich gegangen, dass er nicht sagen könne, wer dieser Äußerung gebraucht habe.

Auch Gastwirt XAVER KÄS und Kaplan WINTER bekräftigen später, dass Schimpfworte wie *„Lump"* oder *„Verräter"* im Gasthaus gefallen seien, können sie aber nicht bestimmten Personen zuordnen.

Der Propagandaleiter und Gendarm WAGNER bestätigt, dass im Gastzimmer der

Wirtschaft KÄSS *„einige Wörter gegenseitig gewechselt“* wurden, kann sich aber an Inhalte gar nicht erinnern und auch nicht, ob SCHILLER die fragliche Äußerung *„Da sind ja die Lumpen!“* getan habe.

So ist der Ortsgruppenleiter RUMLER schließlich der einzige, der sich bei seinen späteren Vernehmungen nach dem Jahr 1947 auf SCHILLER versteift. Er behauptet: *„Es ist mir gut erinnerlich, dass Schiller den Ausdruck gebrauchte: ‚Da sitzt er ja, der Lump‘; gemeint war Kaplan Winter“.*

Dabei hat RUMLER 1946 beim ersten Verhör in HAMMELBURG seinem alten Rivalen SCHILLER noch bescheinigt, dass dieser hier in KIRCHENPINGARTEN *„nicht weiter in Erscheinung getreten“* sei. Erst mit der fortschreitenden Wahlschlacht der politischen Parteien im Jahr 1947 in WEIDENBERG, legt sich RUMLER immer mehr darauf fest, SCHILLER als Aktivisten darzustellen. Inzwischen war in WEIDENBERG der undurchsichtige Leipziger Kaufmann ARNO WASSERZIEHR CSU-Vorsitzender geworden. Er befeuert die Fehde zwischen CSU und Schiller und benutzt den ehemaligen Ortsgruppenleiter als hochwillkommenes Werkzeug.

RUMLER kommt dieser Feldzug gegen seinen Dauerrivalen SCHILLER sehr gelegen. Er stempelt ihn für diesen Abend auch zum Urheber der aggressiven Beschimpfung gegen Kaplan WINTER. Über die genaue Ausdrucksweise will er sich aber nicht festlegen. Es könne auch so ähnlich gelautet haben wie: *„Hier sitzen die Lumpen und Verräter“,* so erklärt er bei einer anderen Vernehmung im Jahr 1948.

Immer wieder tauchen in den Spruchkammerverhandlungen weitere Zeugennamen auf, so auch der anwesende Gast GL., der schon den Weidenberger Kaufmann F. auf die „Kundgebung“ in Kirchenpingarten aufmerksam gemacht hat. Jeder stellt den Verlauf des Abends in diesem Gasthaus anders dar. Schließlich gibt es die Spruchkammer auf, herauszufinden, wer die aggressiven Schimpfworte gegen den Kaplan wirklich gebraucht hat, die doch von so vielen gehört worden sind. Resignierend stellt das Gericht im Jahr 1947 aufgrund der Aktenlage fest, *„dass in Kirchenpingarten ein allgemeines Durcheinander herrschte, selbst die SA ohne Führung war, dies bestätigt auch Truppführer Freytag. Mit anderen Worten: Jeder machte, was er wollte.“*

Rumler: „Die Untersuchung gegen den Kaplan habe ich geführt“

Ortsgruppenleiter RUMLER meint freilich rückschauend, das Heft stets fest in der Hand gehabt zu haben. Zugleich weigert er sich aber, seine Verantwortung einzugestehen. Er beschreibt den weiteren Verlauf dann so: *„Ich habe Dekan [hier meint er ‚Kaplan‘] Winter gebeten, mit ins Wahllokal zu gehen. Wagner und Schiller haben sich angeschlossen.“*

Auch Karl K. bestätigt: *„Rumler war der Wortführer“.* Er habe im Laufe der

Unterhaltung den Kirchenpingärtner Bürgermeister SCHERM aufgefordert: *„Sie gehen mit ins Wahllokal!"* Kaplan WINTER sei ebenfalls durch RUMLER aufgefordert worden: *„Und sie kommen mit, Herrn Pfarrer."* Darauf hätten alle Gäste das Lokal verlassen.

Sowohl der Bauer PH., der ja direkt neben Kaplan WINTER saß, als auch der Reislaser Bürgermeister WÖHRL haben freilich vom Fortgang eine etwas andere Erinnerung. Es sei Kommissär WAGNER gewesen, der auf einmal zu WINTER gekommen sei. Er habe ihn angeschaut und gesagt: *„Herr Pfarrer, kommen Sie heraus"*, worauf WINTER erklärt habe: *„Ich bin nicht der Herr Pfarrer, sondern der Herr Kaplan"*. Darauf habe WAGNER etwas entnervt erwidert: *„Und gerade Sie sind es! Kommen Sie sofort mit"*.

Kaplan WINTER und Bürgermeister SCHERM fügen sich der Aufforderung ohne Widerstand. Fast fluchtartig verlässt dann die übrige Nazi-Meute die Wirtschaft, auch die Gäste folgen ihnen. Nach wenigen Minuten ist das ganze Gastzimmer leer. Einige, wie Bürgermeister WÖHRL, gehen sogar durch die Küche hinaus. WÖHRL ist besorgt, was man mit Kaplan WINTER wohl machen würde. Draußen packt er PH. am Ärmel und sagt: *„Du kommst auch mit, wir wollen sehen, was die vorhaben."*

Draußen ist alles voll erregter Leute. Den ganzen Kirchweg hinauf bis über die Kreuzung zur Hauptstraße wimmelt es von Uniformierten und Neugierigen. Wie Trauben hängen etliche an der Tür des benachbarten Pfarrhauses und an den Fenstern. Kaplan WINTER nimmt aus dem Augenwinkel wahr, wie ein Haufen von SA-Leuten am Pfarrhof wie wild an der Türglocke reißt. Laute Rufe schallen aus der Menge: *„Heraus mit den Verrätern!"*

Auf ihrem kurzen Weg auf die andere Straßenseite wird die Gruppe von den SA-Leuten angepöbelt und beschimpft: *„Da sind die Pfaffen, die sind daran schuld"*. Es herrscht eine bedrohliche Stimmung.

WÖHRL drängt sich mit PH. durch die Meute zum Schulhaus gegenüber. Hier hat die örtliche NSDAP im Erdgeschoss ihre Parteiräume eingerichtet. Die Wahl hat an diesem Tag im ehemaligen Schulsaal im Obergeschoss stattgefunden. Daneben ist ein Vorzimmer, das ebenfalls die Partei nutzt. Hier stehen der Schreibtisch des Bürgermeisters und einige Tische und Stühle für Sitzungen.

Der frankenpfälzer Ortsgruppenleiter und Bürgermeister von Tressau, BUSCH, ist Rumlers Weisung entsprechend direkt von der Gaststätte WILDENAUER hierhergekommen ist, er wartet schon an der Schule. Bürgermeister SCHERM wird durch die Menge nach vorn geschoben, er soll auf Rumlers Weisung das Schulhaus aufschließen. Dann schubsen sie WINTER durch den Flur die Treppe hoch in das „Parteizimmer". Mit RUMLER und Gendarm WAGNER zusammen drängen sich auch SCHILLER und Lehrer AUGUST K. hinein. Auch SCHERM, BUSCH und WÖHRL sind bei der geplanten Vernehmung der Geistlichen dabei.

Währenddessen quetscht sich draußen KARL K. durch die brodelnde Menge zwischen Kirche und Pfarrhaus und macht neugierig *„einen Rundgang über den Aufstellungsplatz“*, wie er seine Exkursion nennt. Er sieht die Leute sich vor dem Pfarrhaus drängen und hört im Vorbeigehen einen SA Mann schreien: *„Heute werden 38 aufgehängt“!* Damit spielte der Mann auf die Zahl der Nichtwähler in Kirchenpingarten an.

Auch Mühlenbesitzer F. befindet sich in der Menge. Er streut später verbale Nebelkerzen und gibt an, dass er sich von Anfang bis Ende in unmittelbarer Nähe beim Pfarrhaus aufgehalten habe. Die „größere Menge Leute“ habe lebhaft über die vielen Nein-Stimmen debattiert. Er habe sprechen hören, dass der Pfarrer durch seinen jungen Männer- und Mädelbund die Wahl beeinflusst habe; dadurch sei die Menge „missgestimmt“. Von Drohungen will er aber nichts gehört und von den Ausschreitungen gegen Pfarrhaus und Pfarrer auch nichts gesehen haben. Er will wohl seine Parteigenossen nicht nachträglich anschwärzen.

K. bahnt sich den Weg wieder zurück durch die aufgeregte Menge und wendet sich dem alten Schulhaus hinter der Kirche zu, um in der Menge seine „Kollegen“ zu suchen. Er findet PH. und einige andere im Dunkel des engen Treppenflurs zum Wahllokal. Nur das Vernehmungszimmer ist beleuchtet, die Tür aber ist die meiste Zeit geschlossen, von draußen ist nichts weiter zu sehen.

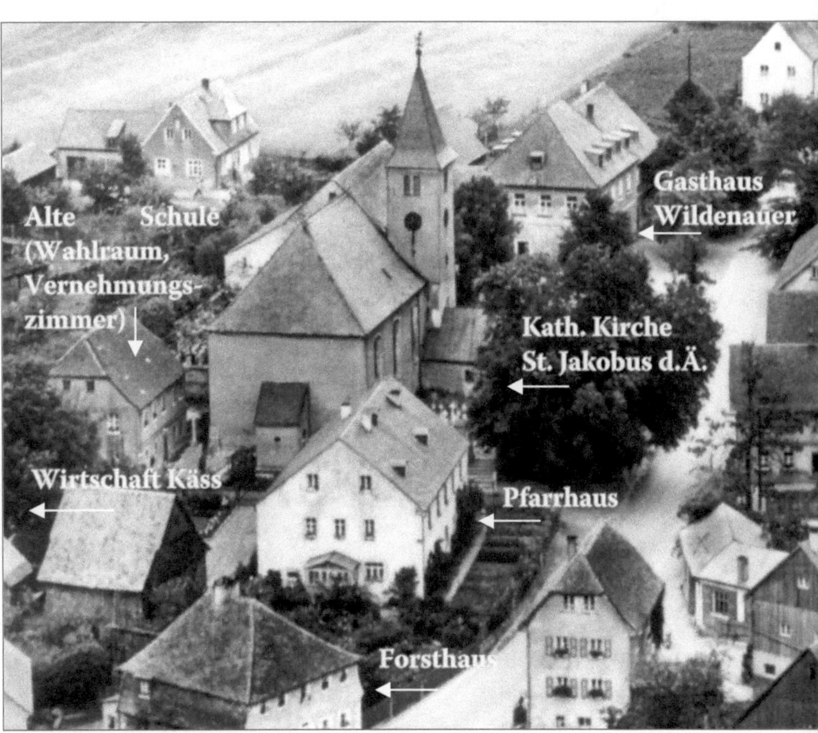

Der Ort des Überfalls, die Ortsmitte von Kirchenpingarten:
Hinter der Kirche halbrechts Gasthof Wildenauer. Links neben der Kirche die Schule mit dem Wahllokal und Parteizimmer. Vor der Kirche an der Straße das Pfarrhaus. Links von der Pfarrscheune Käss‘ Gasthof Post (nicht im Bild)

Drinnen hat sich derweil RUMLER ohne

Umschweife an den Schreibtisch des Bürgermeisters gesetzt. Er will deutlich machen, wer der eigentliche Herr im Haus ist. Wie er auch später selbst zugibt, führt er die Untersuchung selbst.

Den Kaplan haben sie inzwischen hereingezerrt. Sie stellen ihn RUMLER gegenüber, wie einen Angeklagten seinem Richter. Der Gendarm hat sich neben dem Ortsgruppenleiter aufgepflanzt. Die drei Bürgermeister sowie Lehrer K. stehen jeweils seitlich. Auch der Weidenberger Kaufmann und Parteigenosse Fritz F. schaut mal kurz in das Vernehmungszimmer, verschwindet aber bald wieder. Ihm ist die ganze Sache nicht geheuer.

Was will Schiller bei der Vernehmung?

Mysteriös beim Verhör beteiligt: Fabrikant CHRISTIAN SCHILLER (1938)

Neben RUMLER hat sich SCHILLER niedergelassen. Er hat einen Stenogrammblock und Bleistifte gezückt, die er, aus welchem Grund auch immer, dabeihat. Er macht sich während der Verhandlung immer wieder Notizen und beteiligt sich auch am Verhör.

RUMLER wird später beteuern, dass er SCHILLER keinen Auftrag gegeben und seine Anwesenheit als große Vorwitzigkeit aufgefasst habe. Des Raumes verweisen wollte er ihn allerdings auch nicht. Denn nach seiner Meinung habe es sich bei der ganzen KIRCHENPINGARTEN-Aktion um eine „kleine Demonstration“ der Bürger gehandelt, und so habe sich eigentlich auch das Verhör „in halber Öffentlichkeit abgespielt, es war niemandem verboten einzutreten.“

SCHILLER war ein guter Stenograf. Er hatte seine Kenntnisse wohl auf der Bayreuther Handelsschule erworben und konnte sie auch später nutzen, als er im Krieg zum Militär eingezogen war. So saß er dann z.B. im Sommer 1944 als Unteroffizier in einer Schreibstube der Generalität in NÜRNBERG und musste deshalb nicht mehr an die Front. Dort erlebte er örtliche Vorbereitungen von Widerständlern zum Attentat am 20. Juli 1944 mit und beteiligte sich an der Weitergabe von vertraulichen Informationen. Nach eigenen Angaben befürchtete er daraufhin, zu den Mitverschwörern des Attentats auf HITLER gerechnet zu werden, er blieb aber unbehelligt.

Seltsamerweise hat niemand SCHILLER später nach seinen Notizen von der KIRCHENPINGARTEN-Aktion gefragt. Ob er sie irgendwann einmal mit Schreibmaschine übertragen und jemandem zur Information angeboten hat, ist unbekannt. Die Aufzeichnungen sind leider verschollen. So bleibt auch die Absicht dieser Notizen völlig unklar, wie überhaupt Schillers Anwesenheit in KIRCHENPINGARTEN und seine Rolle beim Verhör der Pfarrer rätselhaft bleiben.

SCHILLER selbst sah das damals anders. Er will von Propagandaleiter WAGNER den Auftrag erhalten zu haben, festzustellen, „woher die vielen Nein-Stimmen kamen", deshalb sei er nach KIRCHENPINGARTEN gefahren. Von einem solchen Auftrag an SCHILLER will aber außer ihm selbst niemand sonst gewusst haben. Deshalb fassen viele seine damalige Anwesenheit auch als reine Wichtigtuerei auf.

Einige Zeugen von damals betrachteten Schillers kaum erklärbaren Aktionismus als Geltungsstreben eines Geschäftsmannes, der zwar Geld hat, aber als später Pg. seit 1937 nur als Trittbrettfahrer gilt und insofern abhängig ist von der herrschenden Nomenklatura; das Sagen haben die anderen. So sei sein Verhalten auch in der Verfolgung geschäftlicher Interessen für seine Grabsteine begründet gewesen, so sagen manche. Wieder andere reden von Sensationsgier, beobachten aber andererseits bei SCHILLER keine Aggressivität. Auch habe der Kirchenpingärtner Pfarrer GEIGER mit ihm später weiter einen normalen Umgang gepflogen, ihm also wohl nichts vorzuwerfen gehabt.

Anderen, wie dem Mühlenbesitzer F. oder dem SA-Truppführer F., die sich überwiegend draußen aufgehalten haben, ist SCHILLER sogar überhaupt nicht aufgefallen.

Natürlich könnte es Schillers Anliegen gewesen sein, die Geistlichen zu schützen und die Vernehmung kritisch zu beobachten. So hat er ja im Nachhinein schon seine erste Fahrt nach KIRCHENPINGARTEN an diesem Tag damit begründet: Er habe den Pfarrer warnen wollen. Dann ist das sicher eine interessante „Widerstandshandlung", die aber leider außer ihm selbst niemandem weiter aufgefallen ist. Es nimmt auch Wunder, dass SCHILLER diese Einlassung dann bei seiner Selbstverteidigung in den Spruchkammerverfahren nur schemenhaft herausarbeitet und nicht weiter darauf insistiert.

RUMLER gar will Schillers Anwesenheit überhaupt erst bemerkt haben, als sie ins Gasthaus KÄSS eingetreten seien. Doch sind seine Aussagen an diesem Punkt extrem widersprüchlich, denn bei anderer Gelegenheit behauptet er, *„von Schiller in Ortsmitte empfangen"* worden zu sein. Und auch in der Gaststätte WILDENAUER war SCHILLER ja schon dabei. Sollte ihn RUMLER dort übersehen haben? Insgesamt erklärten sich RUMLER und Genossen *„über seine Teilnahme verwundert"* und betrachteten ihn während der ganzen Zeit eher *„als das fünfte Rad am Wagen"*.

Umso mehr mag erstaunen, wie RUMLER dann später aus Anlass des Nachkriegswahlkampfes 1947/48 den Spieß völlig umdreht und nun SCHILLER vor der Spruchkammer zu einem Hauptaktivisten machen will. Dabei behauptet RUMLER dann auch, dass sich bei der *„Einvernahme des Kaplan Winter im Gemeindezimmer, um den*

Sachverhalt des dortigen Wahlereignisses festzustellen", auch CHRISTIAN SCHILLER *„an der Fragestellung und Klärung dieser Angelegenheit"* beteiligt habe. Auch Kaplan WINTER bestätigt diese Rolle Schillers; er hat Schillers Beteiligung nicht als „Verteidiger" wahrgenommen, sondern als „Verhörenden" und als „Protokollführer".

Die Spruchkammer widerspricht allerdings in der späteren Verhandlung Rumlers Attacke und nimmt SCHILLER wohlmeinend in Schutz; sein Handeln sei *„von der gleichen Erwägung, nämlich Unheil abzuwenden, geleitet gewesen, von der Rumler und Genossen angeblich ausgegangen sind"*.

Ein aufrechter und unerschrockener Kaplan

Ortsgruppenleiter RUMLER ergreift an diesem ereignisreichen Abend im Vernehmungszimmer in der Kirchenpingärtner Schule das Wort. Voll Zorn und mit grimmigem Blick brandmarkt er das Kirchenpingärtner Wahlergebnis als eine *„große Schande"*. Dann fragt er Kaplan WINTER, ob er etwas über den Ausgang der Wahl sagen könne. Man wolle den Grund für die vielen Nein-Stimmen herausbekommen. Nach Beobachtung von WINTER *„lief die Tendenz anscheinend darauf hinaus, die beiden Pfarrer von Kirchenpingarten sollten schuld sein an den 38 Neinstimmen."* Man fragte WINTER auch direkt, ob er die Leute beeinflusst und so das Abstimmungsergebnis mit hervorgerufen habe. WINTER erklärt, er habe nichts dafür und nichts dagegen getan, weil den Geistlichen die Politik verboten sei.

Ein freimütiger Kaplan:
ALOIS WINTER

Damit bezog sich der Kaplan auf Hitlers Reichskonkordat mit der römisch-katholischen Kirche vom Jahr 1933, bei dem HITLER der Kirche seinen Schutz und die Kirche ihrerseits HITLER ihre Zurückhaltung in der Politik zugesichert hatten. WINTER meinte, seine Ankläger sollten die Leute selber befragen, die seine Predigten gehört hätten, und die Jugend, die er in der Glaubensstunde hätte.

Auch KARL K., der mit den anderen draußen lauschte, bestätigt, dass sie in dieser Phase durch die hin und wieder geöffnete Tür abgerissene Sätze der Vernehmung gehört hätten. So habe Kaplan WINTER gesagt: „Uns ist Politik verboten, und wir äußern uns darüber nicht auf der Kanzel". Die drei im Raum anwesenden Frankenpfälzer Bürgermeister SCHERM, BUSCH und WÖHRL, die ja regelmäßig den Gottesdienst in KIRCHENPINGARTEN besuchten, bestätigen, dass ihre Pfarrer sich auf der Kanzel politisch zurückgehalten und in der Predigt nichts gesagt hätten, was die Neinstimmen hätte verursachen können. Daraufhin wird WINTER von RUMLER und SCHILLER grob angefahren, diese Einstellung zum NS-Staat sei zu wenig.

Als SCHILLER dann den Kaplan offen nach seinem persönlichen Abstimmungsverhalten fragt, ob er mit "Ja" oder "Nein" gestimmt habe, weicht WINTER aus, will aber *„Schiller auf den Glauben"* bringen, er hätte mit ‚Ja' gestimmt. Nach der Beobachtung von Kaplan WINTER macht sich SCHILLER bei dieser Antwort wieder Notizen.

SCHILLER erweckt nach Winters Erinnerung überhaupt den Eindruck, an dem ganzen Vorgang interessiert zu sein; er habe für HITLER Partei ergriffen und gegenüber WINTER betont, *„nicht verstehen zu können, wie man diesem Manne [Hitler] seine Stimme versagen könne, da er ja allen wieder Arbeit und Brot verschafft habe"*. Diese Aussage wird freilich von der Kammer später als bloße Phrase gewertet. SCHILLER sei zu keiner Zeit Nazist gewesen.

Gefragt zu der Ursache für die Neinstimmen weist WINTER auf die religiöse Einstellung der Frankenpfälzer hin und auf die als Skandal empfundene Beschlagnahme der Fahne des Jungfrauenvereins. Die Herausgabe dieser Fahne einige Tage vor der Wahl habe gleichsam als Köder dienen sollen für die erbitterten Vereinsmitglieder.

Die Vernehmung Winters dauert ungefähr eine halbe Stunde. Selten erhebt einer der Beteiligten die Stimme über normale Lautstärke: So sind die draußen Lauschenden über den Verlauf der Vernehmung nur wenig im Bilde. Alles scheint in „gelassenen und humanen Formen" vor sich zu gehen. Nur einmal hören sie, wie jemand wütend brüllt: *„Wir werden den Saupfarrern schon helfen"*. Sie sind drinnen offenbar mit dem Ergebnis der Vernehmung nicht zufrieden.

PH. draußen im Flur erkundigt sich bei den Umstehenden im Dunkel, wer diese aggressive Äußerung gebraucht habe. Man ist sich einig, es ist Lehrer K. Dieser will später davon aber nichts mehr wissen,

Offenbar waren sie draußen bei ihrer Unterhaltung etwas zu laut, denn auf einmal kommt Gendarm WAGNER heraus, und als er PH. sieht, fährt er ihn im Befehlston an: *„Sie, Herr Philipp, Sie schauen, dass Sie hinauskommen!"*

So warten sie also draußen, bis die Verhandlung gegen Kaplan WINTER zu Ende ist. Nun soll Winters Vorgesetzter, Pfarrer GEIGER, geholt werden. Kaplan WINTER bietet als vertrauensbildende Maßnahme an, persönlich dem Pfarrer diese Bitte zu überbringen. Ihn hat eine aggressive Bemerkung Rumlers sehr verstört, nach der es *„nur eines Wortes"* von RUMLER bedürfte, *„dann wären uns die Fenster des Pfarrhofes eingeflogen"*. So hält es WINTER *„für ratsam, selbst zum Pfarrhof zu gehen und Herrn Pfarrer Geiger zu bewegen, auch zum Verhör zu kommen."* Inzwischen ist es draußen ganz finster.

Natürlich war es ein geschickter Schachzug von RUMLER gewesen, die ganze Aktion dadurch zu „versachlichen“, dass er die Geistlichen, die das Volk als Sündenböcke beschuldigt hatte, vor Zeugen verhörte. Aber dieses Handeln war auch nicht ohne Risiko. Denn der Gendarm war ja im Raum beim Verhör beteiligt, die Menge draußen war in dieser Zeit ohne polizeiliche Aufsicht. Vom mitgeführten zweiten Gendarmen BÄR hört und sieht man die ganze Zeit nichts. Er scheint wie vom Erdboden verschluckt.

Die SA-Terrier zerren an der Leine

Und so ist eigentlich die einzige Führungsfigur draußen bei dem aufgebrachten Haufen der Truppführer F. Er ist aber zu schwach, um seinen Trupp im Griff zu behalten. Auch treibt ihn seine Neugier selbst immer wieder in die Schule, um einige Fetzen von der Vernehmung zu erhaschen, anstatt sich draußen um seine Leute zu kümmern.

Eigene Rolle vertuscht: Lehrer AUGUST K.

Auch SA-Mann AUGUST K., für den nach späterer Aussage seines Rechtsanwalts *„Disziplin und Manneszucht ... stets hohe Tugenden“* waren, hatte, anstatt nach den Männern zu sehen, lieber im molligen Wirtshaus und dann im Vernehmungszimmer nach dem Rechten gesehen und sich mit seinen aggressiven Zwischenrufen eingebracht. Ihm gelingt es gleichwohl später vor Gericht, sich aus jeder Schusslinie zu bringen. So tat eben jeder Beteiligte damals in KIRCHENPINGARTEN wirklich, was er wollte, wie die Spruchkammer mit Recht kritisch bemerkte. Wie leicht hätte die Wut eskalieren und zu einer Handlung von Lynchjustiz führen können!

So hatte Mühlenbesitzer F. ja mit Sorge beobachtet, wie die Leute schon nach dem Absteigen von den Fahrzeugen nicht den Befehl von RUMLER und Truppführer F. beachtet hatten, sich zu ordnen und in Kolonne zu marschieren. Sie waren vielmehr in ungeordneten Haufen in die Ortschaft hineingebrochen und sofort in Richtung Pfarrhaus geströmt. Zwar hatten sie dort anfangs noch einen respektvollen Abstand von 50-60 m vom Pfarrhaus gehalten und ihrem Ärger zunächst nur in Sprechchören Luft gemacht. Sie hatten Sätze skandiert, wie: *„Heraus mit euch Nein-Wählern“*, oder: *„Ihr Nein-Wähler, schämt euch“*, und dergleichen.

Aber schon bald hatten sich einige SA Leute auch an der Haustür zu schaffen gemacht. Sie hatten versucht, sie gewaltsam zu öffnen. Doch die schwere Eichentür hatte zum Glück ihrem Andringen widerstanden. Umso wilder hatten sie danach begonnen, immer wieder am Griff der Hausglocke zu zerren. Andere hatten wiederholt mit ihren Stiefeln gegen die Tür getreten und sich am Echo begeistert, das ihre Tritte im leeren Hausflur auslösten.

Es habe auch eine Reaktion aus dem Pfarrhaus gegeben, erinnert sich F. Zuerst habe die Köchin herausgeschaut, sie sei dann aber gleich wieder verschwunden. Nach einiger Zeit sei dann der Pfarrer ans Fenster gegangen. Er habe etwas zu den versammelten Leuten gesagt, was F. aber nicht verstanden habe. Die Stimmung war also in jedem Fall äußerst angeheizt und gefährlich.

Dass RUMLER inzwischen in den Gasthäusern WILDENAUER und KÄSS nach den Geistlichen gesucht hatte und mit Kaplan WINTER in der Schule verschwunden war, hatten viele wohl mitbekommen. Aber ob das wohl ausreichte, um die Leute zu beruhigen? Inzwischen war ja etwa eine Stunde vergangen. Und es war nicht nur finster, sondern auch eiskalt draußen. Irgendetwas musste doch heute noch passieren!

Gendarm WAGNER ist deshalb auch nicht ganz wohl, als er mit dem Kaplan aus dem Schulhaus ins Freie tritt. Er bietet dem jungen Geistlichen vorsorglich seinen Schutz an, doch WINTER weist dieses Angebot stolz zurück. Er hat keine Angst vor der Menge. Bürgermeister SCHERM, der diese Szene beobachtet, ist ein bisschen stolz auf „seinen" jungen Geistlichen, während er beim Auftritt des schon einige Jahre älteren Pfarrers GEIGER später deutliche Anzeichen von Angst zu erkennen meint.

So verteilt SCHERM später bei der Vernehmung auch klar seine Sympathien und betont: *„Kaplan Winter ging als furchtloser Mann ohne Schutz aus dem Wahllokal, wohingegen Pfarrer Geiger unter dem Schutze des SA-Führers Freytag zurückbegleitet wurde."*

2. Die Todesängste eines Pfarrers

Ein erklärter Nazi-Gegner, der sich alleingelassen fühlt

Der damals 49-jährige Pfarrer MICHAEL GEIGER wirkte stets ein bisschen verschlossener und verbohrter als sein junger Kaplan WINTER. Er ist zu dieser Zeit seit zwei Jahren Pfarrer dieser Gemeinde.

Wie sein Amtsvorgänger, der leutselige ALOIS WEBER, ist auch GEIGER ein erklärter Gegner des Nationalsozialismus. Er führt den von WEBER begonnen Widerstand auf seine sehr persönliche Weise fort. In seiner Art ist er überaus ernsthaft, aber bisweilen auch spontan und unbesonnen. Unter Inkaufnahme persönlicher Opfer will er seine Gemeinde in dieser moralisch umkämpften Zeit geistlich stabilisieren.

Deshalb unterstützt GEIGER nicht nur die bestehende Marianische Jungfrauenkongregation und den Burschenverein bei ihrer Weiterarbeit trotz des Vereinsverbots und der Pressionen durch die Nazis, sondern er legt in diesem Jahr 1938, wie schon

Unpolitisch, wütend und hitlerkritisch: Pfarrer: MICHAEL GEIGER

geschildert, auch den Grund für die bekennende Gruppe junger Männer, die „Marianische Männerkongregation". Unter dem Patrozinium des charismatischen Paters RUPERT MAYER soll sich diese geistliche Gemeinschaft dem Kampf gegen den Hitlerismus stellen. Die hitlerkritische Haltung ihres Pfarrers haben sicher viele Gemeindeglieder der Frankenpfalz für sich selbst damals als Stärkung empfunden.

Aber trotz seiner antinazistischen Einstellung fühlt sich Pfarrer GEIGER an dem auffallenden Kirchenpingärtner Wahlergebnis persönlich unschuldig. Anders als seine ebenfalls hitlerkritischen evangelischen Kollegen im Bayreuther Land, WOLFGANG NIEDERSTRAßER in Warmensteinach, WALTER SEILER in Emtmannsberg, FRIEDRICH SEGGEL in Mistelgau oder die Pfarrer FRIEDRICH BUCKEL und THEODOR DIEGRITZ in Gesees, hat er auch keine „politischen" Predigten gehalten.

GEIGER weiß aber von den Berichten betroffener Kollegen bei den bisherigen Plebisziten Hitlers, die gezeigt haben, wie schnell jede Abweichung von den geforderten 100% an Zustimmung sofort den Pfarrern angelastet wird. Diese kirchenverächtliche Stimmung hat sich inzwischen wie eine Hysterie über fast das ganze Volk ausgebreitet. So fühlt sich GEIGER, wie viele andere bekennende Geistliche seiner Zeit, ob katholisch oder evangelisch, in seinem Handeln auf sich allein gestellt.

Er hat sich deshalb auch, ob vorausschauend oder unbewusst, an diesem 10. April 1938 nach Bekanntwerden des Wahlergebnisses in sein Pfarrhaus eingeschlossen, während sein unbekümmerter Adlatus WINTER ins Wirtshaus gegangen war, um dort sorglos öffentlich Karten zu spielen.

Die treueste Seele, die Pfarrer GEIGER in dieser brenzlichen Situation hat, ist die anhängliche 49-jährige BABETTE WERZINGER. Sie betreut seinen Haushalt, und sie wird ihm nach dem Krieg auch nach OBERVIEHBACH bei Dingolfing/Niederbayern als Haushälterin folgen. Bis zu seinem allzu frühen Tod im Jahr 1947 wird sie ihn umhegen und pflegen.

Den Überfall an diesem Abend im Jahr 1938 auf Pfarrer GEIGER hat auch sie selbst als lebensbedrohlich empfunden. Sie widerspricht deshalb vehement den späteren Versuchen aller Beteiligten, dieses aggressive „Event" zu einer bloßen „Demonstration" herunterspielen, wie die einhellige Sprachregelung der Täter für ihren Überfall lautete. Andererseits schert sie die Aktionen der mitwirkenden Parteigenossen und Funktionsträger nicht alle über einen Kamm. Vielmehr macht sie über die einzelnen Beteiligten doch sehr differenzierte und vielsagende Beobachtungen.

Über den an sich autoritätsschwachen SA-Truppführer F. gibt sie z.B. an, ihn in dieser Situation als wirklichen verlässlichen „Beschützer" erlebt zu haben.

Ihre persönliche Zeugenaussage in den späteren Spruchkammerverfahren über ihre Eindrücke beim Naziüberfall auf KIRCHENPINGARTEN ist ein wertvolles und vielsagendes Zeitdokument und soll hier deshalb im vollen Wortlaut mitgeteilt werden:

Es kamen da abends die Herren SA-Männer von Weidenberg und haben beim Pfarrhaus des Pfarrers Geiger stürmisch geläutet. Der Herr Pfarrer sagte zu mir, ich soll aufmachen, aber ich getraute mich nicht, denn die SA Männer waren mir zu stürmisch. Ich machte also nicht auf. Die SA-Männer schlugen mit den Stiefeln an die Haustüre und läuteten an der Glocke immer stürmischer. Ich konnte hören, wie der Herr Pfarrer Geiger als Verräter bezeichnet wurde und wie sie riefen: ‚Er gehört aufgehängt'.

Die ganze Sache war deswegen, weil die Wahl in Kirchenpingarten so schlecht ausgefallen war. Zuerst hat Herr Freytag mitgemacht, weil er es wahrscheinlich musste. Ich konnte dann hören, wie er sagte: ‚Lasst doch den Geiger in Ruhe, er hat euch doch nichts getan.' Ich konnte dann auch verstehen, wie Herr Freytag sagte: ‚Herr Pfarrer, kommen Sie herunter, ich gehe mit Ihnen hinüber ins Wahllokal, ich werde Sie schützen, Ihnen wird nichts passieren.' Herr Freytag sagte auch: ‚Herr Pfarrer, gehen Sie hinüber, Sie haben noch 2 Minuten Zeit, es kann sein, dass dann das Pfarrhaus gestürmt wird.'

F. hat die wütende Stimmung draußen zu diesem Zeitpunkt wohl sehr realistisch eingeschätzt; ein gewaltsamer Übergriff stand anscheinend kurz bevor. Die Pfarrhaustür sollte aufgebrochen und Hand an Pfarrer GEIGER gelegt werden. Womöglich wäre es zum befürchteten blutigen Ausgang gekommen.

Ein Kaplan und ein SA-Mann als Beschützer gegen die Gewalt

Als Kaplan WINTER, um zur Deeskalation beizutragen, sich entschließt, persönlich den kurzen Weg vom Zimmer seines Verhörs im alten Schulhaus zum Pfarrhaus zu gehen, um Pfarrer GEIGER zum Verhör zu bitten, ist er sich sehr wohl bewusst, dass jetzt Mut gefordert ist. Denn die sehr aufgeheizte Stimmung der wartenden Menge kann jederzeit ganz umkippen. Dann würde er wehrlos einem gewaltbereiten Mob gegenüberstehen.

Als er am Gartenzaun beim Zugang zum Pfarrhof vorbeigeht, nimmt er entsetzt die Plakate zur Kenntnis, die die SA-Männer hier inzwischen angebracht haben: *"Heraus mit den Volksverrätern".*

Seit einer Stunde belagert die aufgeputschte Menge nun schon das Pfarrhaus. Beschwichtigende Worte der Haushälterin und des Pfarrers vom Fenster herunter haben gar nichts gebracht. Die Stimmung ist am Siedepunkt. Gegen seinen erklärten Willen ist Kaplan WINTER zu seiner Sicherheit doch von einer kleinen Eskorte begleitet worden.

Als Pfarrer GEIGER in seiner Todesangst aus seinem Fenster schaut und trotz Dunkelheit unten den Gendarmen WAGNER erkennt, ruft er, im Vertrauen auf die vermeintlichen Pflichten, die ein Polizist als „Freund und Helfer" doch hat, hilfesuchend herunter: *„Herr Kommissar, schützen Sie mich"*, nicht ahnend, dass er hier den teuflischen Initiator der ganzen Sache anspricht. Doch der bleibt untätig.

WINTER ist mittlerweile am Pfarrhaus angekommen. Er sieht seinen Mentor am Fenster stehen und ruft hinauf, Pfarrer GEIGER möge doch bitte herunterkommen und mit ins Vernehmungslokal gehen, es werde ihm nichts geschehen. WINTER ist sich von seinem christlichen Glauben her völlig sicher, dass einem Menschen, der aufrichtig und wahrhaftig ist, auch in einem menschenverachtenden Regime nichts passieren kann. Diese innere Überzeugung gibt ihm an diesem Tag Sicherheit und eine Aura der Unverwundbarkeit; sie strahlt auch auf manche Beobachter aus.

Inzwischen hat auch Truppführer F. mitbekommen, dass nun Pfarrer GEIGER verhört werden soll. Er sieht, dass Gendarm WAGNER auf den Hilferuf des Pfarrers nicht reagiert. Und er spürt, wie unentschlossen und in Ängsten Pfarrer GEIGER ist. Da bietet er ihm seinen persönlichen Schutz an. Er verbürgt sich selbst dafür, dass dem Geistlichen nichts geschieht.

Aber kann man sich auf den SA-Truppführer F. verlassen? Pfarrer GEIGER kennt F. aus dessen Alltagsberuf als Postbote persönlich. Obwohl GEIGER natürlich weiß, dass F. für das Hitlerregime arbeitet und die Weidenberger SA führt, vertraut er seiner eigenen Menschenkenntnis. Er nimmt in F. nicht einen Funktionär, sondern einen empfindsamen Menschen wahr. Ihm war zudem aufgefallen, dass F., wenn er in Ausübung seines Postdienstes zum Pfarrhaus kam, niemals den Hitlergruß gebrauchte. Das gibt ihm jetzt die Zuversicht, mit der er annimmt, dass F. wohl nicht zu den gewaltbereiten Nazis gehören würde.

Nach Aussage von Bürgermeister SCHERM ist an diesem Abend angeblich auch Ortsgruppenleiter RUMLER aus dem Vernehmungszimmer mit zum Pfarrhaus gegangen. Unterwegs habe er die aufgeregte SA, über die der sanfte F. keine Kontrolle hatte, „in Reih und Glied geordnet, um die Aufrechterhaltung der Ordnung zu garantieren". Auch habe RUMLER selbst versöhnende Worte mit Pfarrer GEIGER gesprochen. Dann habe er den SA-Führer F. persönlich beauftragt, dem Geistlichen Schutz auf dem Wege vom Pfarrhaus zum Vernehmungsort zu gewähren. Weitere Zeugen für diese

Guttat Rumlers gibt es aber nicht, sodass es sich bei diesem Zeugnis auch um eine gegenseitige „Persilschein"-Aktion zweier Parteigenossen handeln könnte.

Bei so viel gutem Zureden nimmt sich Pfarrer GEIGER aber nun doch ein Herz, er kommt die Treppe herunter und schließt schweren Herzens die schwere Eichentür auf. Unten erwarten ihn, neben Kaplan WINTER, Kommissar WAGNER und einer Horde Neugieriger, wie versprochen aber auch der SA-Truppführer F. Er begleitet GEIGER respektvoll und gegenüber seinem SA-Trupp autoritätsheischend zum Vernehmungszimmer.

Die Menge ist währenddessen immer noch aufgebracht und skandiert weiter ihre wütenden Rufe: *„Verräter! Alle gehören aufgehängt!"*. Kaplan WINTER, der an diesem Abend immer wieder durch seine Unerschrockenheit auffällt, bleibt vor der Menge stehen, er schaut den Leuten in die Augen. Laut vernehmlich fragt er in die Menge: *„Bin ich noch freier Staatsbürger und muss ich mich anpöbeln lassen?"* Dem späteren Reislaser Nachkriegsbürgermeister KARL KÄSS, der diese Worte hört, imponiert der Geistliche erneut, er ist mächtig stolz auf ihn und vergisst das Gehörte niemals.

Auch der damals amtierende Reislaser Bürgermeister WÖHRL gibt sich, obwohl Parteimitglied, kirchenpatriotisch: *„Wenn man den Pfarrer geschlagen hätte, hätte ich und auch einige andere ihn verteidigt,"* so erklärt er später seinen verbalen Mut.

Späte Sühne für den Terror gegen den Pfarrer

In den Raum des Verhörs selbst geht nur Kommissar WAGNER. Keiner von Geigers Begleitern kommt mit. Auch F. kann keinen Blick in den Raum zu werfen, zu groß ist seine Furcht vor dem allgewaltigen Ortsgruppenleiter. Aber er wird draußen warten und nach der Vernehmung den ihm anbefohlenen Pfarrer GEIGER auch wieder genauso respektvoll und sicher zurück zu seinem Pfarrhaus geleiten.

GEIGER werden dann bei der Vernehmung durch RUMLER, SCHILLER und Lehrer AUGUST K. die gleichen Fragen gestellt, wie vorher seinem jungen Kollegen WINTER. Wiederum will man auch von GEIGER persönlich wissen, ob er das Wahlverhalten der Bevölkerung von Kirchenpingarten beeinflusst habe. Wie vorher schon sein Vikar verneint GEIGER mit Überzeugung unter Hinweis auf das Konkordat, das Hitler mit dem Heiligen Stuhl geschlossen hat.[28]

Kommissar WAGNER meint rückschauend, die Vernehmung von Pfarrer GEIGER sei nur kurz gewesen. Dagegen schätzt die Haushälterin die Zeit vom Weggang des Pfarrers bis zu seiner Rückkehr aber doch auf ungefähr eine dreiviertel Stunde.

---

[28] Mehr dazu in der 4. Folge des Projektes „MYRTEN FÜR DORNEN – Christsein am Scheideweg" im Abschnitt: *„Weichenstellungen für die Kirchen mit dem Reichskonkordat"*. S. 107ff.

Als GEIGER dann wieder, ohne Schaden genommen zu haben, in seiner Wohnung ankommt, fällt ihm eine Last von der Seele. Die durchlittene Todesangst muss für ihn beklemmend gewesen sein. Er bekennt seiner Haushälterin gegenüber, er habe es nur Herrn F. zu verdanken gehabt, dass er so gut durchgekommen sei. Diese Bemerkung lässt nachempfinden, welchen Schrecken die Nazis mit ihrem Überfall tatsächlich verbreitet haben. Beim Spruchkammerverfahren in Nürnberg am 19. Sept. 1949 wird der Richter den verantwortlichen Ortsgruppenleiter GEORG RUMLER deshalb auch massiv kritisieren:

„Der Betroffene scheint gar nicht auf den Gedanken gekommen zu sein, dass es Landesfriedensbruch war, wenn sich die Leute zusammenrotteten, er hat sich sogar an die Spitze gestellt. Er hatte ein Wahlergebnis nicht nachzuprüfen. Ich glaube auch nicht, dass der Betroffene gegen den Pfarrer so freundlich aufgetreten ist, der Pfarrer hätte sich ja sonst gar nicht veranlasst gefühlt, Strafantrag auf Landesfriedensbruch zu stellen. Ein Milderungsgrund für den Betroffenen ist, dass es nicht zu Ausschreitungen kam."

Für RUMLER wird dieser Abend im April 1938 nach dem Krieg rückblickend zum Trauma. Denn bei diesem letzten Spruchkammerverfahren wertet die Hauptkammer seine Tat sehr deftig als die *„Teilnahme an einem terroristischen Übergriff"* und verwehrt ihm deshalb eine Eingruppierung in die geringste Stufe der Naziverstrickten als „Mitläufer". So viele andere seiner genauso oder schwerer belasteten Amtskollegen haben dieses milde Urteil damals für sich erreicht, was fast einem Freispruch gleichkam. RUMLER dagegen, der schon zwei Jahre in Hammelburg abgebüßt hat, wird vorgeworfen, *„anlässlich einer Wahl 1938 wegen der abgegebenen Nein-Stimmen unter Mitwirkung der Weidenberger SA gegen den Pfarrer in Kirchenpingarten demonstriert zu haben"*, weshalb er nun in die Gruppe III der *„Minderbelasteten"* einzustufen sei. Das hatte aber damit zu tun, dass man die Vergehen von Nazis gegen die Kirchen und ihre Mitarbeiter, die man für einzigen moralischen Instanzen in der Nazizeit hielt, besonders schwer ahndete.

Dabei kann RUMLER noch von Glück sagen, dass das Gericht nicht dem Antrag des Staatsanwalts gefolgt ist, ihn gleich in die zweithöchste Gruppe der Belasteten als *„Aktivist"* einzustufen.

So wird ihm als Sühnemaßnahme eine Bewährungsfrist von sechs Monaten und eine Geldsühne von 100 DM auferlegt, ein Betrag, der also nicht mehr in der nun entwerteten „Reichsmark" zu zahlen ist, sondern in der kostbaren neuen D-Mark. Sie kommt einem Wiedergutmachungsfond für Naziopfer zugute. Dazu treffen RUMLER die Kosten des Verfahrens, das einen Streitwert von 3.500 DM hat. Diese Sühne erscheint gnädig, bedenkt man, dass im Vergleich der Weidenberger Pfarrer REDENBACHER, den man unsinnigerweise zum „Mitläufer" erklärt hatte, für sein kurzzeitiges

Abirren in die Nazipartei 400 RM Buße zahlen musste. Man muss diese eher geringe Bewährungszeit und milde Geldbuße aber vor dem Hintergrund sehen, dass RUMLER bereits zwei Jahre im Lager HAMMELBURG unter verschärften Bedingungen in amerikanischem Arrest interniert war.

So bleibt für RUMLER als einziger Trost in einem ansonsten freudlosen und armseligen Ruhestand in WEIDENBERG die gelungene Rache an seinem Intimfeind SCHILLER, den die CSU mit seiner Hilfe im Jahr 1948 endgültig aus dem Bürgermeisteramt kegeln kann.[29]

Man hat bei RUMLER vor Gericht, wohl mit Recht, als entlastendes Argument die Tatsache gewertet, dass der Abend in KIRCHENPINGARTEN für alle Teilnehmer ohne unmittelbare körperliche Folgen blieb. Insofern verdient der Ratschlag seiner Mutter an ihn, mit hinaus nach KIRCHENPINGARTEN zu fahren, auch vor der Geschichte eine angemessene Würdigung: Es war letztlich ein christlicher Ratschlag zum Frieden und zur Vermeidung von Blutvergießen in einer hysterisch aufgeladenen Stunde des Hitler-Kultes.

Die beiden Verhöre der Geistlichen, verbunden mit dem Spießrutenlaufen vor den aggressionsbereiten SA-Leuten, waren für Kaplan WINTER und noch mehr für Pfarrer GEIGER sicher beängstigend und demütigend. Aber die „Versachlichung der Gefühle" durch eine öffentliche Verhandlung hat doch auf die Gemüter der Aufgeputschten deeskalierend gewirkt und damit zum Frieden beigetragen.

Was bleibt, wenn die Luft heraus ist?

Jedenfalls war, nachdem Geigers Abholung aus dem Pfarrhaus und sein Verhör vor RUMLER und SCHILLER ohne spektakuläre Konsequenzen geblieben waren, bei diesem Überfall nun irgendwie die Luft heraus. Die schnaubende SA war nun sogar bereit, endlich Ordnung anzunehmen. KARL KÄSS sagt aus:

Nach der Vernehmung war Ruhe im Ort, die SA marschierte geschlossen unter Absingen eines Liedes Richtung Eckartsreuth ab. Ich hörte dies am Marschtritt, obwohl ich nach der Vernehmung wieder in der Gastwirtschaft Käss war."

Den aktuellen winterlichen Apriltemperaturen folgend kühlte sich also die angespannte Situation um das Pfarrhaus auffallend rasch ab. Man hatte seinem Unmut über das schändliche Wahlverhalten der Kirchenpingärtner durch eine Aktion fast „wie in alten Kampfzeiten" Luft gemacht. Beim Sammeln zum Abmarsch wurde zwar

---

[29] Vergl. dazu in der oben bereits genannte 6. Folge des Projektes „MYRTEN FÜR DORNEN – Untergehen und Aufstehen" das Kapitel *„Die späte Rache des ehemaligen Ortsgruppenleiters"*, ab S. 278.

noch etwas *„gemault und auf die Pfaffen geschimpft"*. Eine Siegesfeier mit „Fackelzug" wäre viel schöner gewesen, so die spätere Aussage eines Teilnehmers bei der Spruchkammer.

Mühlenbesitzer F. war ja von Anfang bis Ende draußen dabei. Insofern ist er, bei allem Schwanken, ein wichtiger Zeitzeuge. Als er sieht, wie sich der ganze Haufen verzieht, fährt auch er wieder heim. Auch sein Lastwagen mit dem Firmenlogo, der in WEIDENBERG so unvermutet die Szene eröffnet hat, tritt die Rückfahrt an. Nur sind nun auf dem Heimweg, im Gegensatz zur Hinfahrt, kaum noch SA-Männer auf der Pritsche, sondern vor allem müde und ausgefrorene Zivilisten. Ihre Neugier ist gestillt, manche werden zufrieden, andere enttäuscht gewesen sein. Den geheimnisvollen Aktivisten SCHILLER, den F. den ganzen Abend nicht zu Gesicht bekommen hat, kann er auch jetzt nicht entdecken. Wenn er überhaupt oben gewesen sei, dann sei er aus reiner Neugier dort gewesen, behauptet F. später.

Anderentags hört aber Schillers Mitarbeiter LEONHARD K., als er gerade am Anschlussgleis beschäftigt ist und SCHILLER zu ihm kommt, seinen Chef sagen: *„Denen haben wir es mal besorgt!"* K. fragt nicht weiter nach, wie SCHILLER das gemeint haben könnte, verwundert sich aber und merkt sich den Spruch. So unklar, wie Schillers gesamte Haltung bei diesem Überfall, so undeutbar bleibt dieser Schiller'sche Schlusskommentar.

Auch Schillers eigene Verteidigung für seine Beteiligung in KIRCHENPINGARTEN bleibt stets erstaunlich kraftlos und widersprüchlich. Sie führt sogar in seinem letzten Spruchkammerverfahren, das auf Betreiben der CSU noch einmal am 14. Okt. 1948 zustande kommt, nach dem unerbittlichem Einsatz des geheimnisvollen ARNO WASSERZIEHR in der CSU, doch noch zu einer Strafverschärfung: Anstelle von vier Freisprüchen in den vorausgegangenen Verfahren wird SCHILLER nun im letzten Augenblick noch als „Mitläufer" in Gruppe IV der Betroffenen eingruppiert; ihm wird eine Sühneleistung von stattlichen 2.000 DM für den Wiedergutmachungsfond auferlegt. Auch muss er die Kosten des erstinstanzlichen Freispruchs nun nachträglich zu 100% übernehmen, dazu von den Kosten der zweiten Instanz 50%. Die andere Hälfte müssen sich die CSU, die Schillers Verfolgung in Gang gesetzt hat, und Staat mit je 25% teilen.

In weiteren Spruchkammerverfahren werden auch andere Beteiligte zur Rechenschaft gezogen. Manche haben damit wohl nicht gerechnet. So wird der mitbeteiligte Ex-Gendarm und nunmehrige Hilfsarbeiter WAGNER in einem dieser Verfahren zunächst nur als Zeuge aufgerufen. Doch dann hält ihm der Vorsitzende Unterlagen vor, aus denen hervorgeht, dass WAGNER den Pfarrer GEIGER nach dem Überfall auf KIRCHENPINGARTEN politisch verfolgt habe und die Schuld daran trage, dass dieser zu zwei Jahren Gefängnis verurteilt wurde. Da *„wurde der Zeuge ohnmächtig und erwiderte anschließend, er habe keine Schuld an diesem Denunziantenfall."* Über diese Geschichte wird weiter unten noch zu reden sein.

In den Tageszeitungen „Bayerische Ostmark" und „Bayreuther Tagblatt" war im Jahr 1938 aber, über die listenmäßige Aufführung der Wahlergebnisse hinaus, weder ein Kommentar über das schlechte Ergebnis in KIRCHENPINGARTEN, noch über die daraufhin erfolgte Nazi-„Demonstration" zu lesen. In die euphorische Berichterstattung dieser Tage über das großartige „Bekenntnis des Deutschen Volkes zum Führer" passten keine solchen freudlosen Meldungen.

Der Gauleitung in BAYREUTH lag das Wahlergebnis von KIRCHENPINGARTEN aber schon „schwer im Magen" und man betrieb „Hintergrund-Erforschung": *„... Einige Tage nach der Wahl kamen Kreisleiter DENNERLEIN mit einigen SS-Leuten aus Bayreuth und der Weidenberger Ortsgruppenleiter RUMLER nach Kirchenpingarten und haben im Alten Schulhaus alle zusammengeholt, bei denen sie vermuteten, dass sie mit Nein gestimmt hatten. Bei den Verhören wollten sie feststellen, ob sie von den Geistlichen aufgehetzt worden seien, mit Nein zu stimmen ...",* so sagt der seinerzeitige Kaplan WINTER gegenüber der Spruchkammer aus.

Die Gastwirtstochter PHILOMENA „MINNA" KÄß, die beim Naziüberfall schon im Bett lag und deshalb auch das Geschehen im elterlichen Gasthaus nur bruchstückhaft mitbekam, erzählte vor der Spruchkammer von diesen späteren Pressionen der Partei. Sie war bei diesen Nazi-Recherchen gezwungen worden, ihr Wahlverhaltens zu offenbaren:

Heimliche Weiterbeschäftigung bei der Post: „Nein"-Wählerin MINNA KÄß vor der elterlichen Wirtschaft in Kirchenpingarten

„...ich musste seinerzeit nach langem Hin und Her eingestehen, dass ich mit Nein gewählt hatte ... ich wurde gefragt, was die Pfarrer in der Kirche zur Wahl gesagt oder gepredigt hatten ... nach der Wahl durfte ich nicht mehr in der Post arbeiten, sonst ist mir nichts geschehen ...“

Mit Genugtuung fährt diese gemaßregelte leidenschaftliche Postfrau aus dem traditionsreichen Kirchenpingärtner Gasthaus „zur Post“ aber fort: *„Ich habe dies* [nämlich bei der Post zu arbeiten] *aber trotzdem manchmal noch gemacht. Herr Freytag wusste davon, aber meldete nichts.“*

So hatte dieser junge Frau ihr aufrichtiges Nein zu HITLER ihren geliebten Job als Postbotin gekostet; aber so eine kleine Nazi-Charge, wie dieser autoritätslose sanfte Frühnazi, SA-Truppführer und Postmann F. hatte sich einmal mehr als Mensch mit Herz gezeigt. Er soll mit RUMLER nach diesen Geschichten noch schwerwiegende Auseinandersetzungen gehabt und mit KZ bedroht worden sein. – In seinem Spruchkammerverfahren im Jahr 1947 wurde F. dennoch eher streng beurteilt. Er wurde als minderbelastet in dieselbe Gruppe III eingestuft, wie sein Vorgesetzter, Ortsgruppenleiter RUMLER.

Wenn die Sache damals doch noch lange nicht zu Ende war, sondern ein tragisches Nachspiel hatte, dann vor allem deshalb, weil sich Pfr. GEIGER durch den ganzen Vorfall persönlich sehr getroffen gefühlt hat und weil er es den verhassten Nazis irgendwie heimzahlen wollte.

3. Pfarrer Geigers folgenreicher persönlicher Kirchenkampf

Der Nazi-Überfall beflügelt Michael Geigers Widerstandsgeist

Noch mehr als sein hitlerkritischer Vorgänger ALOIS WEBER, der es im Jahr 1934 gewagt hatte, den regimebegeisterten Nazi-Lehrer KRAUß von seinem Dienst an der Orgel zu entbinden, ist auch MICHAEL GEIGER ein „Wutbürger“ und überzeugter Gegner des Nationalsozialismus gewesen.

Das hatte sich ja schon bald nach seinem Dienstantritt im Jahr 1936 gezeigt: Obwohl öffentliche Auftritte der kirchlichen Jugendarbeit und auch das öffentliche Fahnentragen verboten waren, hatte er sich seitdem immer wieder mit der nach dem Ersten Weltkrieg 1918 gegründeten „Marianischen Jungfrauenkongregation“ und ihrer Fahne öffentlich gezeigt.

Und im Frühjahr 1938 hatte er als Zeichen der Solidarität mit dem hitlerkritischen Pater RUPERT MAYER ganz bewusst eine bekennende, antinazistisch eingestellte Gruppe auch für die männlichen Glieder seiner Gemeinde gegründet, die „Marianische Männerkongregation“ – eine Kampfansage an die Nazis, die im Ort und im benachbarten WEIDENBERG auch als eine solche verstanden wurde.

Im März 1938 war dann der Funke des Widerstandes auch auf die anderen kirchentreuen Katholiken in KIRCHENPINGARTEN übergesprungen, als die Weidenberger SA-Leute der „Marianischen Jungfrauenkongregation" ihre heilige Fahne raubten. Die Rückgabe diese Fahne als „Köder" hatte den Unmut der Bürger nicht besänftigen können. Ihr Zorn hatte sich, wie der Bürgermeister ahnungsvoll dem Kreisleiter vorausgesagt hatte, in dem Wahlergebnis mit 38 Nein-Stimmen entladen und so diese Hitler-Wahl im Jahr 1938 zur bewussten Widerstandshandlung der Kirchenpingärtner werden lassen.

Pfarrer GEIGER und sein Vikar ALOIS WINTER haben sich aber durch die lebensbedrohliche Strafaktion der Weidenberger Nazis am Abend des Palmsonntags, 10. April 1938, zu Unrecht als Sündenböcke für das schlechte Ergebnis verantwortlich gemacht gefühlt.

Ein widerständiger Pfarrer:
MICHAEL GEIGER 1938

So war GEIGER vor allem von dem Gendarmen und Propagandaleiter WAGNER menschlich schwer enttäuscht, dem er bis dahin, trotz anderslautender negativer Gerüchte über ihn, ein gewisses Vertrauen als Ordnungshüter entgegengebracht hatte. Nun betrachtet er ihn mit Recht als Hauptdrahtzieher für den Überfall. Seit dieser Zeit ist GEIGER schlecht auf diesen Gendarmen zu sprechen. GEIGER *„glaubte, er* [Wagner] *habe die Kundgebung veranlasst oder sich maßgebend an ihr beteiligt"*, wie das Amtsgericht Bayreuth bereits im Jahr 1942 befindet.

GEIGER sucht für seinen Widerstand zunächst einen legalen Weg. Noch im selben Jahr 1938 erstattet er Anzeige bei der Staatsanwaltschaft BAYREUTH wegen Landfriedensbruchs. Doch die Sache verläuft zu seiner Enttäuschung im Sande. So sinnt GEIGER auf andere Möglichkeiten, dem Regime seinen Protest zu zeigen.

Kanzelabkündigung über einen Kirchenaustritt und Gerüchte über Korruption

Zu dieser Zeit ist auch der Kirchenkampf der Nazis nicht nur mit der Evangelischen, sondern auch der katholischen Kirche in Deutschland an seinem Höhe- und Wendepunkt angelangt. Die Geister scheiden sich nun deutlicher. Es treten solche Leute aus den Kirchen aus, die von ihrer jeweiligen Kirche bislang den Kurs einer bedingungslosen Unterstützung Hitlers erwartet haben, aber durch den Widerstand der Kirchen nicht auf ihre Rechnung gekommen sind. Allerdings ist die Zahl der Kirchenaustritte entgegen diesem allgemeinen, von kirchenkritischen Nazis geförderten Trend sowohl in der katholischen Frankenpfalz als auch im evangelischen WEIDENBERG verschwindend gering.

Die Evangelischen verzeichnen in den 10 Jahren von 1935-45 überhaupt nur insgesamt 10 Austritte, dabei sind neun dieser Ausgetretenen keine „Hiesige". Als einziger vom Ort gebürtiger Weidenberger während der ganzen NS-Zeit erklärt der evangelisch getaufte und konfirmierte Ortsgruppenleiter GEORG RUMLER am 23. Juli 1941 seinen Austritt aus der Evangelisch-Lutherischen Kirche. Seine katholische Ehefrau JOHANNA verlässt zum gleichen Zeitpunkt ihre katholische Kirche.

Umso mehr Aufsehen erregt es, als Pfarrer GEIGER im Herbst 1938 in seiner Kirche St. Jakobus d. Ä. von der Kanzel herab den Austritt eines Kirchenpingärtner SS-Mannes aus der katholischen Kirche bekannt gibt.[30] Diese Kanzelabkündigung werten die Weidenberger Parteileute als eine weitere bewusste Kampfansage dieses widersetzlichen Pfarrers gegen den Nazistaat.

„Pflichtgemäß" erstattet deshalb Propagandaleiter und Gendarm WAGNER Anzeige gegen Pfarrer GEIGER und häuft so einen weiteren gefährlichen Stein des Anstoßes in dieser längst entfremdeten Beziehung zwischen dem Pfarrer und dem für den Kirchort zuständigem Gendarmen auf.

Diese Anzeige des diensteifrigen Gendarmen gegen den Pfarrer – von der Spruchkammer später als bewusste „Denunziation eines Geistlichen" ihm vorgehalten – hätte wohl zu jeder anderen Zeit der Hitlerherrschaft nach dem „Heimtückegesetz" schlimme Auswirkungen für den Geistlichen haben können, bis hin zum Verfahren vor einem Sondergericht und zur Verhängung von „Schutzhaft", sie bleibt aber erstaunlicherweise für GEIGER zu diesem Zeitpunkt zu Ende des Jahres 1938 / Anfang 1939 zunächst ohne Folgen. Der Grund ist durchsichtig: HITLER brauchte in dieser Phase das Wohlverhalten der Kirchen für seine Kriegsvorbereitungen, die er hinter

---

[30] Seit dem Jahr 1937 hatten die SS-Führerschulen ihre Absolventen massiv zum Kirchenaustritt gedrängt, da christliche Religion nach Meinung der SS-Führung nicht mit der Mitgliedschaft in einem ideologisch am Sozialdarwinismus, Ariertum und Antisemitismus formierten Kampf-Orden zusammenpassten. Bis zum Jahr 1938 hatten dann auch über 80% der SS-Führer die Kirchen verlassen und stattdessen das neuheidnische „gottgläubig" eintragen lassen. Mit Kriegsbeginn erfolgte dann aber auch bei den SS-Leuten eine deutliche Wiedereintrittsbewegung. Mit anderen Worten: Viele Mitglieder der SS-Verfügungstruppe, der SS-Totenkopfverbände und des SD übten ihr blutiges Handwerk bei der Verfolgung und Ausrottung von Gegnern vor allem in Kriegszeiten als wieder eingetretene Kirchenmitglieder aus!

den Kulissen längst begonnenen hatte. So vertagte er den fälligen Konflikt mit den Kirchen auf die späteren Zeiten „nach dem Endsieg“.

Dafür liefern aber die mit Kriegsbeginn 1939 fälligen Einschränkungen für die Bevölkerung bald neuen Konfliktstoff auch in der Frankenpfalz: So gibt die Hitlerregierung bereits am 28. August 1939, also vier Tage vor dem Überfall der Wehrmacht auf Polen, Lebensmittelmarken und Bezugsscheine für Benzin aus, am 14. November folgt die Reichskleiderkarte. HITLER zeigt damit, dass er diesen Krieg will und dass er nunmehr seinen schon in „Mein Kampf“ angesagten, alles umgreifenden „Kampf um Lebensraum im Osten“ begonnen hat.

Nun gibt es Fleisch also auch im Kirchenpingärtner Wirtshaus nur noch auf Marken. Der Fleischbeschauer muss das Aufkommen an Schlachtvieh für die Kriegsbewirtschaftung feststellen und den Bauern das Fleischgewicht bei jeder Schlachtung genau bestätigen. Der Gendarm soll die Einhaltung der Vorschriften überwachen. Aus Sorge um Benachteiligung verfolgt die Bevölkerung argwöhnisch jede mögliche Vorteilsnahme von Parteileuten und erzählt Auffälliges den Nachbarn sofort weiter.

Fleisch 1 25.9.–1.10.39	Fleisch 3 25.9.–1.10.39
Fleisch 2 25.9.–1.10.39	4 25.9.–1.10.39
Fleisch 5 2.–8.10.39	Fleisch 7 2.–8.10 39
Fleisch 6 2.–8.10.39	8 2.–8.10.39
Fleisch 9 9.–15.10.39	Fleisch 11 9.–15.10.39
Fleisch 10 9.–15.10.39	12 9.–15.10.39

Gültig vom 25.9.–22.10.1939

Reichsfleischkarte

Nicht übertragbar.
Sorgfältig aufbewahren.

EA:
Name:
Wohnort:
Straße:

Ohne Namenseintragung ungültig

19

Fleisch nur noch auf Marken: Reichsfleischkarte für Sept./Okt. 1939

Offene Anzeigen aber will niemand stellen, sei es, um die eigenen kleinen Vorteile, die man selbst genießt, nicht zu gefährden, sei es, um nicht die Rache der Funktionsträger und ihrer Helfershelfer heraufzubeschwören. Außerdem braucht man den Gendarmen, weil er es ist, der die politischen Führungszeugnisse erstellt. Er kann für die Bauern auch die lebenswichtigen u.k.-Stellungen, also die Freistellung vom Kriegsdienst, erwirken.

So nehmen in der Frankenpfalz um KIRCHENPINGARTEN im zweiten Kriegsjahr verschiedene Gerüchte ihren Lauf, die sich alle gegen die herzlich verachteten Parteigenossen richten: Der Fleischbeschauer HANS JOSEF SCH., der in KIRCHENPINGARTEN neben der Wirtschaft wohnt, aus TRESSAU stammt und Ortsbauernführer und Pg. seit dem Jahr 1933 ist, stelle bei Hausschlachtungen absichtlich ein zu niedriges Fleischgewicht fest und erhalte als „Belohnung“ Extraportionen. Der Gastwirt W. gebe an gute Kunden im Nebenzimmer seiner Gastwirtschaft Fleischgerichte ohne Marken ab. Auch über den Propagandisten und Gendarmen WAGNER laufen, besonders bei Gesprächen am Biertisch, hartnäckig weiter Gerüchte um, so dieses, dass er eine umfangreiche Hamstertätigkeit ausübe.

Wagners martialischer Auftritt in KIRCHENPINGARTEN am Abend des Wahltages hat also nicht die beabsichtigte abschreckende Wirkung gehabt, im Gegenteil, es bereitet den Menschen sichtliches Vergnügen, wenn sie nun ihrerseits den Gendarmen ertappen und auch ihm mal eins auswischen können

So erzählt der Reislaser Landwirt KR. später in einer Verhandlung, wie er *„dem famosen Gendarm und Gesetzesvertreter“* einmal aufgelauert habe, als dieser nachts nach einem Hamstergang von ECKARTSREUTH auf dem Fahrrad heimgefahren sei. Der Bauer habe sich keck auf die Straße gestellt und den Gendarmen, der ohne Licht fuhr, zum Absteigen gezwungen! Peinlich für den Herrn, der doch nicht erkannt sein wollte, auf dem Rücken aber einen schweren Rucksack voll „Schmieralien und Schmieröl“ trug – viele Entschuldigungen usw.!

Als Hitler den kirchlichen Feiertagskalender rupfte

Da Pfarrer GEIGER beim überwiegenden Teil der Gemeinde damals großes Vertrauen genoss, wurden ihm alle diese im Dorf und der Umgebung umlaufenden Gerüchte zugetragen. Er nahm die geschilderten Vorfälle ernst und sann auf einen Denkzettel. Wie kann man einer Partei, die vollmundig die opferbereite „Volksgemeinschaft“ predigt und die „Erschaffung des neuen Menschen“ in Gestalt ihrer Parteijünger behauptet, die Augen und Ohren für die Korruptheit ihrer Leute öffnen?

Seit der Wegnahme der „Heiligen Fahne“ war der latente Zorn seiner Gemeindeglieder geweckt. Und durch die Kontingentierung der Lebensmittel war die Stimmung gereizt. Aber nun geschieht etwas, was den Kernbereich des Glaubens berührt: Im Frühjahr 1941 geht HITLER das Wagnis ein, im ganzen „großdeutschen Reich“ den kirchlichen Feiertagskalender zu rupfen. Die Begründung ist einfach: Für dieses Jahr 1941 ist der Russlandfeldzug geplant, die Rüstungsproduktion, die schon seit Jahren auf Hochtouren läuft, soll weiter angekurbelt werden. Obwohl so viele Männer im Feld stehen, soll die Arbeitsleistung der Bevölkerung weiter erhöht werden. Es müssen also mehr Arbeitstage geschaffen werden.

Eine Verordnung wird erlassen, die nun „mit Rücksicht auf die besonderen Erfordernisse des Krieges“ festlegt, dass der für alle Konfessionen gültige Himmelfahrtstag, der ja immer am Donnerstag, 10 Tage vor Pfingsten, gefeiert wird – er würde in diesem Jahr 1941 eigentlich auf den 22. Mai fallen –, auf den nachfolgenden Sonntag, den 25. Mai, zu verlegen sei. Ebenso soll das traditionelle katholische Fronleichnamsfest, das sonst immer auf den Donnerstag 11 Tage nach Pfingsten fällt – das wäre in diesem Jahr der 12. Juni –, nunmehr am Sonntag, 15. Juni 1941 gefeiert werden. Noch weitere grundlegende Feiertage werden gestrichen: Der evangelische Buß- und Bettag und der Reformationstag müssen geopfert werden. Und ab dem Jahr 1942 wird auch die Feier des säkularen 1. Mai auf einen Samstag verlegt.

Den Kirchen sind an ihren bisherigen Feiertagen seitdem nur noch Veranstaltungen im Umfang wie an gewöhnlichen Werktagen und erst ab 19 Uhr gestattet.

Die Gläubigen sehen damit nun die Kernbereiche ihres Glaubens unmittelbar berührt und ihr religiöses Selbstbestimmungsrecht verletzt. Sowohl nach katholischer, wie auch nach evangelischer Auffassung ist hier ein Widerstandsrecht gegeben.

Reichsgesetzblatt

Teil I

1941	Ausgegeben zu Berlin, den 17. Mai 1941	Nr. 54

Tag	Inhalt	Seite
15. 5. 41	Verordnung über den Himmelfahrts- und Fronleichnamstag 1941...	269

Im Teil II, Nr. 19, ausgegeben am 17. Mai 1941, ist veröffentlicht: Bekanntmachung über das deutsch-slowakische Abkommen über Rechtsschutz und Rechtshilfe in Angelegenheiten des bürgerlichen und des Handels-Rechts.

Verordnung
über den Himmelfahrts- und Fronleichnamstag 1941.
Vom 15. Mai 1941.

Auf Grund gesetzlicher Ermächtigung wird mit Zustimmung des Beauftragten für den Vierjahresplan und des Oberkommandos der Wehrmacht folgendes verordnet:

Mit Rücksicht auf die Erfordernisse der Kriegswirtschaft werden der Himmelfahrtstag (22. Mai) und der Fronleichnamstag (12. Juni) als staatliche Feiertage im Sinne reichs- und landesrechtlicher Vorschriften in diesem Jahre auf die nächstfolgenden Sonntage (25. Mai und 15. Juni) verlegt.

Kirchliche Feierlichkeiten sind auf diese Sonntage zu verlegen und genießen an diesen Tagen den bisherigen reichs- und landesrechtlichen Schutz. Am Donnerstag, dem 22. Mai, und am Donnerstag, dem 12. Juni, sind kirchliche Veranstaltungen auf den Umfang der Veranstaltungen an gewöhnlichen Werktagen zu beschränken.

Aufforderung zum Ungehorsam oder Zuwiderhandlungen gegen die Bestimmungen dieser Verordnung werden, sofern nicht die Tat nach anderen Vorschriften mit schwererer Strafe bedroht ist, mit Geldstrafe in unbeschränkter Höhe bestraft.

Die Verordnung gilt auch in den eingegliederten Ostgebieten und im Protektorat Böhmen und Mähren.

Berlin, den 15. Mai 1941

Der Generalbevollmächtigte für die Reichsverwaltung
Frick

Feiertagsverordnung 1941: Fronleichnam am Sonntag

Zudem macht in der Gemeinde KIRCHENPINGARTEN das Gerücht die Runde, Gendarm WAGNER, der ja die Parteiräson durchzusetzen hat, würde, um die Fronleichnamsfeier zu verhindern, an diesem Feiertag die St. Jakobuskirche in KIRCHENPINGARTEN zusperren lassen, also einen erneuten Gewaltakt gegen die Kirche begehen.

Was also tun? Der Volkszorn erreicht den Pfarrer. Ein offener Aufstand scheint nach dem Wissen um die Terrorinstrumente des Staates nicht ratsam. So setzt sich Pfarrer GEIGER am 30. Mai 1941 an seine Schreibmaschine. Er will den Parteioberen die Augen öffnen. Er verfasst an diesem und den folgenden Tagen bis 20. Juni 1941 vier pseudonyme Briefe und adressiert sie an die Geheime Staatspolizei in NÜRNBERG. Vielleicht kann er ja hinsichtlich des Fronleichnamsfestes noch etwas wenden. Dass er hiermit selbst sein Schicksal auf dramatische und tragische Weise bestimmt, ahnt er zu diesem Zeitpunkt freilich noch nicht.

Das Wort ergreifen gegen Hitlers antikirchliches Vabanque-Spiel

1.)

An die hohe Polizei !

Wann wird doch einmal dem Fleischbeschauer von Kirchenpingarten das Schwindelhandwerk gelegt ? Die Schandarmen v. Seybothenreuth haben ihn neulich erwischt mit ganz falscher Gewichtsangabe, in Kirmsees. Wird das wieder vertuscht? Ist d'wag nit richtig gegangen ?? Ich kann aber behaupten, dass mehrere 100 Schlachtungen mit falschen Gewicht gemacht worden sind, oft überhaupt nicht gewogen. Der brave Fleischbeschauer kriegt für den Schwindel a schöne Stück Fleisch geschmiert, hat's ganze Jahr markenloses Fleisch — ja so muss mans machen. Wir Arbeiter darben, hungern und leben von den Marken — u. ein Parteimitglied wie der Fleischbeschauer kann sich anders leisten, oder macht's, weil er bei der Partei ist? Solchen Schwindel nachzugehen, war notwendiger als Feiertagsabschaffung. I bin kein Parteimann, aber hie und da kennt man fast lachen wie die Parteigenossen in hundgemeiner Weise den Staat ausschmieren. Ich weiss, dass es bei keiner Schlachtung hier noch recht zugeht. <u>Aber da schweigt die Polizei, so zu einem volksschändlichen Treiben.</u> Ich will mal noch etwas zuwarten.

Ergebenst
- Ed.Mayer, Seybothenreuth.

2.)

Bayreuth, 3. Juni 1941

An die Geheime Staatspolizei.

Einige Fragen sind v. unterrichteter Seite aus nach Nürnberg zurichten:

1. <u>ist er erlaubt für einen Gendarmen auf seinen Dienstgängen schamlose Hamsterei zu treiben?</u>

2. <u>darf ein Gendarm heutzutage sich im Wirtshaus markenlos Fleisch im Geheimen vorsetzen lassen? Und solches mitnehmen?</u>

Es handelt sich um den Gendarm Wagner von Weidenberg b. Bayreuth, Oberfranken.
zu 1. jedes Kind auf der Strasse weiss in Kirchenpingarten u. Umgebung - <u>er hat wenigstens im Herbst vorigen Jahres 12 Stück Gänse gehamstert. Von anderem ganz zu schweigen!</u>
zu 2. Es will das Gerede seit 10 u. mehr Monaten nicht aufhören, dass es im Wirtshaus Wildenauer mit Metzgerei, Kirchenpingarten nicht mit rechten Dingen zugeht. Wenn die Herren dort gut "eingeführt" sind, dann bekommt man markenloses Fleisch (braucht nur im Nebenzimmer zu verschwinden). <u>Man wird den Verdacht nicht los, dass hier Gendarm, Metzger u. Fleischbeschauer unter einer Decke stehen und schwer mantscheln.</u> Hauptsache für diesen Schwindel ist, dass man bei der Partei ist, dann fehlt nichts, zumal man beim Gendarm gut steht u. dieser fleissiger Gast im genannten Gasthaus

Zeilen eines Wutbürgers: Gerichtliche Abschriften aus den Briefen von MICHAEL GEIGER zur ersten Verhandlung am 17. April 1942

GEIGER simuliert in seinem ersten Brief „An die hohe Polizei“ den sprachlich unbeholfenen, in Wirklichkeit nicht existierenden, einfachen Arbeiter EDUARD MEYER aus dem nahen Dorf SEYBOTHENREUTH. Dieser kleine Mann aus dem Volk nimmt zunächst einmal Anstoß an der oben genannten einschränkenden Verordnung, die für alle das Fleisch rationiert. Er erinnert an die Korruptheit der Parteileute, die solche Bestimmungen unterlaufen, und setzt ihre moralische Verdorbenheit in Beziehung zur Abschaffung des Fronleichnamstages:

„Wir Arbeiter darben, hungern und leben von den Marken – und ein Parteimitglied wie der Fleischbeschauer kann sich anderes leisten, oder macht‘s, weil er bei der Partei ist? Solchem Schwindel nachzugehen, wär‘ notwendiger als Feiertagsabschaffung.“

Der pseudonyme Schreiber hofft auf Einsicht für Fronleichnam, wenn er schließt: *„Ich will nochmal etwas zuwarten.“*

Freilich lässt diese Einsicht der Herrschenden auf sich warten. So schiebt GEIGER am 3. Juni einen noch ausführlicheren Brief „An die Geheime Staatspolizei“ nach, diesmal unterzeichnet:

„Mehrere für alle in Notzeit.
Heil Hitler. M. Bergner.“

GEIGER nimmt mit diesem Brief wieder seinen Intimfeind WAGNER aufs Korn, von dem doch jedes Kind auf der Straße in Kirchenpingarten und Umgebung wisse, dass er im vorangegangenen Herbst 12 Gänse gehamstert habe, *„von anderm ganz zu schweigen!"* Ob denn ein ‚Auge des Gesetzes' hier leer ausgehe. *„Ich sage den Herren eines: Wenn der Staat hier den Skandal nicht bald behebt, wirkt das auf die Bevölkerung ganz verheerend."*

Er nimmt dabei auch die veränderte Feiertagsordnung nochmals ins Visier und brandmarkt sie als Anschlag gegen die Kirche:

„Ich sage ein weiteres: Wenn wir beim Vorgehen gegen die Kirche nicht heftigsten Anstoß erregen wollen, dann muss aber schon sonst der Schwindel nicht so unheimlich blühen dürfen. Und zumal bei vereidigten Parteigenossen. Oder darf dieser Schwindel weitergehen?"

Seinen dritten, diesmal ganz anonym verfassten Brief mit wenigen Zeilen, will er nur als Erinnerung an die bereits vorgetragenen Korruptionsfälle verstanden wissen und fragt: *„Wie lange wird dem Schwindel zugeschaut?"* Er grüßt: *„Einer für viele. Heil Hitler."*

Den vierten und letzten Brief verfasst GEIGER schließlich am 11. Juni 1941, am Vorabend des Heiligen Fronleichnamsfestes, von dem er nun weiß, dass dieser Kampf verloren ist. Diesmal gibt er sich als den sprachlich ungeschickten ERNST KNOLL aus KIRMSEES in der Frankenpfalz aus, den es dort natürlich ebenso wenig gibt, wie seine anderen Briefeschreiber vorher. Er bezichtigt den Fleischbeschauer und den Metzger des Schwindels, die mit dem Gendarmen unter einer Decke steckten, während die Leute in der Stadt und im Feld hungerten. Es sei *„eine Wonne anzusehen, wie gerade die Parteimenschen den Staat in unerhörter Weise bescheißen."*

Geigers Wut richtet sich gegen einen korrupten Staat, der zugleich den Kirchen ihre Feiertage nimmt und sich so gegen die Bedürfnisse eines großen Teils seiner Bürger durchgesetzt.

Nachdem Hitlers populistische Politik stets nahe am Puls des Volkes war und auf Stimmungen achtete, war die Abschaffung der Feiertage für Hitlers Image durchaus riskant. Doch HITLER, der im Jahr 1941 mit der Judenvernichtung beginnen möchte, kalkuliert kühl folgendermaßen:

Wenn die Kirchen nicht hier bei den Feiertagen, in ihrem ureigensten Bereich des Glaubens, zum Protest die Stimme erheben, dann werden sie ihre Stimme auch nicht erheben in der Frage der Euthanasie, die zu dieser Zeit schon längst in vollem Gange ist, und erst recht nicht bei der Judenvernichtung, die zugleich mit dem Russlandfeldzug in großem Stil anlaufen soll und die auch die Vernichtung anderer diskriminierter Randgruppen und ganzer Völker mit einschließt. Sein „Test" der Feiertagsbeschneidung ist also ein weiteres typisches Beispiel für Hitlers spontanes und so oft schon erfolgreiches Vabanque-Spiel.

Allerdings hat HITLER vorsichtshalber, wie stets, seinen Sicherheitsdienst SD zur Erstellung täglicher Stimmungsberichte angewiesen, da er ja als „charismatischer Führer" auf die stetige Zustimmung seines Volkes angewiesen ist. In anderen Fällen hat er, wie oben schon gesagt, nachweisbar Entscheidungen auch wieder zurückgenommen, weil sich Protest rührte, so im Jahr 1936 im Münsterland und im Jahr 1941 in Bayern beim Kruzifixstreit oder im selben Jahr bei der angestrebten allgemeinen Lohnreduzierung. Doch hier, bei den Feiertagen der Kirche, sind es offenbar nur vereinzelte einsame Stimmen, wie die des aufsässigen und zu diesem Zeitpunkt noch anonymen Pfarrers GEIGER, mit denen man sich schon traut, fertig zu werden.

Strafen auch für Parteigenossen

Ganz sang- und klanglos verhallen aber Geigers Klagen trotzdem nicht. Die zivile Rechtsprechung, auf deren Funktionieren die Nazis in der gesamten Zeit ihrer Herrschaft neben ihrer Parteirechtsprechung erstaunlich großen Wert legen, nimmt ihren Lauf, sie ermittelt ohne Unterschied auch gegen Parteigenossen. Mit solch einer funktionierender Justiz will HITLER sich dem Volk gegenüber als gerecht erweisen. Wer allerdings mit seiner Feindseligkeit gegen den NS-Staat und gegen seinen Führer die imaginäre „rote Linie" überschreitet, verfällt der gnadenlosen Parteijustiz mit ihren Sondergerichten und -gesetzen.

Ersteres, die allgemeine Justiz, bekommen die drei von GEIGER Angezeigten tatsächlich zu spüren, Letzterer, der Sonderjustiz der Partei, fällt dann GEIGER selbst anheim. Er hat sich als klarer Hitlergegner geoutet und mit seinem Vorstoß selbst in die Schusslinie gebracht. Man setzt sich bald auf seine Spur.

So werden zunächst alle drei anonym Beschuldigten auch wirklich verhört, sie können sich aber mit unterschiedlichem Geschick herausreden.

Am härtesten trifft es den Fleischbeschauer, ihm werden drei Fälle von „Gewichtsdrückereien" nachgewiesen. Zwar lässt man seine melodramatische Ausrede gelten, die drei Bauern, denen er beim Hausschlachten ein geringeres Fleischgewicht bescheinigte, hätten ihren den Kriegsdienst ableistenden Söhnen das nicht gemeldete Fleisch als „Geräuchertes" ins Feld schicken wollen. Dennoch verurteilt ihn die Strafkammer des Landgerichts Bayreuth am 2. März 1942 zu einer Gesamtgefängnisstrafe von gewaltigen vier Monaten.

Ganz frei geht der Wirt aus, weil sich natürlich kein Zeuge findet, der die Vorwürfe über eine Bewirtung ohne Fleischmarken bestätigen will. Es könnte ja auch auf ihn selbst zurückfallen.

Etwas durchwachsen erlebt Gendarm WAGNER sein Verfahren. Zwar kommt man ihm als Parteifunktionär und Amtsperson am weitesten entgegen, indem man keinen der vorgeschlagenen Zeugen vorlädt, die gegen ihn hätten aussagen können. Man verhört lediglich ihn selbst als „Zeugen in eigener Sache".

Und immerhin räumt er auch den Empfang von sechs Gänsen zu Weihnachten im Jahr 1940 ein, behauptet aber gefühlsheischend, fünf davon nicht behalten, sondern an „Gendarmeriekameraden und Verwandtschaft" weitergegeben zu haben. Auch dass er und seine Frau Eier „außerhalb der Lebensmittelbewirtschaftung" bekommen hätten, räumt er ein.

Für diese Vergehen ereilt ihn der harte Rüffel des Richters: Er habe moralisch nicht ganz einwandfrei, keinesfalls aber, wie sein Amt erfordert hätte, vorbildlich gehandelt. Im Übrigen bleibt er aber ungeschoren und kann nun auf neue Rache gegen GEIGER sinnen. Dafür ergibt sich bald Gelegenheit.

In den Fängen der zivilen und politischen Justiz

Ein dreiviertel Jahr lang bleibt Pfarrer GEIGER als Schreiber der Briefe trotz intensiver Nachforschungen, die ja einer Suche nach der sprichwörtlichen Stecknadel im Heuhaufen gleichen, unentdeckt. Dann hilft ein historisch ganz eigentümlicher Zufall den Nazi-Schergen weiter.

Ab Januar 1942 wird der „Möldersbrief" auf vielen evangelischen und katholischen Kanzeln verlesen. In diesem angeblichen Testament hat der am 22. November 1941 abgestürzte, als „Volksheld" gefeierte Fliegeroberst WERNER MÖLDERS zur Versöhnung der Soldaten mit der Kirche aufgerufen. Propagandaminister GOEBBELS vermutet in diesem „hinterhältigen" Schreiben eine Fälschung der katholischen Kirche und setzt für die Ergreifung des Täters den sagenhaften Betrag von 100.000 Reichsmark aus, nach heutigem Wert gut ½ Million Euro.

Im März/April 1942 sucht die Gestapo alle Pfarrämter im ganzen Deutschen Reich auf, um durch Schriftvergleiche die Täter zu ermitteln, die in kirchlichen Kreisen vermutet werden. Die Schreibmaschinen und Vervielfältigungsgeräte werden mitgenommen, so auch in KIRCHENPINGARTEN. Etliche Pfarrer werden als mögliche Urheber des „Möldersbriefes" verhaftet. Erst lange nach dem Krieg, im Jahr 1962, kommt heraus, dass dieser Text eine raffinierte Fälschung der Alliierten war. Es war wohl das erfolgreichste Produkt der „schwarzen Propaganda" des britischen Geheimdienstes und hat Hitlers Propagandaminister Goebbels wegen der letztlich, trotz riesigem Aufwand, erfolglosen Suche damals zur verzweifelten Weißglut gebracht.

Doch für MICHAEL GEIGER beginnt nun seinerzeit ein eigenes Drama. Bei den Schriftvergleichen der Schreibmaschinen hat man auch Geigers vier anonyme Briefe akribisch untersucht. Dabei hat man ihn als Verfasser ausgemacht, eine kriminalistische Meisterleistung, welche die Kriminalbeamten damals stolz macht und sie über ihre sonstigen Misserfolge in dieser Sache ein bisschen hinwegtröstet.

GEIGER wird sofort verhaftet. Am 17. April 1942 wird er in BAYREUTH vors Amtsgericht gestellt. Wegen der verdeckten Urheberschaft wirft man ihm „Urkundenfälschung" vor, ferner, nach den Freisprüchen für den Wirt und den Gendarmen, „leichtfertige falsche Anschuldigung, üble Nachrede und Beleidigung". Man verurteilt den Geistlichen zunächst zu vier Monaten Gefängnis. Strafmildernd wird anerkannt, dass GEIGER vor Gericht seine Fehler offen eingestanden und sich bereits vorher reumütig gezeigt hat. Zudem hat er an die Geschädigten auch Wiedergutmachungszahlungen geleistet. Auch in seiner eigenen Gemeinde wird sein Verhalten zwiespältig beurteilt, und er hat nun mit Gegnern zu rechnen.

Doch der Nazi-Partei erscheint dieses Urteil der zivilen Gerichtsbarkeit als viel zu milde. In ihren Augen hat GEIGER die imaginäre „rote Linie" überschritten, die ihn als *„Volksschädling"* kennzeichnet. Denn er habe seinen Tatsachenbehauptungen auch *„höhnische und verächtliche Worte über die NSDAP"* beigefügt, die geeignet seien, *„den Glauben schwacher und schwankender Gemüter zu schwächen und damit das Vertrauen des Volkes zur politischen Führung zu untergraben".* Mit diesem Vorwurf *„böswilligen Handelns"* habe GEIGER einen Tatbestand des „Heimtückegesetzes" erfüllt, das seit dem Reichstagsbrand dem Naziregime als willkommene Grundlage für sein gesamtes Willkürhandeln diente. Damit verfällt GEIGER nun auch der Gerichtsbarkeit der gnadenlosen „Sondergerichte".

Diese bereits seit dem Jahr 1933 gleich nach dem Reichstagsbrand eingerichteten Sondergerichte sind mit Parteirichtern besetzt und sollen schnell und rigoros arbeiten, vergleichbar wie Standgerichte, mit erheblich reduzierter juristischer Gerechtigkeit. Ihr Urteil-Maßstab soll der Parteiwille und das „gesunde Volksempfinden" sein. Sie verhängen möglichst abschreckende Strafen und fällen auch eine hohe Zahl an Todesurteilen. Der Gerichtsvorsitzende kann persönlich auf der Stelle noch in der Verhandlung den Haftbefehl er-

Sitz des Sondergerichts Bayreuth: Justizpalast Wittelsbacher Ring

lassen, wie er das dann auch im Fall GEIGER tut. Beschwerdemöglichkeiten sind abgeschafft.

Den Charakter dieser Sondergerichte, von denen eines damals seinen Sitz in BAYREUTH hat, definierte der spätere Blutrichter des Volksgerichtshofs ROLAND FREISLER als vormaliger Staatssekretär im Reichsjustizministerium 1939 mit einem Vergleich aus der militärischen Kriegsführung so:

Sondergerichte *„müssen ebenso schnell sein wie die Panzertruppe, sie sind mit großer Kampfkraft ausgestattet. Kein Sondergericht kann sagen, dass der Gesetzgeber ihm nicht genügend Kampfkraft gegeben habe. Sie müssen denselben Drang und dieselbe Fähigkeit haben, den Feind aufzusuchen, zu finden und zu stellen, und sie müssen die gleiche durchschlagende Treff- und Vernichtungsgenauigkeit gegenüber dem erkannten Feind haben."*

„Doch Wunden aus der Nazizeit lang im Gedächtnis steh'n"

Bis 1942 waren die großen Oberlandesgerichtsorte auch die Sitze der Sondergerichte. Erst in diesem Jahr 1942 ist auch beim Amtsgericht BAYREUTH wegen der steigenden Flut von Widerstandshandlungen dieses zusätzliche Sondergericht eingerichtet worden. Sein Personal aus eingefleischten Parteimitgliedern garantierte scharfe Urteile. Grundrechte eines Rechtsstaates fehlten hier: Voruntersuchung und Eröffnungsbeschluss waren abgeschafft, die Ladungsfrist ist auf 24 Stunden gekürzt, ein Verteidiger wurde verweigert. Gegen das Urteil gab es keine Rechtsmittel, nur die Staatsanwaltschaft konnte noch weiter eingreifen, aber nur strafverschärfend.

Am Dienstag, 1. September 1942, wird MICHAEL GEIGER in BAYREUTH vorgeführt. Bei der Beweiserhebung nimmt sich das Sondergericht freie Hand, es verweigert die von GEIGER vorgeschlagene Zeugen.

Landgerichtsdirektor und Parteigenosse Dr. SCHMITT als Vorsitzender unterstellt GEIGER eine dem Nationalsozialismus feindliche Einstellung, er bezichtigt ihn gehässiger, hetzerischer und von niedriger Gesinnung zeugender Äußerungen, die sich gegen „die vom Führer geschaffene NSDAP" richteten.

Er verurteilt den angeklagten Pfarrer nunmehr, unter Aufhebung des erstinstanzlichen Urteils, zu einer Gefängnisstrafe von zwei Jahren und zur Übernahme der Kosten des Verfahrens. Darüber hinaus erkennt er ihm die bürgerlichen Ehrenrechte auf die Dauer von zwei Jahren ab. Ferner spricht sie den „Beleidigten", dem Gendarmen und dem Wirt, die Befugnis zu, dieses Urteil zwei Wochen lang an der Gemeindetafel in KIRCHENPINGARTEN öffentlich bekanntzumachen. Damit ist Geiger auch in seiner eigenen Gemeinde ein geächteter Mann.

Die beteiligten Richter und Beisitzer, die in BAYREUTH noch viele derartige Unrechtsurteile fällen, dürfen alle nach dem Krieg in hohen Positionen weiter tätig sein. Sie werden für ihre Unrechtsurteile nie zur Rechenschaft gezogen, mit anderen Worten: Die nationalsozialistische Rechtsprechung beeinflusst auch das Gerechtigkeitsempfinden in der späteren Bundesrepublik Deutschland über viele Jahrzehnte hinweg. Den meisten Opfern wird eine angemessene Wiedergutmachung verwehrt.

Pfarrer GEIGER erlebt aber seine allertiefste Erniedrigung durch seine eigene Kirche: Seine kirchliche Diözese Regensburg lässt ihn damals umgehend fallen. Noch im gleichen Jahr besetzt sie seine Stelle in KIRCHENPINGARTEN mit dem aus dem nahen Mehlmeisel-Mitterlind gebürtigen Pfarrer MICHAEL NICKEL neu. Dieser prägt mit seinem langjährigen Wirken die römisch-katholische Pfarrgemeinde Kirchenpingarten bis auf den heutigen Tag. Dieser Pfarrer, der sicher manche Verdienste hat, tat aber nichts, um die Erinnerung an seinen mutigen, wie bedauernswerten Vorgänger wachzughalten.

Auch die zuständige Diözese Regensburg war bislang nicht bereit, das damals ihrem Mitarbeiter zugefügte Unrecht aufzuklären oder Pfarrer GEIGER gar in die Reihen ihrer Widerstandspfarrer einzugliedern. Ein entsprechender schriftlicher Vorstoß des Verfassers des Projektes „MYRTEN FÜR DORNEN“ verlief im Sande. Eine Begründung dafür war nicht zu erfahren.

Schon damals, nach diesem Willkürurteil, gewährte die Kirche ihrem Mitarbeiter keine Unterstützung. Er verschwand seinerzeit völlig von der Bildfläche. Niemand wusste, was mit ihm geschehen und wo er hingekommen war. Nur auf seine engsten Mitarbeiter, den Kaplan und die Haushälterin, konnte er sich noch verlassen.

Strafvollzug im Zuchthaus: Justizvollzugsanstalt Straubing

So gelang es Geigers besorgtem Kaplan WINTER damals mit einiger Mühe, wenigstens den Aufenthaltsort seines Mentors ausfindig zu machen. Geigers Rechtsanwalt aus dem ersten Verfahren WARMUTH verwies ihn ahnungslos zunächst auf das Gerichtsgefängnis BAYREUTH. In dienstlichen Angelegenheiten könne man über die Gefängnisleitung Zutritt erhalten. Über die Vollmacht für die Geldsachen Geigers müsse man sich Gedanken machen. Als Ort des Strafvollzugs vermutete der Anwalt dann das Zuchthaus NÜRNBERG, was sich aber ebenfalls als unzutreffend erweist.

Tatsächlich gelingt es damals Kaplan WINTER schließlich, seinen Pfarrer im Zuchthaus von STRAUBING ausfindig zu machen. Als erster überhaupt stellt WINTER einen Kontakt zum inhaftierten GEIGER her. In dieser größten Justizvollzugsanstalt Bayerns sitzen damals auch andere verurteilte Regimegegner ein, und es werden auch Todesurteile vollstreckt. Kaplan WINTER weiß auch, dass alle Post gelesen wird, deshalb muss er bei seinen Kontaktversuchen sehr vorsichtig sein.

Er informiert umgehend auch Geigers treue Haushälterin BABETTE WERZINGER. Diese sucht mit ihrem wiedergefundenen Pfarrer zunächst schriftlichen Kontakt. Sie besucht ihn aber auch sobald möglich im Gefängnis und bringt ihm Kuchen und selbst gestrickte Socken mit.

Nach dem Krieg wird GEIGER von seiner Kirche, die ihn in seiner Not so im Stich gelassen hat, wenigstens halbherzig rehabilitiert. Ihm wird die Pfarrstelle OBERVIEHBACH/Niederbayern östlich von Landshut zugewiesen. Die hübsche Barockkirche St. Georg dort dürfte ihn des Öfteren an seine beiden Kirchen in der Frankenpfalz St. Jakobus d. Ä. in KIRCHENPINGARTEN und St. Ursula in HAIDENAAB erinnert haben. Seine hilfsbereite Haushälterin begleitet GEIGER auch hierhin.

Erinnerung an Kirchenpingarten und Haidenaab: Barockkirche St. Georg in Oberviehbach

Doch seine Wirkungszeit ist nur noch kurz. Die traumatischen Niederlagen vor den Nazigerichten, die Zeit als „ehrloser" Häftling im Straubinger Zuchthaus und die lieblose Haltung seiner Kirche sind an Pfarrer GEIGER nicht spurlos vorübergegangen. Er ist in seelisch gebrochener Mann. Bereits am 11. März 1947 stirbt er im Alter von nur 57 Jahren.

Dass MICHAEL GEIGER auf seine Weise zu den Kämpfern des vielfachen „kleinen Widerstands" des Volkes in der Nazizeit gehört, harrt noch der Würdigung, sowohl in seiner früheren Gemeinde KIRCHENPINGARTEN, als auch bei der katholischen Kirchenleitung in REGENSBURG. Er stärkte seiner Gemeinde für ihren symbolischen Widerstand beim Hitler-Referendum den Rücken. Seine anschließend gewählten Mittel, um die Nazi-Partei mit ihren Grundwidersprüchen an Glaubwürdigkeit und Menschenbild zu konfrontieren, werden sicher auch heute noch als anstößig empfunden, sie müssen aber entsprechend den Möglichkeiten der damaligen Zeitumstände bewertet werden.

Dagegen haben noch zu seinen Lebzeiten seine politischen Gegner in der Frankenpfalz das Urteil des Sondergerichts gezielt genutzt, um Geigers bis dahin untadeligen Ruf in der Gemeinde auf Dauer zu zerstören. Z.B. unterstellten sie ihm fälschlich, er habe Gemeindeglieder wegen „Schwarzschlachtens" angezeigt. Dieses gezielt gestreute Fehlurteil hat sich an den Stammtischen bis heute gehalten und wird von älteren Gemeindegliedern auch nur ungern revidiert.

Und wie gingen die von den damaligen Vorfällen betroffenen Parteimitglieder mit ihren Fällen um? Der Fleischbeschauer und Parteigenosse HANS JOSEF SCH. rächte sich nach dem Krieg für die erlittene Gefängnisstrafe von vier Monaten, die er für seine Gewichtsdrückereien erhalten hatte. Er bezichtigte vier unbescholtene Kritiker und Mitbürger in TRESSAU unbegründet, Zwangsarbeiter während der Nazizeit unmenschlich behandelt zu haben. Damit lieferte er sie der Justiz der Spruchkammern aus und nötigte ihnen unangenehme Verfahren auf.

Auch der damalige Ortsgruppenleiter HANS BUSCH erweist sich in vieler Beziehung als eine schillernde Figur. Er war ja beim Überfall der Nazis auf Kirchenpingarten am Verhör der Pfarrer beteiligt. Im Jahr 1941 übernahm er dann von JOSEF SCHERM das Bürgermeisteramt für KIRCHENPINGARTEN, weil SCHERM als politisch „unzuverlässigen" galt. Noch in der Hitlerzeit, im vorletzten Kriegsjahr 1944, bringt BUSCH mit SCHERM zusammen die schon genannte Kirchenpingärtner Ortsbürgerin ANNA BUCHBINDER vor das gleiche Sondergericht, vor dem auch Pfarrer GEIGER zwei Jahre zuvor stand. Sie wird dort zu einem halben Jahr Gefängnis verurteilt, weil sie Buschs Forderung, Räume für mögliche Bombenopfer zur Verfügung zu stellen, mit dem trotzigen Satz widersprochen hatte: *„Sollen die die Leute aufnehmen, die den Krieg angefangen haben"*.

BUSCH erhielt dann nach dem Krieg eine harte Bestrafung. Er musste als Naziaktivist zunächst im Internierungslager der Amerikaner in MOOSBURG eine gewaltige Haftzeit von 34 Monaten verbüßen. Anschließend wurde er von der Spruchkammer, wie sein Weidenberger Kollege, Ortsgruppenleiter RUMLER, in Gruppe III der „Minderbelasteten" eingestuft und kam erst nach einer Bewährungszeit in die Gruppe IV der „Mitläufer".

Seit diesen unseligen Zeiten geht ein tiefer Riss durch die ältere Bevölkerung der Frankenpfalz, der insbesondere in TRESSAU noch zu spüren ist und der bis heute nicht wirklich besprochen und aufgearbeitet ist.

Der aus Tressau gebürtige ALOIS SCHOBER hat ein Gedicht geschrieben, in dessen viertem Vers er auch auf diese Zeit zurückschaut. Sie ist für ihn und viele seiner damaligen Mitmenschen voller lebendiger tragischer Erinnerungen und voll tiefer leidvoller Erfahrungen.

SCHOBER hat dieses Gedicht persönlich mit der wehmütigen Melodie des bekannten schottischen „Auld Lang Syne" versehen. Im Jahr 2012 hat es der Kirchenpingärtner Gemeinderat nach ausführlicher Beschäftigung mit der Geschichte der Frankenpfalz als „Frankenpfalzlied" und als wichtige Erinnerung aus der Taufe gehobenen.

Die jüngeren Generationen kennen ja diese Zeit, die ihre Großeltern betrifft, nur aus der fernen Perspektive der Schulbücher. Doch können sie sich 80 oder 90 Jahre nach diesen Ereignissen nun hier in diesem Supplementband des Projektes „MYRTEN FÜR DORNEN" eingehend informieren, was es bedeutet, wenn wir diese Zeit so deuten: „ALS HITLERS GOTTHEIT INFRAGE STAND". Und sie können sich hautnah und umfassend über die Hintergründe des folgenden Verses informieren. Es stammt aus dem oben genannten „FRANKENPFALZLIED", das auf der folgenden Seite bewusst vollständig abgedruckt wird:

Die Menschen in der Frankenpfalz,
bestanden manchen Test.
In schweren Zeiten, tiefer Not
stand man im Glauben fest.
So konnte nach der braunen Zeit
die Hoffnung neu aufgeh'n.
Doch Wunden aus der Nazizeit
lang im Gedächtnis steh'n.

FRANKENPFALZLIED
Melodie aus Schottland - Text: Alois Schober 2012
Die Bä-che frisch, die Wäl-der still, da - zu der Fel-der Kleid,
die Hü-gel sanft, die Wie-sen grün, ge - pflegt seit al-ter Zeit.
Die Fran-ken-pfalz, wer kennt sie nicht, das schö-ne Fleck-chen Erd'?
Für Men-schen in den Dör-fern drin hat sie der Hei-mat Wert.
2. Der Heinersbach durch Muckenreuth und Reislas munter fließt,
bevor er sich zum Weiterlauf nach Heidenaab entschließt.
Sein Wasser in der Heidenaab wird weiter kaum vermisst,
weil für den Durst ein Frankenbier uns sehr bekömmlich ist.
3. Der Weiler und der Dörfer viel sind in das Land gestreut:
Ob Flinsberg, Lienlas, Pingarten, Tressau und Eckartsreuth,
ob Schmettersloh, ob Hahnengrün, Kirmsees und Fuchsendorf,
den guten Ruf der Frankenpfalz pflegt auch der kleinste Ort
4. Die Menschen in der Frankenpfalz, bestanden manchen Test.
In schweren Zeiten, tiefer Not stand man im Glauben fest.
So konnte nach der braunen Zeit die Hoffnung neu aufgeh'n.
Doch Wunden aus der Nazizeit lang im Gedächtnis steh'n.
5. Wer aus der Fremde heimkehrt, merkt, wie schön die Landschaft ist.
Vom Poppenberg zum Rauhen Kulm er Flurenpracht genießt.
Gedanken aus der Jugendzeit, an Freunde werden wach.
Sie alle gingen ihren Weg: Wie schön, dass es sie gab.
6. Der Zukunft unsrer Frankenpfalz und ihren Menschen Glück!
Stets Friede segne dieses Land und Not kehr' nie zurück!
Die Hoffnung sei uns stets gewiss, geb' uns im Leben Halt:
Wir ruhen all in Gottes Hand, mit uns die Frankenpfalz.

PROJEKT „MYRTEN FÜR DORNEN“

– Supplement –

2. Buch:

„Die Weidenberger Himmelsbriefe“

– Ein vergessener stummer Schrei nach Segen

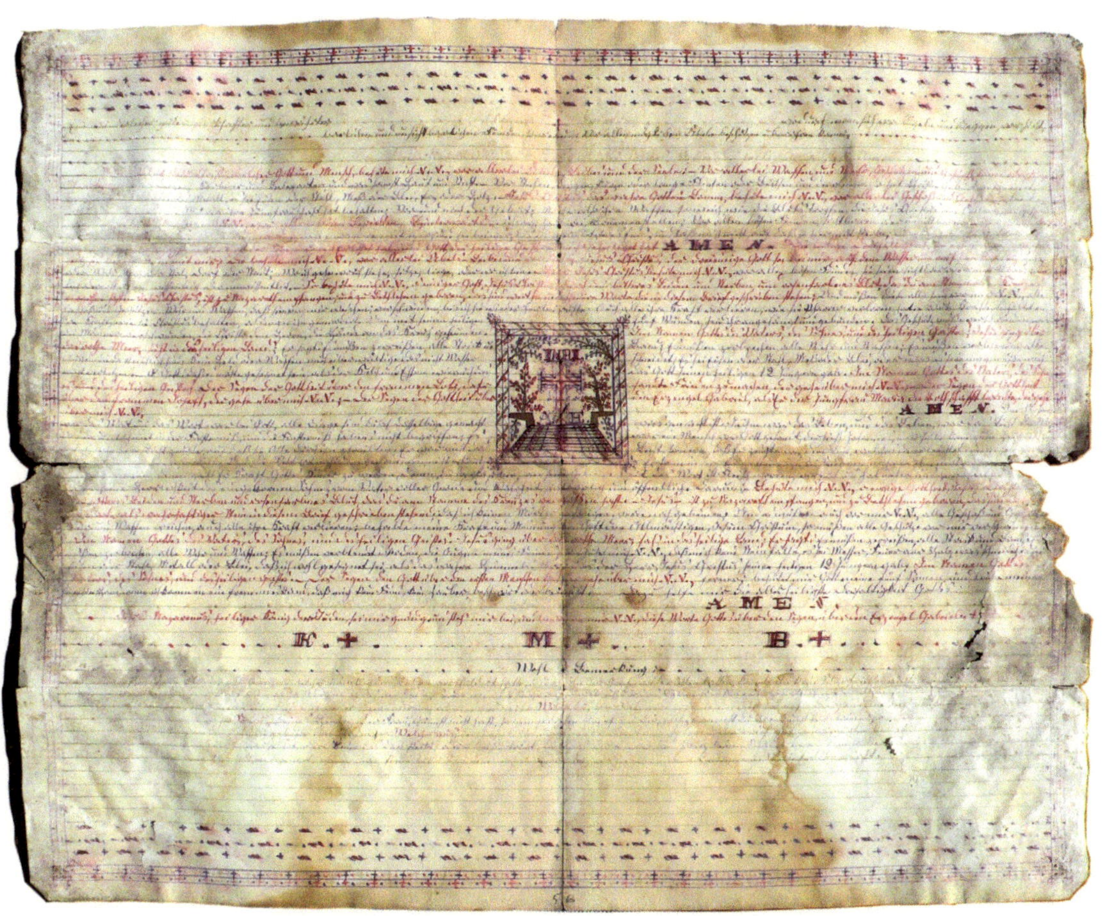

ZWEITES BUCH:

„DIE WEIDENBERGER HIMMELSBRIEFE“

– Ein vergessener stummer Schrei nach Segen

Inhalt:

1. Volksreligiöse Erbauungsliteratur als Vielzweckmedizin im täglichen Lebenskampf

Himmelsbriefe - Christliche Erbauungsliteratur oder Aberglaube?

Können wir uns das vorstellen: Ein Text, in alter Sütterlinschrift sorgfältig auf Pergamentpapier handgeschrieben, in der Größe von ein oder zwei Blatt Papier, und mit der Überschrift „Himmelsbrief" oder „Machtbrief" versehen? Können wir uns vorstellen: Dieser Brief, sorgfältig zusammengefaltet und zwischen die Dachsparren des Hauses gesteckt, in der Erwartung, dass so ein Manuskript diesem Haus Schutz garantiert vor Feuer oder gegen Einbruch? Oder in einem Stoffbeutelchen direkt auf der Haut getragen, in der Hoffnung, behütet zu werden vor Krankheiten oder vor diebischen Überfällen von Räubern? Oder von der besorgten Mutter in die Uniformkleidung des jungen Sohnes eingenäht, wenn er als Soldat ins Feld ziehen muss, in der Hoffnung, dass den Sohn keine tödliche Kugel treffen möge?

Wir würden wohl sagen, das ist doch Aberglaube! Können wir uns vorstellen, dass, nach der Auskunft der Weidenberger Pfarrbeschreibung von 1914[31], noch in dieser Zeit vor dem Ersten Weltkrieg in fast jedem evangelischen Haushalt der Marktgemeinde solche Himmelsbriefe zu finden waren? Oder dass sogar noch im Zweiten Weltkrieg viele deutsche Soldaten solche Himmelsbriefe am Körper trugen?

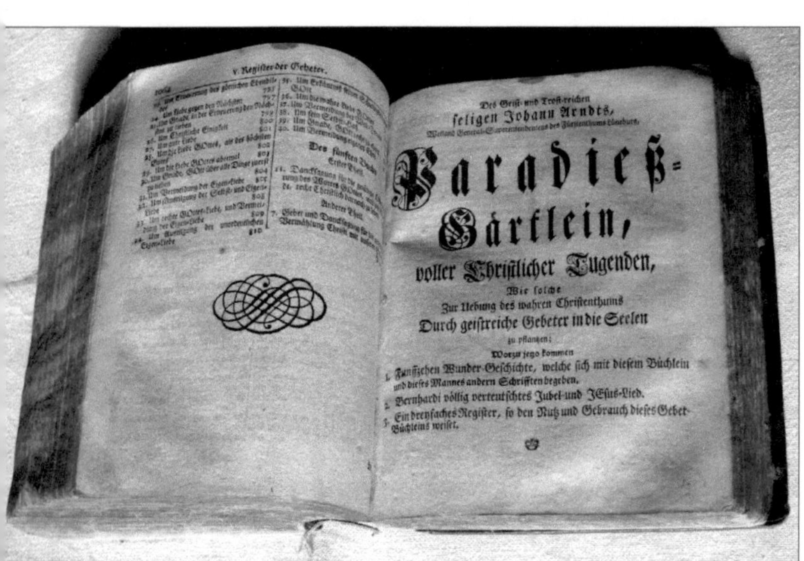

Erbauungsliteratur in Weidenberg: JOHANN ARNDT, „Wahres Christentum" und „Paradiesgärtlein", aufgefunden von BERND EISMANN im ehemaligen Anwesen Pfirsch Nr. 2 in Döberschütz

Vielleicht haben manche Menschen der jüngeren Generation solche Briefe beim Auf-

[31] Vollständig eingelesen und abgedruckt in der 1. Folge des Projektes „MYRTEN FÜR DORNEN – Weidenberger Geschichtsquellen" ab S. 59ff.

räumen des Nachlasses der Großeltern schon in der Hand gehabt und unwissend achtlos weggeworfen. Möglicherweise haben sie sogar einen Container bestellt, um alles „Gerümpel" der Großeltern auf einmal zu entsorgen. Hätten sie wohl anders reagiert, wenn sie das seelsorgerliche Geheimnis dieser Briefe ihrer Vorfahren gekannt hätten? Denn jeder dieser handgeschriebenen Texte war eigentlich ein stummer Schrei nach Segen, ein Segen freilich, den man von der offiziellen Kirche und ihren Pfarrern in der Regel damals mangels Einfühlung nicht bekommen konnte.

In WEIDENBERG war zwar um die Wende vom 19. zum 20. Jahrhundert religiöse Erbauungsliteratur weit verbreitet. Vieles davon war bei den Pfarrern gern gesehen und gefördert. So finden sich auch heute in Nachlässen alter Bauernhöfe dicke schweinslederne Folianten mit Johann Arndts *„Wahrem Christentum"* oder *„Paradiesgärtlein"* – sie wurden nach der Erstausgabe 1605 immer wieder aufgelegt – oder mit Amadeus Kreuzbergers *„Achtzig Betrachtungen über das Leiden und Sterben unseres Herrn und Heilandes Jesu Christi."*

Von den Pfarrern missbilligt und verachtet wurden aber die so genannten *„Himmelsbriefe"* und vergleichbare Handschriften, obwohl sie nach dem Bericht der oben genannten Weidenberger Pfarrbeschreibung 1914 von Pfarrer HANS SCHALLER die meist verbreitete Literatur in evangelischen Häusern in WEIDENBERG und Umgebung überhaupt waren. SCHALLER nennt diese von den Besitzern meist selber geschriebenen umfangreichen Texte eine „Form des Aberglaubens". Sie galten als Schutz- und Allheilmittel gegen bedrohliche Ereignisse aller Art.

Nicht nur den Nachfahren der Briefschreiber, sondern auch den meisten jüngeren Theologen sind diese Himmelsbriefe aus ihrer Gemeindepraxis nicht mehr bekannt. Auch kommen sie als Thema wissenschaftlicher theologischer Arbeit an den Universitäten nicht vor. Auch bedeutende öffentliche Einrichtungen unserer Region, wie die Staatsbibliothek Bamberg, haben für diese eigentümliche Hinterlassenschaft bisher wenig Interesse gezeigt. Diese Himmelsbriefe werden aber bezeichnenderweise in einschlägigen historischen Lexika-Artikeln, z.B. im *„Handwörterbuch des Deutschen Aberglaubens"*, besprochen. Und sie kommen auch häufig im Nachlass der letzten Kriegsgeneration ans Licht und werden dann bisweilen verwundert im heimatkundlichen Schrifttum präsentiert.

Pfr. SCHALLER begegnete seinerzeit diesen Briefen mit dem deutlichen Überlegenheitsgefühl eines aufgeklärten Theologen, der solche Praxis rational betrachtet und in Bausch und Bogen als Humbug verurteilt. Er stellt sich nicht die Frage, ob es vielleicht seelsorgerliche Gründe hat, wenn seine Gemeinde sich so auffällig verhält. Er schreibt über die Bandbreite der Anwendung und lässt uns dabei seine Verachtung spüren:

„Der Himmelsbrief wird schon bei besonders schwerwiegenden Gängen benutzt,

dann bei Krankheiten, und vor allem dann, wenn ein Sohn zum Militär kommt oder in den Krieg zieht. Manche tragen ihn überhaupt zeitlebens als Schutzmittel am Hals in einem Säckchen. Der jeweilige Himmelsbrief ist um 5 Pfennig gedruckt zu haben, doch wenn er vom Träger selber geschrieben ist, dann hilft er umso sicherer, dann ist es ein ‚probatum'".

Alte Himmelsbriefe aus Weidenberg

Als Muster hat Pfarrer SCHALLER zu seiner Zeit zwei solcher Briefe, die er in der Gemeinde WEIDENBERG fand, abgeschrieben und mitsamt der vorgefundenen fehlerhaften Orthografie in seine Pfarrbeschreibung aufgenommen. Über den ersten Brief teilt er mit, dass er auf altem Pergamentpapier geschrieben und sicher schon 100 Jahre alt sei. Nach Schallers Angaben stammt er also aus der Napoleonischen Zeit. Er werde wie ein Heiligtum aufbewahrt und gelte als ein Schutzmittel zur Bekämpfung der Gicht in ihren vielfältigen Formen.

Dieser Brief wirkt von der verwendeten magischen Formelsprache her am altertümlichsten; sie erinnert an die Merseburger Zaubersprüche und andere uralte Beschwörungen dieser Art. Man wird also bei Schätzungen über das Alter der Texte noch viel weiter als bis ins 18. Jh. zurückgehen müssen.

Auffällig ist, dass solche Briefe von Generation zu Generation weitergegeben wurden. Sie führten dabei offenbar von Beginn an ein Eigenleben, wie die verschiedenen Fassungen zeigen, sie wurden ergänzt oder verändert. Sie ließen sich auch nicht einfach „besitzen". Man konnte sie nur bei sich tragen. Und man musste sie weitergeben wie Kettenbriefe.

Zunächst waren sie wohl nur in handschriftlicher Form verbreitet. In späterer Zeit finden wir sie an anderen Orten auch in gedruckter Fassung, nicht aber in WEIDENBERG. Hier in und um den Marktort unterzogen sich einfache bäuerliche Menschen mit ihren groben Arbeitshänden der großen Mühe des Abschreibens. Wenn sich dabei neue Rechtschreibefehler einschlichen, wurden sie vom folgenden Abschreiber meist mit abgeschrieben, bisweilen aber auch ausgebessert oder nach eigenem Verständnis verschlimmbessert.

Um einen Eindruck von der Sprache solcher Himmelsbriefe zu gewinnen, drucken wir im Folgenden den Wortlaut entsprechend Schallers Vorlage ab, Rechtschreibung und Zeichensetzung sind also hier bewusst nicht korrigiert. Die „geheimen" einzelnen, punktierten Großbuchstaben, die meist am Ende des Textes auftauchen, manchmal aber auch innerhalb eines solchen Textes, und die wie mystische Kürzel wirken,

Weidenberger Himmelsbrief gegen die Gicht

„Im Namen Gottes des Vaters und Gottes des Sohnes und Gottes des Heiligen Geistes + Amen. Amen. In der nacht da Gott der Herr Verrathen, hatte die liebe Sonn' gescheinet den gantzen Tag und die gantze Nacht, da ist Gott dem Herrn sein Rosinfarber Mund verblichen, da sint die lieben zwölf Boden (d.h. Apostel) von Hause abgewichen. Da hat der Herr geboten das Alten gicht, der Schwelenden gicht, der Fleckenden gicht, der Rassenden gicht, der gelben gicht, der Lammen gicht, der Feuer gicht, der Adergicht, der ed. Messun gicht, der Weissen gicht, der gelben gicht und der Leberden gicht, der haubt hirn gicht, der Nehren (Nieren) gicht, Markgicht und Schulder und geflechless und Adergicht, der Bludgicht, der lauffenden gicht, Wolken gicht und alle der Sieben Siebensicher gesicht und gicht, dass du ausziehes Von mir und mir meine gliedmassen Keines zureiss noch zerbricht und mir Kein schaden in Meinem gantzen leib thun kannst, das gebeit der ***ich der Herr Jesus****. Er gebeit dir im Stamme des heiligen Kreutzes und am stamme des Ewigenats du gesicht und gicht, dass du aus dir ziehest von mir und nicht Eher wider kommst biss die Mutter gottes wieder einen Sohn trägt und auch gebierd, der Jesus Christus heisst wieder geiest und auch geiest wieder biss Jesus Christus Kommen wird über mich und über alle Tode Sündern und Sünderin du gesicht und gicht so ziehe nun auss von mir in Nahmen Gottes ... Amen. G e h d v d v i K h o d g a c."*

Bei Pfarrer Schaller zitiert: Himmelsbrief gegen Gicht – ein alter christlicher Talisman

sind für uns heute kaum noch interpretierbar. Sie unterscheiden sich auch in den verschiedenen Varianten, in denen solche Texte damals in den deutschsprachigen Ländern und Gegenden Europas umliefen, ohne dass dabei ein System erkennbar wird.

Die Nennung von rd. 20 Gicht-Arten in diesem Beschwörungsbrief führt uns in die Welt uralter mystischer Anschauungen, wie sie noch im Märchen vom Rumpelstilzchen nachklingen: Man kann jemanden aus der Gewalt eines Dämons erlösen, wenn man diesen beim richtigen Namen nennt. Da aber nur die Nennung des wahrhaft richtigen Namens den lösenden Zauber bewirken kann, werden bewusst gleich eine ganze Reihe von absonderlichen Bezeichnungen der Gicht, welche die Volksmedizin kennt, auf einmal angerufen, um hier nicht fehlzugreifen.

Es ist nicht zu übersehen, dass Schallers „Gicht-Brief“ auf jede Frontstellung gegen die Kirche verzichtet. Er sucht vielmehr sprachlich sogar bewusst die Verbindung zu den „offiziellen“ Glaubensaussagen der Christlichen Kirche: Die Trinität wird beschworen. Die gewählte Sprache ist liturgisch. Auf die Rolle des gekreuzigten Jesus und der Apostel für das Heil des Glaubenden wird angespielt. Es muss also gefragt werden, wie diese Briefe mit dem christlichen Glauben zusammenhängen; das soll weiter unten geschehen.

Vorab soll hier aber vermerkt werden, dass zu diesem Brief auch eine ‚Gebrauchsanweisung‘ gehört. Pfarrer Schaller zitiert sie im Anschluss an diese Gichtbeschwörung. Hier wird eine neun Tage währende körperliche Berührung mit dem Brief verordnet. Währenddessen soll das Geschriebene wohl in einem Beutel um den Hals hängen. Danach soll das Dokument in fließendes Wasser geworfen werden, gleichsam als ob mit ihm zusammen die schmerzhafte Krankheit fortgespült wird:

„Diese oben stehen wortte, oder aber diesen Brief muss man Neun Tag an den Halz hengend haben und die Neundte dass man solchen angehengen, muss man ihm wieder herunternehmen und in das fliessende Wasser werffen.“

Während Pfarrer Schallers erstes Muster eines Himmelsbriefes sinnentstellende Fehler bzw. Auslassungen zeigt, die im Text oben bewusst mit abgeschrieben sind, ist der zweite hier abgedruckte Weidenberger „Machtbrief“ nachträglich korrigiert bzw. ergänzt. Die fast wortwörtlich gleichlautende Vorlage für viele Elemente dieses Textes findet sich z.B. bereits im Jahr 1879 bei KARL BARTSCH, *Sagen, Märchen und Gebräuche aus Mecklenburg*, oder auch 1881 bei LUDWIG STRACKERJAN, *Aberglaube und Sagen aus dem Herzogtum Oldenburg*. Es legt sich aus diesem Vergleich der Eindruck nahe, dass dieser zweite Weidenberger Himmelsbrief aus verschiedenen solcher damals umlaufenden kürzeren Himmelsbriefen zusammengesetzt ist. Der erste Teil heißt bei STRACKERJAN *„Braker Himmelsbrief“*, der zweite *„Haus- und Schutzbrief“*. Andererseits fehlen bei dem Weidenberger Brief auffallenderweise die Drohworte am Schluss des Textes, die sonst üblicherweise beigefügt sind.

Vielzweckmedizin im Lebenskampf:
Weidenberger Himmelsbrief gegen allerlei Probleme – Ein „Machtbrief“ –

*„**Ein Graf hatte einen Diener**, der wollte sich für seinen Vater B.G.H. das Haupt abschlagen lassen. Wie nun solches geschehen sollte, hat ihm der Scharfrichter den Kopf nicht abschlagen können. Wie der Graf nun das gesehen, hat er den Diener gefragt, wie nun solches zuginge, dass ihm das Schwert keinen Schaden zufügen kann. Da hat ihm der Diener diesen Brief gezeigt mit den so genannten Buchstaben A J I P H H S H A H. Wie nun der Graf den Brief gesehen, so hat er befohlen, dass ein jeder den Brief bei sich tragen soll.*

***Wenn einem die Nase blutet**, der sonst blutigen Schaden hat, und das Blut nicht stillen kann, der nehme diesen Brief und lege ihn darauf, so wird derselbe das Blut stillen. Wer das nicht glauben will, der schreibe diese Buchstaben auf einen Degen oder auf die Scheide des Gewehrs und steche auf eine Katze, so wird er sehen, dass es wahr sein wird. Wer diesen Brief bei sich trägt, kann nicht bezaubert werden und seine Feinde können ihm keinen Schaden zufügen, das sind die fünf Wunden Christi, nämlich H H G F H, so bist du sicher, dass kein falsches Urteil LG geschehen kann A A S T.*

Ferner wer diesen Brief bei sich trägt, kann kein Blitz oder Donner, kein Feuer oder Wasser Schaden tun. Wenn eine Frau gebären soll und die Geburt nicht von ihr will, so gebe man ihr den Brief in die Hand, so wird sie bald gebären, und das Kind glücklich werden. Dieser Brief ist ehrenwert bei sich zu tragen als Gotteshaus- und Schutzbrief. Im Namen des Vaters + und des Sohnes + und des heiligen Geistes +

***So wie Christus in den Gärten stille stand**, so sollen alle Geschütze stille stehen. Ja, wer diesen Brief bei sich trägt, darf von nichts befürchten, weder von Geschützen, Dieben und Mördern. Alle sichtbaren und unsichtbaren Geschütze müssen auf den Befehl und statt Jesu stille stehen. Eben auf den Befehl [des Engels] Michael H h G D 1hi L B und g.d.h.g. Gott sei mit mir. Wer diesen Brief gegen die Feinde bei sich hat, der wird von allen Gefahren beschützt.*

***Wer diesen Brief nicht glauben will, der hänge diesen Brief um den Hals eines Hundes [und schieße auf ihn], so wird er sehen, dass es wahr ist.** Wer diesen Brief bei sich trägt, wird nicht gefangen werden, so wahr, als wahr [ist, dass] Jesus Christus gestorben und gen Himmel gefahren ist, so wahr, dass er auf Erden gewandelt, kann nicht gestochen noch geschossen noch verletzt werden. Fleisch und Gedärme, alles wird unbeschädigt bleiben. Ich beschwöre alle Gewehre auf der Welt bei dem Leben gegen Gott den Vater + den Sohn + und den Heiligen Geist +.*

Ich bitte unseres Herrn Christi Blut,
das mich keine Kugel treffen tut,
sie sei von Gold, Silber oder Blei.
Gott im Himmel mach [halt] mich von allem frei.
Im Namen Gottes des Vaters+ des Sohnes + und des Heiligen Geistes.

*Dieser Brief ist **vom Himmel gesandt und in Holstein gefunden worden 1724**. Derselbe war mit goldenen Buchstaben geschrieben und schwebte über der Taufe [Tenne] zu Pözum [Redana]. Wenn man ihn ergreifen wollte, wich er zurück, bis 1794, da machte sich jemand den Gedanken und wagte es, ihn abzuschreiben.*

*Ferner stand darin: Wer am Sonntag arbeitet, ist von mir verdammt. **Ihr sollt am Sonntag nicht arbeiten**, sondern in die Kirche gehen und mit Andacht beten. Ihr sollt nicht sein wie die unvernünftigen Tiere. Ich gebiete: Sechs Tage sollt ihr arbeiten, den siebten sollt Ihr Gottes Wort hören. Werdet ihr das nicht tun, so werde ich euch strafen mit Pestilenz, Krieg und teurer Zeitpunkt.*

*Ich gebiete, den Sonnabend nicht so spät zu arbeiten. Jedermann, er sei jung oder alt, soll für seine Sünde beten, dass sie ihn vergeben werde. Schwört nicht bei meinem Namen. Begehrt nicht Gold oder Silber. [Schämt euch vor Menschenlüsten oder Begierden, denn so geschwind ich euch geschaffen, kann ich euch vernichten]. Seid mit der Zunge nicht [falsch]. Ehrt Vater und Mutter. Redet nicht falsches Zeugnis wider euren Nächsten. Dann gebe ich euch **Gesundheit** und Ehre.*

Wer diesen Brief hat und nicht danach tut, ist von mir verlassen und soll weder Glück noch Segen haben. [Wenn eine Frau gebäret und die Geburt nicht von ihr will, so gebe man ihr diesen Brief in die Hand, so wird sie bald eine liebliche Frucht zur Welt bringen, und das Kind wird glücklich sein]. Ich sage euch, dass Jesus Christus den Brief geschrieben hat. Wer diesem widerspricht, ist von mir verlassen und soll keine Hilfe haben. Wer diesen Brief hat und nicht danach tut offenbart, ist verflucht von der christlichen Kirche. Diesen Brief soll ein jeder den anderen abschreiben lassen und wenn ihr soviel Sünden als Sand am Meere [habt], so sollen sie euch vergeben werden.

Wer dieses nicht glaubt, der soll des Todes sterben. Bekehrt euch, sonst werdet ihr ernstlich bestraft werden. Wenn Ihr mir am längsten Tage keine Antwort geben könnt, wegen eurer Sünde, so werdet ihr Strafe empfangen. Wer diesen Brief im Hause hat, den soll kein Donnerwetter treffen. Welche Frau diesen Brief bei sich hat, wird Frucht zur Welt bringen. Haltet meine Gebote, welche ich euch durch meine Engel gesandt habe. Im Namen Jesu. Amen."

(Überliefert in der Weidenberger Kirchenbeschreibung 1913)

Die mysteriöse Geschichte vom Diener des Grafen, der sich für seinen Vater den Kopf abschlagen lassen will oder soll, und dem der Scharfrichter dank dieses Himmelsbriefes nichts anhaben kann, bildet die Einleitung zu einer bunten Fülle von Mitteln und Ratschlägen gegen Widerfahrnisse des Lebens, insbesondere Schutz vor Verletzungen und Verwundungen.

Weil die Briefe als „vom Himmel gesandt" galten, sprach man ihnen die Macht zu, Menschen und ihr Hab und Gut zu beschützen, daher der Ausdruck „Machtbrief".

Einen recht eindrucksvollen Zeitzeugenbericht über den Gebrauch dieses „Machtbriefes" noch im Zweiten Weltkrieg hat MAXIMILIAN SCHELS 2007 nach dem Interview von JOHANN PIRZER über die Soldaten im Krieg aufgeschrieben. Diesen Himmelsbrief geben wir weiter unten wieder. Hier wird auch eine angeblich wahre Geschichte um den eigentümlichen „Schießbefehl auf den Hund" erzählt; er wird als Prüfstein für die Wahrheit in diesem Himmelsbrief bezeichnet. Die bestürzende Wirkung des Briefes von PIRZER wird als glaubensförderndes Wunder gepriesen.

Die gleiche Text-Vorlage verwenden offenbar auch die weiter unten erwähnten Briefe III b und III c vom Köhlerhof oberhalb von LESSAU; sie ist dort explizit als *„Himmelsbrief"* bzw. als *„Ein Machtbrief"* überschrieben.

Ein christlicher Auftrag: „Macht Kranke gesund, weckt Tote auf, macht Aussätzige rein, treibt böse Geister aus"

Pfarrer SCHALLER hat also seinerzeit festgestellt, dass dieser hier zitierte „Machtbrief" zu seiner Zeit in den meisten Häusern Weidenbergs anzutreffen war und dass man seinem Besitz wirklich magische Wirkung zugemessen habe. Der Pfarrer erregte sich nicht nur über den vermeintlich hier zutage tretenden Aberglauben, sondern insbesondere auch über die fehlerhafte Orthografie, die erkennen lasse, „welches Geistes Kinder die Schreiber derselben gewesen sind".

SCHALLER fragte aber nicht, welches Bedürfnis nach Segen sich hinter der anstößigen, aber verbreiteten Praxis seiner Gemeindeglieder verbergen könnte und ob dieses Bedürfnis nach Maßgabe der Bibel berechtigt sei. Die Bibel ist ja voll ist von Segensversprechungen und Heilserwartungen. Und sie nimmt die Gläubigen bei der Vermittlung dieses Heils mit in Anspruch. Einen besonderen Rang nimmt dabei der aufsehenerregende Auftrag ein, den Jesus seinen Jüngern erteilt: Sie sollen „Dämonen austreiben" und Menschen segnen und heilen (Matth. 10, 7f; Mark. 6,7ff).

Die Verfasser der Evangelien und die Apostel haben diesen Auftrag für die Jünger nicht symbolisch verstanden, sondern wortwörtlich. Diese frühen Christen interpretierten die wundersamen Vorgänge spirituell-medizinisch und behaupteten, JESUS und seine Jünger hätten wirklich Menschen zum Leben erweckt; sie hätten sie von vielfältiger Blindheit und von Lähmungen geheilt und böse Geister vertrieben. Die ganze Gemeinde hätte die Gabe zu solcher Heilung.

Mit dem Ende der Apostelzeit scheint die Vorstellung von dieser Begabung zur Heilung und das Vertrauen in ihre Praxis aber erlöscht zu sein. Seitdem treten die Kirche und ihre liturgischen Rituale an die Stelle der wundersamen und heilenden Wirkungen des Heiligen Geistes.

Dabei ist es so, dass JESUS von seinem Auftrag an seine Jünger, andere Menschen zu segnen und zu heilen, nie etwas zurückgenommen hat. Dieser Auftrag war nicht befristet. Heilungen haben aber nach seiner Weisung ihren Ort jetzt – nach Jesu Auferstehung und Himmelfahrt – in der Gemeinde. *„Wo zwei oder drei in meinem Namen beisammen sind, da bin ich mitten unter ihnen"*, so hat JESUS versprochen. Sein Geist und seine vitalisierende Kraft sollen in einer Gemeinde weiterwirken, in der Menschen im Namen Jesu beisammen sind und aneinander in Liebe Anteil nehmen.

Das wissen viele Gemeinden nicht. Sie erfahren von ihrem Charisma auch nicht durch ihre Pfarrer. Denn wie Pfarrer SCHALLER in seiner Zeit, so hat seine gesamte Evangelisch-Lutherische Kirche ihr Handeln einseitig auf die Verkündigung des Wortes Gottes und auf die moralische Erziehung des Volkes ausgerichtet. Sie erkennt nicht und will deshalb auch nicht zugeben, dass sie beim Auftrag zum Segnen und Heilen ein ausgesprochenes Defizit hat. Die Kirche möchte nur Verkünderin und Predigerin des *Heils* sein. Sie begegnet dem Verlangen der Menschen nach *Heilung* mit Zurückhaltung und Verlegenheit. Sie praktiziert deshalb die Segnung nur sehr oberflächlich. Der Segen ist vielfach lediglich ein formales Anhängsel ihrer Liturgie und eher selten ein Herzstück der seelsorgerlichen Praxis.

Die Kirche hat auch kaum Erfahrung mit dem Heilen. Sie sieht das Heilen ausschließlich als Sache der Ärzte an. Sie hat schon gar keine Erfahrung mit dem Austreiben von Dämonen. Gesellschaftliche Phänomene dieser Art überlässt sie lieber den Soziologen, seelische dem Psychiater. Die irrationalen Bereiche des Lebens scheinen der aufgeklärten Kirche der Neuzeit unheimlich.

Darum stand sie natürlich auch den Beschwörungsformeln spezifischer Himmelsbriefe gegen Gicht oder gegen die Wirkung von todesbringenden Geschossen am Vorabend der großen Kriege verständnislos und ablehnend gegenüber. Darum wird sie aber auch beim Aufkommen des Dämons Hitler und des Nationalsozialismus genau in dieser Zeit nach dem Ersten Weltkrieg damals mangels Erkenntnis so sehr versagen und ausgerechnet den hypnotischen und rhetorischen Beschwörungspraktiken Hitlers anfangs fast widerstandslos erliegen. Und weil sie sich nicht nur beim Austreiben von Dämonen schwertut, sondern auch beim Segnen und Heilen damals so rar macht, sind auch ihrer Schäflein angesichts der Segens- und Heilsversprechungen der aufkommenden Nazi-Weltanschauung seinerzeit anfangs so ratlos und verirren sich mancherorts bei den Hitler-enthusiastischen „Deutschen Christen“ und praktizieren deren Beschwörungswelt von Rassismus und Antisemitismus.[32]

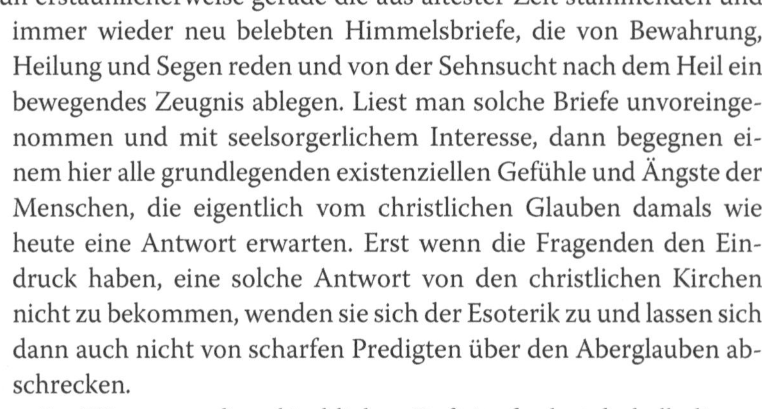

Es sind aber nun erstaunlicherweise gerade die aus ältester Zeit stammenden und immer wieder neu belebten Himmelsbriefe, die von Bewahrung, Heilung und Segen reden und von der Sehnsucht nach dem Heil ein bewegendes Zeugnis ablegen. Liest man solche Briefe unvoreingenommen und mit seelsorgerlichem Interesse, dann begegnen einem hier alle grundlegenden existenziellen Gefühle und Ängste der Menschen, die eigentlich vom christlichen Glauben damals wie heute eine Antwort erwarten. Erst wenn die Fragenden den Eindruck haben, eine solche Antwort von den christlichen Kirchen nicht zu bekommen, wenden sie sich der Esoterik zu und lassen sich dann auch nicht von scharfen Predigten über den Aberglauben abschrecken.

Beten und Segnen einüben: Regionalbischöfin Dr. Dorothea Greiner

Im Wissen um diese kirchlichen Defizite fordert deshalb die gegenwärtig amtierende Regionalbischöfin des Kirchenkreises Bayreuth, Dr. Dorothea Greiner, die eine ausgewiesene Expertin für das Thema „Segen und Segnen“ ist, die Theologen dazu auf, Menschen heute neu in eine bewusste Praxis des vertrauenden Betens und Segnens einzuführen. Befragt zu diesem Komplex argumentiert sie: Es helfe nichts, die Menschen für ihren Aberglauben nur

[32] Vergl. in der 4. Folge des Projektes „Myrten für Dornen – Christsein am Scheideweg“ insbesondere die Kapitel *„Die Kraft eines hitlerkritischen Christus-Bekenntnisses erweckt im Dritten Reich die Gemeinden“*, S. 102 ff, und *„Das Trojanische Pferd der Nazis – Der Weidenberger Pfarrer Theodor Hoffmann und die Deutschen Christen“*, S. 144 ff.

zu schelten. Dabei überließe man sie ratlos ihrer Sehnsucht nach Leben und ließe sie mit ihrer Angst allein. Es könne andererseits aber auch nicht darum gehen, die Himmelsbriefe wieder neu zu beleben. Dazu enthielten sie, neben echter christlicher Frömmigkeit, zu viel weiß-magisches Gedankengut, das sich der Heilungskraft Gottes auf dingliche Weise bemächtigen wolle. Vielmehr müsse es das Ziel der Kirche sein, den Menschen Mut zu machen, sich direkt an Jesus Christus und an den Vater im Himmel zu wenden. Die Menschen müssten Anleitung erfahren für das einfache Beten und Segnen, sie müssten sich neu einüben im Vertrauen auf Gott und seine liebende Gegenwart.

Offen bleibt freilich, ob nicht viele evangelische Christen den „christlichen Mitteln gegen die Angst", die ihre Regionalbischöfin ihnen für unsere Zeit vorschlägt, mit Hemmungen begegnen werden. Wenn sie sich etwa bekreuzigen oder Weihwasser gebrauchen sollen, werden sie das Gefühl haben, „Katholisches" zu tun und den lutherischen Glauben zu verlassen. Die Pfarrer müssten also wirklich bereit sein, die vielen kirchenungewohnten Menschen über den ökumenischen Gebrauch der Symbole aufzuklären. Luther war das Bekreuzigen und Segnen noch selbstverständlich. Solche Praxis des Betens und Segnens müssten die Gemeinden gründlich von Jugend an einüben. Auch fehlen heute in der Kirche so simple Handreichungen, wie es manche Himmelsbriefe damals waren, die man aufheben und in notvollen Situationen einfach hervorholen konnte.

2. Ein Mittel gegen die Angst der Soldaten auch noch im Zweiten Weltkrieg

Bibelwoche und Losungsbüchlein lösen die Himmelsbriefe ab

Die von Pfarrer Schaller erwähnten Texte sind ein Beweis, wie verbreitet Himmelsbriefe in seiner Zeit vor rund 100 Jahren waren. Sie waren aber nicht die letzten Exemplare dieser Art und auch nicht das letzte Wort in dieser Sache. Mehrere solcher Briefe, recht unterschiedlich in Alter, Form und Inhalt, sind auch noch in der Gegenwart des 21. Jh. an verschiedenen Orten der Gemeinde Weidenberg aufgetaucht. Sie zeigen, dass Himmelsbriefe auf jeden Fall noch bis zum Ende des Zweiten Weltkrieges in Gebrauch waren. Erst danach verlieren diese Briefe auch hier an Bedeutung.

Dagegen ist seit der Kirchenkampfzeit im Dritten Reich ganz neu die Bedeutung der alltäglichen Beschäftigung mit der Bibel ins Licht getreten. Mit dem „Barmer Bekenntnis" setzten die bekennenden Christen öffentlich im Mai 1934 dem umfassenden weltanschaulichen Anspruch der NS-Ideologie und des religionsgleichen Führerkultes das klare Gotteswort der Bibel entgegen.[33] Und seit 1937 wird diese Hochschätzung der Bibel in der Form der gemeinsamen Bibelwoche und der täglichen Losungen der Herrnhuter Brüdergemeine, sowie der Jahreslosung zum Markenkern der Bekennenden Kirche.[34] Den Höhepunkt dieses öffentlichen Bekennens markiert in Weidenberg das Bekenntnismarterl der MARGARETE SCHILLING mit seinen bewusst gewählten Losungstexten aus dem Alten Testament.[35]

Daneben werden aber die Himmelsbriefe vor allem in bäuerlichen Häusern noch eine Weile weiter verfasst und behalten insbesondere in Kriegszeiten ihre eigene Bedeutung.

Ein Himmelsbrief von Mutter oder Ehefrau

Dressendorf um 1925: Familie SAHRMANN

So hat eine Zeitzeugin, BRIGITTE SCHMIDT aus GÖRSCHNITZ bei Weidenberg, schon im Jahr 1999 solch einen Brief in ihrem Elternhaus aufgefunden. Sie war gespannt auf den Inhalt und hat das Schriftstück trotz Schwierigkeiten mit der alten Schrift eingelesen. Sie wollte mehr erfahren über den im Jahr 1914 geborenen Großvater CHRISTIAN LINDNER. Er ist als 28-Jähriger im Zweiten Weltkrieg, im Jahr 1942, beim deutschen Russlandfeldzug auf der Krim gefallen. Seine Enkelin hatte ihn nie persönlich kennenlernen dürfen.

Der individuelle Charakter der

---

[33] Vergl. in der genannten 4. Folge des Projektes „MYRTEN FÜR DORNEN" das Kapitel Barmen 1934: Wie sich Hitlers scheinbarer Triumph zu einem neuen Wunder für die Kirche wandelt, 135 ff.

[34] Aao. das Kapitel *„Neuartige Kampfmittel im Kirchenkampf des Dekanats Bayreuth"* ab S. 307 ff.

[35] Vergl. in der 1. Folge des Projektes „MYRTEN FÜR DORNEN – Am Vorabend der Urkatastrophen" insbesondere die Kapitel *„Das evangelische Bekenntnismarterl auf der Weidenberger Bocksleite"* S. 15 ff.

verwendeten Sütterlinschrift mit den ausgeprägten Ober- und Unterlängen lässt vermuten, dass wahrscheinlich Christians Mutter FRIEDERIKE, vielleicht auch seine Ehefrau ANNA, diese Texte mit eigener Hand abgeschrieben und dem jungen Mann mitgegeben haben. Vielleicht fanden sie die Vorlage dazu schon im eigenen Familienerbe vor. Solche Himmelsbriefe waren ja nicht nur in WEIDENBERG, sondern überall in Franken und in der benachbarten Oberpfalz verbreitet.

CHRISTIAN LINDNER stammte aus dem nah gelegenen GOLDKRONACH im Fichtelgebirge. Er hatte die Bauerstochter ANNA SAHRMANN aus DRESSENDORF geheiratet. In ihrem Heimatort war dann im Jahr 1935 auch ihr einziger Sohn HANS zur Welt gekommen.

Mit dem jungen Stammhalter: CHRISTIAN LINDNER mit dem kleinen HANS 1935

Im gleichen Jahr 1935 hatte die junge Familie in AU bei Görschnitz ein bäuerliches Anwesen übernommen. Eigentümer war bis dahin der 75-jährige Altbauer ERHARD HEIDENREICH, genannt „Au-Hartel“. Ihm und seiner 45 Jahre alten körperbehinderten Tochter KUNIGUNDA BARBARA, genannt Bärbel, wurde ein Bleiberecht auf Lebenszeit eingeräumt.

Im Jahr 1936 war CHRISTIAN LINDNER als 22-Jähriger als für den Wehrdienst tauglich gemustert worden. Im folgenden Jahr hatte er beim Infanterieregiment 42, das in HOF stationiert war, eine auf acht Wochen verkürzte Grundausbildung absolviert. Bereits fünf Tage vor Kriegsbeginn, am 26. August 1939, wird er zum aktiven Kriegsdienst einberufen. Obwohl er Bauer ist und eigentlich auf dem Hof dringend gebraucht wird, stellt ihn der NS-Ortsgruppenleiter nicht „u.k.“, d.h. „unabkömmlich“, weil zu dieser Zeit noch der Altbauer auf dem Hof ist.

Als Infanterieschütze muss CHRISTIAN an dem folgenschweren Angriff teilnehmen, den die deutsche Wehrmacht am 1. September 1939 auf Hitlers Weisung ohne Kriegserklärung auf Polen verübt. Dieser Überfall trägt den Deutschen anderentags sofort ein Ultimatum Englands und Frankreichs ein; nach dessen Verstreichen folgen unmittelbar die Kriegserklärungen dieser beiden Länder.

Bereits knapp drei Wochen nach Beendigung des Polenfeldzuges verlegt man Christians Einheit ins teilweise evakuierte Saargebiet östlich der Saar bei SAARLOUIS. Dort sehen die Deutschen in einem Sitzkrieg nun einem französischen Angriff entgegen, der aber außer einigen kleinen Scharmützeln nicht kommt.[36]

Andere deutsche Einheiten werden an die Weser verlegt und üben für die Besetzung Dänemarks und die Invasion in Norwegen. Sie wird dann tatsächlich vom April bis Juni 1940 genauso rasch vollzogen, wie die Besetzung Polens. Die Deutschen scheinen unbesiegbar.

Grundausbildung in Hof: CHRISTIAN LINDNER

Am 10. Mai 1940 befiehlt HITLER den „Fall Gelb", den Angriff auf die neutralen Staaten Belgien, Niederlande und Luxemburg. Er will in einer weit ausgreifenden „Sichelschnittbewegung" zum Schlag auf Frankreich ausholen und zum Ärmelkanal und dann nach Paris durchbrechen.

An diesem 10. Mai 1940 tritt Christian Lindners Einheit zum Angriff auf das kaum bewaffnete LUXEMBURG an. Sie bezieht Stellung östlich der Maginotlinie zwischen Luxemburg und der Mosel. Anfang Juni marschieren sie durch das rückwärtige Operationsgebiet vor LUXEMBURG bis vor die schwer befestigten Aisne-Forts und warten nun auf den „Fall Rot", den Angriff auf Frankreich, der dann am 5. Juni 1940 auch wirklich beginnt.

Schütze Lindner:
Besatzungssoldat in Frankreich

[36] Vergl. in der 6. Folge des Projektes „MYRTEN FÜR DORNEN – Untergehen und Aufstehen" das Kapitel „Die Evakuierung der Saarländer aus Ommersheim und Heckendalheim", S. 95 ff.

Wenn sich die Seelen der Soldaten ängstigen

CHRISTIAN LINDNER trägt den Himmelsbrief seiner Mutter wie einen Talisman in einer Art Brustbeutel bei sich. Was erwartet er sich davon? Hat er Angst? Hatte das modern ausgerüstete deutsche Heer nicht in einem rasanten Feldzug die Armeen und altmodischen Reiterkompanien Polens im Sturmlauf überrannt und binnen kaum fünf Wochen die Kapitulation der letzten polnischen Feldtruppen erzwungen? Hatten sie nicht genauso mühelos Dänemark, Norwegen und nun die Beneluxländer besetzt und stehen nun kraftstrotzend dem deutschen Erzfeind Frankreich gegenüber?

BRIGITTE SCHMIDT hat auch die Feldpostbriefe des Großvaters aus dieser Zeit genau durchgelesen. Doch entgegen allen Vermutungen findet sich da nichts von Siegesstimmung und von verinnerlichter Nazipropaganda, nichts von Herrenmenschengesinnung und Heldentum, die man dieser Soldatengeneration gern unterstellt. Stattdessen immer wieder die bange Frage von Anfang an: Was macht dieser Krieg mit uns? Wann ist er endlich aus?

Die Deutschen waren ja nicht unverwundbar, sie hatten genauso ihre Schwachstellen wie der Sagenheld ihrer Kindheit, der gehörnte Siegfried. Bereits am 12. September 1939 hatte die Kirchengemeinde Weidenberg erschüttert von ihrem ersten Kriegstoten, dem 22-jährigen ROBERT ANGERER aus WAIZENREUTH, Abschied nehmen müssen.

In Polen hatte LINDNER selbst miterlebt, wie sich nach dem ersten gewonnenen Gefecht in der Tucheler Heide in Westpreußen bereits nach wenigen Tagen zwar große Teile der dort stationierten polnischen Truppen ergeben hatten, doch aus einzelnen Widerstandsnestern war noch tagelang geschossen worden. ROBERT ANGERER hatte aus solch einem Hinterhalt einen tödlichen Kopfschuss erhalten. Bei den anschließenden „Säuberungen“, zu denen auch Lindners Einheit abkommandiert war, gingen die Deutschen gegen ihre Gegner erbarmungslos vor.

Es war das erste Mal, dass LINDNER diese grausige Seite des Militarismus kennenlernte. Sie bestimmte diesen Krieg praktisch vom ersten Tag an und hatte so gar nichts mit der angeblichen „Ritterlichkeit“ des Soldatentums zu tun. So waren bei wechselseitigen Massakern bereits am dritten Kriegstag beim „Bromberger Blutsonntag“ und bei Ciepielów am 8. September viele hundert Deutsche und Polen, Soldaten und Zivilisten, ums Leben gekommen.

Und CHRISTIAN LINDNER nimmt nun an, dass diese Gräuel sich auch beim Feldzug gegen Frankreich wiederholen werden. Besorgt und bar jedes Fanatismus fragt er immer wieder: Wann können wir heim?

Derweil muss sich in GÖRSCHNITZ seine liebe, herzensgute „ANNI“ allein um das 4-jährige kleine HÄNSCHEN sorgen; es hat seinen Vater doch noch kaum richtig kennengelernt. Auch warten daheim die Felder, der Hof. Wie kommt die Familie mit der versiegenden Arbeitskraft des „AU-HARTEL“ zurecht? Bald 80 Jahre wird dieser übernommene Austragsbauer nun alt. Außer ihm ist nur seine behinderte Tochter BÄRBEL da, es gibt keine weiteren männlichen Helfer. Wann ist der Krieg aus? - Fragen einer verängstigten, suchenden Seele. Und es gibt ja noch die Angst, selbst verwundet zu werden oder gar zu fallen, doch davon mag man als Soldat den Angehörigen gegenüber schon gar nicht reden.

Man hat ja über die deutschen Soldaten in jüngster Zeit auch ganz anderes gelesen. Aus Abhörprotokollen Gefangener ergäbe sich, dass diese Männer oft schon am zweiten oder dritten Tag ihres Einsatzes so abgebrüht gewesen wären, dass es ihnen gar nichts mehr ausgemacht hätte, auch Frauen und Kinder zu töten. Lässt der Krieg die Soldaten also zu Mordmaschinen verkommen? Die Verfasser des Buches „Soldaten“, SÖNKE NEITZEL und HARALD WELZER, räumen immerhin ein, dass die Soldaten in den abgehörten Gesprächen untereinander auffallend wenig über ihre tatsächlichen persönlichen Gefühle geredet hätten. Mit anderen Worten, die abgehörten Gespräche könnten auch viel Aufschneiderei enthalten, um die eigene Angst zu kompensieren. Junge Männer brüsten sich ja gern, um vor ihren Kameraden nicht als schwach zu erscheinen.

Aber es gibt diese eine hier besprochene Tatsache, die eine ganz andere und wohl realistischere Sprache redet, auch wenn sie bislang in der Öffentlichkeit noch wenig wahrgenommen und in der Forschung noch nicht hinreichend bedacht worden ist, nämlich: Sehr viele Soldaten, evangelische oder katholische, haben auch noch in diesem Zweiten Weltkrieg in Wahrheit solche Himmelsbriefe bei sich getragen!. Diese Tatsache zeigt, dass die jungen Helden Hitlers wohl gern nach außen den starken Mann markierten, weil das von ihnen erwartet wurde. In Wahrheit aber machten sie sich manchmal buchstäblich in die Hose.

Sie hatten tiefe Angst. Und zur Bewältigung dieser Angst griffen sie nach jedem Strohhalm, der sich ihnen bot. Da war ihnen so ein Himmelsbrief, den ihnen die Mutter mitgegeben hatte und der nach ihrer Meinung vor feindlichen Kugeln schützen sollte, kein Aberglaube, sondern ein Glaubens-Anker, eine Portion Religion, ein Stück Heimat im Feld.

So erzählt die oben bereits angedeutete und im Folgenden wiedergegebene Geschichte um den Himmelsbrief des Oberpfälzers JOHANN PIRZER von jungen Soldaten, die weder edle Helden, noch pathologische Mörder waren. Sie sind lediglich missbrauchte, überforderte Menschen, die ihre Ängste zu kompensieren suchten. Ihr irrationales Handeln in dieser Situation bringt die ganze Gottverlassenheit der Männer auf recht eindrucksvolle Weise zur Sprache: Sie erleben die Todesängste des Krieges.

Der marianische Himmelsbrief des Oberpfälzers Johann Pirzer

Nachdem Deutschland den Frankreichfeldzug in weniger als drei Wochen mit der katastrophalen Niederlage und Kapitulation Frankreichs im Waffenstillstand von Compiègne am 22. Juni 1940 abschließen konnte, plante HITLER für den folgenden Monat zunächst das "Unternehmen Seelöwe", die Landung in Großbritannien. Er hoffte auf einen baldigen Friedensschluss mit England. So ließ HITLER im August 1940 die Luftschlacht um England beginnen. Aber bereits im Oktober 1940 bricht er die halbherzigen Landungsvorbereitungen auf der Insel wieder ab. Stattdessen befiehlt er nun, die Eroberung des Balkan und den Feldzug gegen Russland vorzubereiten.

Im April 1941 befiehlt HITLER den Angriff auf Jugoslawien und Griechenland, um seinen bedrängten Bündnispartner MUSSOLINI herauszuhauen. Und bereits am 22. Juni 1941 lässt er das „Unternehmen Barbarossa“ anlaufen, den Überfall auf die UdSSR. Riesige Kesselschlachten mit schließlich 3 Millionen russischer Kriegsgefangenen lassen ihn an einen raschen Erfolg im Stil der bisherigen „Blitzkriege“ glauben.

Doch der Winter 1941 kommt unerwartet früh und eisig. Die deutschen Truppen sind nicht vorbereitet. Der Feldzug gerät ins Stocken. Auf breitester Front von LENINGRAD im Norden, MOSKAU im Zentrum, bis SEWASTOPOL am Schwarzen Meer im Süden stehen die Armeen still. Die massive russische Gegenwehr durch frische, wintererprobte sibirische Truppen ist so unerwartet, wie die beißende Kälte und der Schnee, und erweist sich als zu stark. Noch dazu erklärt HITLER in diesem Winter völlig unverständlich den USA den Krieg. Die Auseinandersetzung ist nun auch aus deutscher Sicht ein „Weltkrieg“. Die Soldaten ahnen Schlimmes.

Vertraute dem Himmelsbrief: JOHANN PIRZER

Der junge Bauernsohn JOHANN PIRZER aus der Gegend von HOHENFELS in der Oberpfalz trägt einen „Himmelsbrief“ bei sich. Die Mutter hat ihn in die Brusttasche seiner neuen Uniform eingenäht. Trotzdem geht es ihm nicht besonders gut.

In diesem ersten Winter in Russland 1941 erleidet er Erfrierungen dritten Grades. Zwei Jahre später durchschlägt eine Kugel seine Brust und tritt hinten wieder aus. In der militärisch aussichtslosen Lage kurz vor Moskau unterhält er sich mit einem Berliner Kameraden über seine Todesängste. Da will er nicht länger schweigen und erzählt auch von seinem Brief. Der Preuße lacht.

Da sagt Pirzer mit großer Ernsthaftigkeit: *„Wenn du zweifelst, dann such dir einen Hund, irgendeinen Straßenköter, den du dann an einen Stock bindest; dann erschieß die arme*

Kreatur." Es ist genau dieser seltsame Satz, der sich in einigen dieser Himmelsbriefe findet.

Etliche Soldaten, die damals von dieser ominösen Geschichte erfahren, wollen sensationslüstern die Exekution eines Hundes miterleben. Sie bekommen einen halb verhungerten Mischlingshund zu fassen und binden ihn an einen Pflock. Der Preuße nimmt sein Gewehr ... und setzt schnaufend ab. Er erhebt erneut seine Flinte mit einem energischen Ruck, um seine Tat zu vollenden ... und dreht nach längerem Zielen erneut ab und geht wortlos davon.

Zwei Monate später begegnen sich beide wieder. *„Warum hast du den Hund nicht erschossen?"* schreit PIRZER den anderen zornig an. Und bekommt zur Antwort: *„Es tut mir leid, ich konnte ihn nicht erschießen. Jedes Mal, wenn ich auf ihn zielte, habe ich keinen Hund gesehen. Du hast mir meinen Glauben wiedergegeben."*

PIRZER und seine Brüder überlebten den Krieg. Der Erzähler, dessen Bericht im Internet zu finden ist[37], will die Überzeugung vermitteln, dass die Brüder ihre Rettung dem Glauben an diesen Brief verdanken.

Sieht man Pirzers Brief als einen Fetisch, einen kraftgeladenen Gegenstand an, dann ist das natürlich Aberglaube. Aber die Erzählung bestätigt doch in aller Deutlichkeit, in welch beklemmenden Ängsten und mit wie wenig Heldengefühl die Soldaten ihr blutiges Handwerk betrieben haben und wie verlassen sie sich dabei fühlten.

Und was erschwerend hinzukommt: Während heute bei jedem größeren Unfall oder Katastropheneinsatz ein Notfallseelsorger gerufen und eine anschließende psychologische Betreuung angeboten wird, wollte nach dem Krieg kaum jemand von den Ängsten der Soldaten hören. Fast niemand von den Männern dieser Kriegsgeneration konnte jemals seine traumatischen Erfahrungen aufarbeiten. Zu Millionen waren diese Betroffenen nicht nur körperlich verwundet, sondern auch psychisch schwerstgeschädigt. Sie waren als Täter zugleich Opfer. Aber man verlangte von ihnen, sich voll beim Wiederaufbau Deutschlands einzubringen und auch vorbildliche Väter in ihren Familien zu sein. In nicht wenigen Familien ging das schief.

Auffallend ist aber der besondere Adressat in Pirzers Himmelsbrief. Der Text wendet sich an MARIA und JESUS:

„Maria breitet die Hände aus, damit Dir nichts passiert, und Jesus schickt Dir einen Schutzengel, damit Dir nichts passiert. Wer an diesen Brief glaubt, den wird keine Kugel tödlich treffen. Wer daran zweifelt, soll einen Hund vor sich hinstellen und soll drauf schießen ..."

Die Berufung auf den Schutz Marias findet sich auch in vielen mündlichen Ver-

---

[37] http://www.meihern.de/Historisches

sprechungen („Voten"), welche junge Soldaten im Zweiten Weltkrieg in ihrer Todesangst im Gewitter von Geschützen und Stalinorgeln abgelegt haben.

Solche Voten mündeten dann in der Frankenpfalz um Kirchenpingarten nach dem Krieg des Öfteren in die Aufstellung von Votivkreuzen und -kapellen. Die glücklich Heimgekehrten errichteten oft mit eigener Hand Wegkreuze und kleine Kapellen und stifteten sie für die Verehrung Jesu, insbesondere aber für Maria. Das war für diese Gegend neu. Denn vor diesem Zweiten Weltkrieg genoss Maria in der katholischen Frankenpfalz keine über Jesus herausgehobene Verehrung. In der Bildersprache der unzähligen Martern und Wegkreuze dieser Gegend dominierte bis dahin vielmehr der gekreuzigte und auferstandene Christus.[38]

Es scheint aber so, als ob manchen Gläubigen das männliche Gottesbild abhandengekommen ist. Ihnen war dieser Vatergott fremd geworden, den sie bisher als himmlischen Vater und allmächtigen Schöpfer und Bewahrer gepriesen hatten. Sie fanden ihn nicht in der Hölle des Krieges. Aber sie wollten doch vom Glauben nicht lassen und suchten Gott nun im Bild der Maria.

Es ging ihnen wohl wie dem evangelischen (!) Pastor und Lazarett-Oberarzt Kurt Reuber, der unter den Eingeschlossenen der Schlacht von Stalingrad 1942 das Weihnachtsfest feierte. In einem kalten Unterstand malte er für seine Kameraden mit Holzkohle auf die Rückseite einer russischen Landkarte das 105 × 80 Zentimeter große Bild einer sitzenden Frauengestalt. Wie eine „Schutzmantelmadonna" birgt sie unter ihrem Mantel ein Kind, das sie liebevoll ansieht. Reuber schrieb dazu an seine Frau: *„Wenn man unsere Lage bedenkt, in der Dunkelheit, Tod und Hass umgehen – und unsere Sehnsucht nach Licht, Leben, Liebe, die so unendlich groß ist in jedem von uns!"*

„Stalingrad-Madonna": Kohlezeichnung von Kurt Reuber 1942 (Berlin:K.-W.-Gedächtniskirche)

Reubers Bild wurde mit einem der letzten Flugzeuge aus Stalingrad ausgeflogen. Reuber

[38] Vergl. vom selben Verfasser im Buch „Wenn Holz und Steine reden – Marterlwege in der Frankenpfalz im Fichtelgebirge", *„Christus und Maria in der Sprache der Andachtsbilder"*, S. 59 – 61.

überlebte Stalingrad, starb aber zwei Jahre später 38-jährig in russischer Kriegsgefangenschaft.

Wie für ihn, so verkörperte seit diesen schlimmen Kriegserfahrungen auch für viele andere Männer die „Gottesmutter“ MARIA das „weibliche Herz Gottes“, das *„einen tröstet, wie einen seine Mutter tröstet“* (Jesaja 66, 13).

Kugelabweisung auch im katholischen Gebetbuch

Doch blenden wir von der Geschichte um Pirzers Himmelsbrief zwei, drei Jahre zurück. Christian Lindners Einheit steht nach der Kapitulation Frankreichs noch einige Zeit als Besatzungsmacht im Land und sichert zunächst die Demarkationslinie an Saône und Doubs zwischen ST. JEAN DE LOSNE und der schweizerischen Grenze. Diese Linie trennt seit dem 22. Juni 1940 den unbesetzten südlichen Teil des „Vichy-Regimes“ vom unter deutscher Militärverwaltung stehenden Nordwesten Frankreichs.

Nach einem weiteren sechsmonatigen Einsatz im „Heimatkriegsgebiet“ in Deutschland werden die Männer ab 9. April 1941 fast ein Jahr lang zum Küstenschutz gegen eine mögliche Invasion im Sperrgebiet an der französischen Kanal- und Atlantikküste eingesetzt.

In dieser Zeit ereignet sich daheim am Aumühl-Hof ein folgenschwerer Unfall, von dem die Ehefrau ihrem Mann anfangs nichts mitteilen will. Der inzwischen 80-jährige „Au-Hartel“ stürzt bei der Heuernte Anfang August 1941 vom hoch beladenen Wagen und verletzt sich tödlich. ANNA fürchtet, dass ihr Mann sich nun noch mehr Sorgen um die Familie daheim macht.

Ein Versuch, Heimaturlaub zu bekommen, scheitert. Nun ist die Familie ganz ohne männliche Hilfskraft. Hartels behinderte Tochter BÄRBEL kann zwar körperlich arbeiten,

Seit 1941 nur noch weibliche Arbeitskräfte auf dem Auhof: Hier die behinderte, 1890 geborene BÄRBEL HEIDENREICH mit den damals typischen Ochsen

ist aber recht eigenwillig.

Anfang des Jahres 1942 weist man Christian Lindner für knapp sechs Wochen bis zum 31. März 1942 dem Feldersatzbataillon 73/2 zu. Vom 1. April 1942 an finden wir ihn wieder bei seinem Infanterieregiment 213. Er wird zu seinem Entsetzen, wie oben schon geschildert, nach Russland verlegt. Denn nach dem eisigen Winter 1941, der den deutschen Vormarsch gestoppt und den Widerstand der Russen stabilisiert hatte, sammelt die deutsche Heeresleitung nun mit dem „Fall Blau“ neue Kräfte für die „Operation Edelweiß“: Der Kaukasus mit seinen Ölquellen sollte genommen und im „Unternehmen Braunschweig“ der schicksalsträchtige Angriff auf Stalingrad vorgetragen werden. Bisher war Lindner bei allen Einsätzen unversehrt geblieben. Würde er weiter von seinem „Schutzengel“, wie er schreibt, behütet bleiben?

Der Himmelsbrief, den Brigitte Schmidt in Görschnitz im Nachlass ihres Großvaters gefunden hat, nennt sich „eine Kugelabweisung“ und ist viel ausführlicher als Pirzers Brief. Der junge Soldat Christian Lindner hatte ihn mehrfach zusammengefaltet; er steckte in einer Art Brustbeutel.

Der Wortlaut dieses vielgestaltigen, eindrücklichen Textes findet sich in anderer Reihenfolge bereits im Jahr 1840 abgedruckt in der „legalen“ katholischen Sammlung von Gebets-, Segens- und Beschwörungssprüchen aus verschiedenen Jahrhunderten zu etlichen Gefahrensituationen unter dem Titel **„Enchiridion Manuale Leonis Papae“** bzw. dessen deutscher Übersetzung **„Der wahre geistliche Schild“.**

Die „Kugelabweisung“ ist im Anhang eingeordnet in *„Heiliger Segen zum Gebrauch frommer Christen, um in allen Gefahren, worein sowohl Menschen als Vieh gerathen, gesichert zu sein“.*

Der komplette Titel des interessanten lebenspraktischen Gebetsbuches lautet:

„Der wahre Geistliche Schild, so vor 300 Jahren von dem heiligen Papst Leo X. bestätigt worden, wider alle gefährliche böse Menschen sowohl, als aller Hexerei und Teufelswerk entgegengesetzt; darinnen sehr kräftige Segen und Gebete, so theils von Gott offenbart, theils von der Kirche und Heiligen Väter gemacht und approbirt worden.“

Der wahre
Geistliche Schild,
so vor 300 Jahren von dem heil. Pabst Leo X. bestätigt worden,
wider alle gefährliche böse Menschen sowohl, als aller Hexerei und Teufelswerk entgegengesetzt;
Darinnen sehr kräftige
Segen und Gebet
so theils von Gott offenbaret, theils von der Kirchen und Heil. Väter gemacht und approbirt worden.
Nebst einem
Anhang heiligen Segen,
zum Gebrauch frommer Katholischer Christen, um in allen Gefahren worein sowohl Menschen als Vieh oft gerathen, gesichert zu seyn.
Cum Licentia Ord. Cens. ibid. An. 1647. impress.

Gebete gegen böse Menschen:
„Geistlicher Schild“, Titel

Ein Exemplar aus der Bayerischen Staatsbibliothek München ist seit dem Jahr 2009 bei Googlebooks komplett digitalisiert. Das Manuskript des Lindner'schen Himmelsbriefes gleicht in Wortlaut und Aufbau der im Folgenden in Auszügen abgedruckten Fassung im katholischen „Geistlichen Schild“. Die Seitenzahlen dieser Ausgabe werden zum Vergleich unter „EMLP“ i mit abgedruckt[39]. Auffallend ist die „katholische Sprache“ dieses Briefes mit ihren litaneiartigen Gebetsteilen und Segenswünschen. Lindners Mutter hat sie unverändert in das in Sütterlinschrift geschriebene Manuskript für ihren Sohn übernommen, obwohl dieser, wie auch das ganze westliche Umfeld um WEIDENBERG damals noch fast rein evangelisch waren. In Todesängsten fragen Menschen nicht nach konfessionellen Schranken. – Für das Kürzel ‚N.N.‘ in den Gebeten setzte der Beter jeweils seinen eigenen Namen ein.

Der Görschnitzer Himmelsbrief des Christian Lindner

Eine Kugelabweisung (EMLP S. 181)

„Die himmlischen und heiligen Posaunen,
die blasen alle Kugel und Unglück von mir
und gleich von mir ab.
Ich fliehe unter den Baum des Lebens, der zwölferlei Früchte trägt.
Ich fliehe hinter den heiligen Altar der Christlichen Kirche
und befehle mich der heiligen Dreifaltigkeit.
Du N.N. verberge mich hinter den Fronleichnam Jesu Christi.
[Ich befehle mich in die Wunden Jesu Christi,]
dass ich von keiner Menschenhand
werde gefangen noch gebunden,
nicht gehauen, nicht geschossen,
nicht gestochen, nicht geworfen,
nicht geschlagen und überhaupt nicht verwundet werde; das hilf mir N.N.
Wer dieses Büchlein bei sich trägt,
[sei unsichtbar vor allen seinen Feinden,
sie seien sichtbar oder unsichtbar,]
der kann ohne den ganzen Fronleichnam Jesu Christi nicht ersterben,
in keinem Wasser ertrinken, in keinem Feuer verbrennen,
auch kann kein unrecht Urteil über ihn gesprochen werden.
Dazu hilft mir +.+.+. [d.h.. der Vater, der Sohn und der Hl. Geist]“.

---

[39] Diese altertümliche „Kugelabweisung“ war offenbar schon im 18. und 19. Jh. sehr begehrt und verbreitet, denn der gleiche Text findet sich bereits bei ADALBERT KUHN, Sagen, Gebräuche und Märchen aus Westfalen, 1859, sowie im esoterischen sg. „6. und 7. Buch Moses“.

Wenn einer hinaus geht *und dies nachfolgende spricht, so ist er versichert, dass kein Degen oder anderes Gewehr über ihn gezogen werden kann. (EMLP S. 188)*

„Gott grüß euch, ihr Brüder Wohlgemut!
Ihr habt getrunken Jesu Blut,
das er vergossen uns zu gut.
Gott der Vater ist mit mir,
Gott der Sohn ist mit euch,
Gott der heilige Geist sei zwischen uns beiden
und euch allen, dass keiner ein Degenheft oder Scheiden ziehen kann
Herr Jesu, dein bin ich!
Ich befehle mich Gott dem Vater +.+.+.
[Ich befehle mich der Heiligen Dreifaltigkeit!]
Ich befehle mich den süßen Herrn Jesu Christi, der ober mir ist!
So wahr der Herr lebt und schwebt,
so wahr wird mich sein heilige Engel beschützen und bewahren im Hin- und Hergehen
Gott der Vater sei [meine Macht,
Gott der Sohn ist] meine Kraft,
Gott der heilige Geist ist meine Stärke.
Gottes heilige Engel schlagen und jagen
alle meine Feinde und Diebsketten hinweg,
gleich[wie] Sonne und Mond sind still gestanden am Jordan,
da Josua mit den Philistern schlug.
Es stehen drei Rosen in Gottes Stirn,
die erste ist gütig,
die zweite sanftmütig,
die dritte sein göttlicher Will,
wer darunter ist, muss halten still +.+.+. Amen."

Ein Segen gegen alles Geschoss *(EMLP S. 189)*

„Der Segen Gottes des himmlischen Vaters, der gehe über mich;
der Segen, den der heilige Patriarch Jakob über seinen Sohn Joseph tat,
da er in Ägypten verkauft ward, der gehe über mich N.N;
der Segen, den Tobias tat, über seinen Sohn gleichen Namens,
da er in fremde Lande ging, der gehe über mich N.N.;
der Segen, den Johannes tat, da er Jesum im Jordan getauft hatte,
der komme über mich N.N.;
der Segen des Evangelisten Johannes, der komme über mich N.N., helfe mir an Leib und Seele im Namen +.+.+ (sc. des Vaters, des Sohnes und des Hl. Geistes)."

Eine Beschützung, *dass, wer diesen Segen bei sich trägt, ein groß Geheimnis mit sich führt, dass es kein Mensch begreifen kann (EMLP S.191).*

Christus mitten im Frieden durch seine Jünger ging:
St. Matthäus, St. Markus, St. Lukas, St. Johannes, diese vier Evangelisten schützen [lehrten] mich N.N. durch die hochgelobte Majestät und die einige Gottheit J.J.J. Amen. [Sei] bei mir in aller Fernheit. +++. Amen. Ende. I. H. S." [sc. Jesus, Heiland, Seligmacher].

***Ein Segen vor Feinde, Krankheit und Unglück** (EMLP S. 178).*

„Der Segen, der vom Himmel von Gott kommen ist,
da der wahre lebendige Sohn Gottes geboren ward, der gehe über mich alle Zeit;
der Segen, den Gott tat dem menschlichen Geschlecht, der gehe über mich alle Zeit;
das heilige + [sc. Kreuz] Gottes, so lang und breit als Gott seine so bittre [Marter daran gelitten hat, segne mich heut und allezeit;
die heiligen drei Nägel, die Jesu Christo durch seine heilige Händ und Füße geschlagen worden, die segnen mich heut und zu allen Zeiten;
die bittere] Dornenkron, die Christo Jesu auf sein heiliges Haupt gedrückt worden, segne mich heut und alle Zeit;
das Speer, durch welches Jesu Christo seine heiligen Seiten geöffnet worden, segne mich heut und allezeit;
das rosenfarbene Blut, das sei mir vor alle meine Feinde gut und vor alles, was mir schaden tut, an Leib und Leben oder Hofgut, segne mich heut und allezeit;
die heiligen fünf Wunden, damit alle meine Feinde vertrieben oder gebunden werden, damit hat Gott [alle Christenheit umfangen:
das hilf mir Gott] der Vater und der Sohn und der heilige Geist. Amen.
Also muß ich N.N. so gut [und so wohl] gesegnet sein
als der heilige Kelch und Wein und das wahre lebendige Brot,
das Jesus den zwölf Jüngern an dem grün Donnerstag Abends gab;
alle, die mich hassen, [müssen] mir alle still schweigen,
[ihr] Herz sei gegen mir erstorben, ihre Zunge verstumme,
dass sie mir ganz und gar nicht im Haus und Hof oder sonst Schaden tun können;
auch alle, die mich mit ihrem Gewehr oder Waffen wollen angreifen und verwunden, die seien vor mir unsieghaft, [lasch und] unwehrsam.
das helfe mir die heilige Kraft Gottes,
die machet alle Waffen und Geschütze unbrauchbar,
alles im Namen Gottes des Vaters, des Sohnes und des Heiligen Geistes. Amen."

***Zeichen bei sich zu tragen** in den Streiten.*

„Im Namen Gottes fang ich an, mein Erlöser, steh mir bei, auf die heilige Hilfe Gottes verlass ich mich von Herzen grausam [?] sehr. Geh mit uns allen Jesu Heil und Segen. Amen, das heißt: Ja, es soll geschehen."

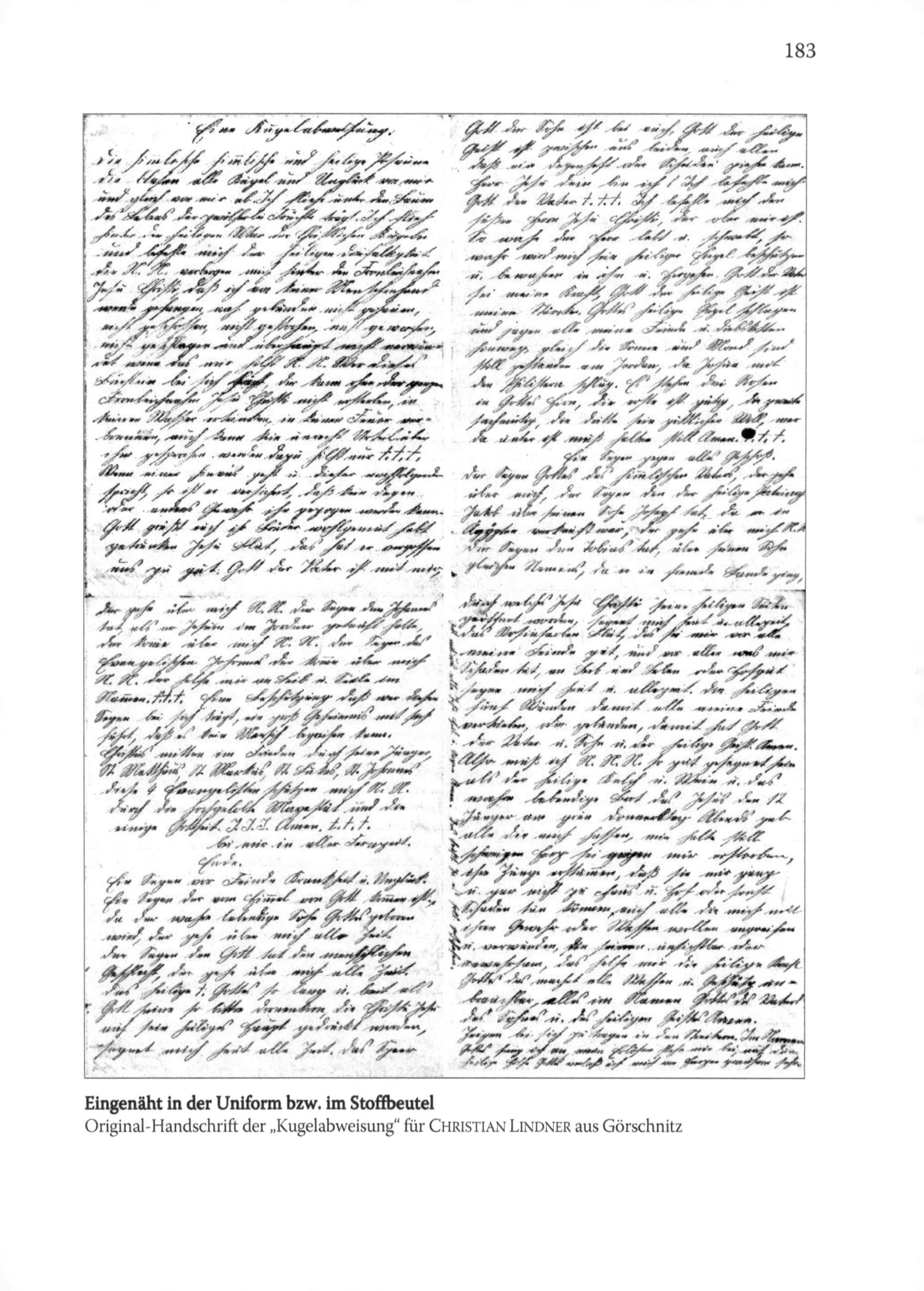

Eingenäht in der Uniform bzw. im Stoffbeutel

Original-Handschrift der „Kugelabweisung" für CHRISTIAN LINDNER aus Görschnitz

Ein Soldatengrab auf der Krim

Erst am 28. Juni 1942 sollte der „Fall Blau" beginnen. Diese deutsche Sommeroffensive richtete sich gegen die erstarrte russische Front. Und sogar erst knapp einen Monat später, am 23. Juli, war mit der „Operation Edelweiß" der Angriff auf den Kaukasus geplant. Doch die Führung der 11. Armee unter dem Infanteriegeneral V. MANSTEIN wollte so lange nicht warten und befiehlt ihren Männern den Vormarsch.

Bereits Ende Mai nehmen sie beim Unternehmen „Trappenjagd" die Halbinsel Kertsch im Nordwesten der Krim ein. Anschließend beginnen sie unter dem Decknamen „Störfang" erneut, die stark befestigte Hafenstadt SEWASTOPOL im Süden der Halbinsel Krim zu belagern. Sie liegt am Nordufer des Schwarzen Meeres.

CHRISTIAN LINDNER ist mit seiner Einheit zunächst auf einem Bauernhof auf KERTSCH untergebracht. Er kündigt die baldige Verlegung nach SEWASTOPOL an. Ahnungsvoll schreibt er nach Hause: *„Ob wir dort auch so in die Scheise kommen, wie in Kertsch, weiß ich noch nicht."*

Ein Brief, den der kleine HANS am 7. Juni seinem Vater schreibt (s.u.), kommt nicht mehr an. Auch mehrere besorgte Feldpostbriefe der Ehefrau werden als unzustellbar

Heute verwahrlost: *Soldatenfriedhof Kapellenberg bei Sewastopol*

zurückgeschickt – Mit schwerstem Artilleriefeuer und 600 Flugzeugen haben die Deutschen inzwischen die stark befestigte Stadt SEWASTOPOL bombardiert und sind am 7. Juni zum Angriff angetreten. Die Hauptstoßrichtung ist die Nordbucht von SEWASTOPOL. Christian Lindners Einheit führt am befestigten Kapellenberg im Südosten der Stadt zur Täuschung des Gegners einen Hilfsangriff durch und kommt in dem stark verteidigten

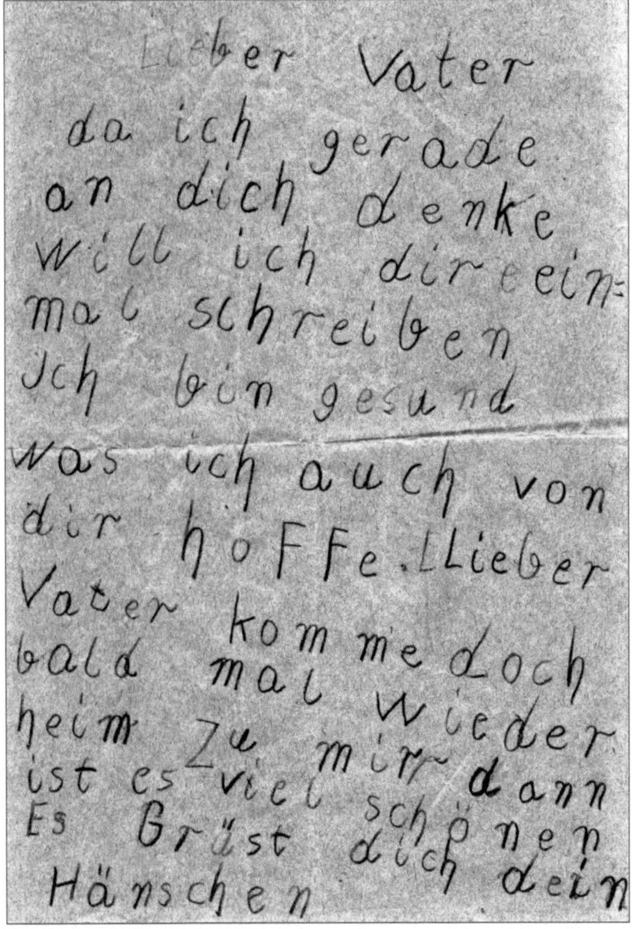

Lieber Vater
da ich gerade
an dich denke
will ich dir ein=
mal schreiben
Ich bin gesund
was ich auch von
dir hoffe. Lieber
Vater komme doch
bald mal wieder
heim zu mir dann
ist es viel schönen
Es Grüst dich dein
Hänschen

„Komme doch bald mal wieder heim“:
Brief des 7-jährigen HANS an seinen Vater im Kriegsjahr 1942

Soldatengrab auf der Krim:
CHRISTIAN LINDNER

Hügelgebiet zunächst nur schlecht voran. Am 16. Juni erleidet CHRISTIAN LINDNER einen tödlichen Bauchschuss. Sein Kompanieführer wird schwer verwundet.

Auf dem Soldatenfriedhof des Regiments oberhalb der Kapellenschlucht setzen die Soldaten ihren Kameraden bei. Mit sei-

Hans mit seiner Mutter Anna 1942

nem Schreiben vom 22. Juni 1942 teilt der Kompaniefeldwebel von Christians Einheit der Ehefrau den Tod Christians handschriftlich mit. Am 1. Juli gelingt es den Deutschen, die Stadt SEWASTOPOL unter starken Verlusten beider Seiten zu erobern.

Etwas unheimlich mutet es an, dass die Familie noch einen Brief von CHRISTIAN LINDNER bekommt, der vom 15. *Juli* 1942 datiert, also *nach* seinem Tode. Er bringt die vielen Gedanken und Sorgen zum Ausdruck, die sich der nun 28-jährige Soldat um seine Familie macht. Aber auch der Brief, den LINDNER vor dem schicksalsträchtigen Angriff geschrieben hat, enthält mit „9.7.42“ bereits eine verkehrte Monatsangabe, sodass man davon ausgehen muss, dass sich CHRISTIAN wohl im Datum geirrt hat.

Pfarrer REDENBACHER wird beim Fußweg zum Seelsorgebesuch vor GÖRSCHNITZ von einem Gewitter überrascht; er schreibt an die Familie einen Kondolenzbrief. Einen Monat später, am 2. August 1942, hält er für diesen 26. Gefallenen der evangelischen Kirchengemeinde WEIDENBERG die Gedenkfeier unter Psalm 37,5 *„Befiehl dem Herrn deine Wege und hoff auf ihn, er wird's wohl machen.“*

Ein Jahr darauf schickt Hauptfeldwebel HERTEL der Familie einen weiteren persönlichen Brief und legt ein Foto vom Grab Christians bei. So können die Angehörigen diesen Platz gut 50 Jahre später aufsuchen.

Das Weiterleben ist für die Familie damals mühevoll. Sie muss den Hof verpachten und solange warten, bis HANS so groß ist, dass er die Nachfolge seines Vaters als Bauer eintreten kann. Seine Mutter ANNA zieht deshalb zunächst zu ihren Verwandten. Nach dem Krieg fangen sie auf dem Au-Hof ganz von vorne an.

In seinem Brief an den Vater hatte der Zweitklässler HANS in großer Schrift geschrieben:

„Lieber Vater, da ich gerade an dich denke, will ich dir einmal schreiben. Ich bin gesund, was ich auch von dir hoffe. Lieber Vater, komme doch bald mal wieder heim zu mir, dann ist es viel schöner. Es grüßt dich dein Hänschen."

3. Himmelsbriefe - Fetische, oder Segenszeichen für ein christliches Verhalten?

Deutsche Himmelsbriefe in aller Welt

Wie sich zeigt, haben wir es bei den Himmelsbriefen mit einer bei Katholischen und Evangelischen seinerzeit gleichermaßen weit verbreiteten Gattung von volksreligiösen Hand- und Druckschriften zu tun. So finden sich auch unter den Weidenberger Himmelsbriefen Typen aus vielen Gegenden Deutschlands, insbesondere aus dem Oldenburger, Mecklenburger, Schlesischen und Sächsischen Raum, aus dem Harz, ja sogar aus der Gegend um die Wolga und aus den USA. Diese Briefe zu betrachten ist heute dank Internet-Recherchen leicht möglich. Dabei fällt besonders auf, dass die Briefe wie aus einem Baukasten aus immer gleichen Elementen, aber oft in verschiedener Weise zusammengesetzt sind. Wahrscheinlich war es ein Anliegen mancher Abschreiber, möglichst viele Texte zu kombinieren, um so eine größere Wirkung zu erzielen.

Fundort der Himmelsbriefe: Köhlerhof Lessau 1945 mit KARL KÖHLER

So fanden die neuen Eigentümer des alten bäuerlichen Anwesens „Köhlerhof" oberhalb von LESSAU im Jahr 2011 drei handgeschriebene Himmelsbriefe, die sich nach unseren Vorüberlegungen nun leichter einordnen lassen.

Einer dieser Briefe, im größeren Format 52,5 x 42 cm mit Tinte auf Pergament geschrieben und mit bunten Verzierungen umrandet (wir nennen ihn III a), wirkt recht eigenständig und alt und seinem Inhalt nach „evangelisch-lutherisch“; er könnte möglicherweise aus der Anfangszeit des Köhlerhauses um das Jahr 1839 stammen oder bereits von der Familie KÖHLER aus ihrem Herkunftsort THETA bei Bayreuth mitgebracht worden sein.

Zwei weitere und im Format kleinere Briefe (III b 41,5 x 33 und III c 34 x 21,5 cm) sind offenbar mit dem Namen der Abschreiberin unterzeichnet: *„Barbara Köhler“*. Der Name „Barbara“ kommt in dieser Familie in mehreren Generationen vor. Mutmaßlich handelt es sich bei der Schreiberin um die um 1859 geborene Schwester von WOLFGANG KÖHLER, der im Jahr 1880 als Besitzer

Jesus Christus zu finden ist
Im Wort, da man von Jesu lies't.
Jesu giebt Heil und Seligkeit
Dem, der ihm dienet allezeit
Wer sich des Namens Jesu tröst't
Der wird durch Jesum Christ erlös't
Jesu, dem lieben Kindelein,
Dem herzlieben Jesulein,
Sei Lob und Preis! O Jesu mild
Schütz' du uns stehts durch deinen Schild
Gieb uns, Herr Jesu, deine Gnad',
Daß uns Welt, Teufel, Tod nicht schad'.

Gewiß ist der Tod, ungewiß der Tag,
Die Stund' auch niemand wissen mag.
D'rum trau' auf Gott und denk dabei;
Daß jede Stund' die letzte sei.
Im Leiden habe guten Muth,
Und liebe den, der Leid dir thut.

Freu' dich von Herzen in Schwachheit,
Das ist die ganze Vollkommenheit,
So geht es zu in aller Zeit,
Thu' mir die Lieb', ich thu' dir Leid,
Hilf mir auf, ich stoß' dich nieder,
Ehr mich groß, ich schänd' dich wieder.
Sage nicht alles, was du weißt,
Glaube nicht alles, was du hörst,
Richte nicht alles, was du siehst.

Ach Gott, dies ganze Haus bewahr,
Für Feuer, Schaden und Gefahr.
Mit Gnad' und Segen über uns walt',
Und uns dein reines Wort erhalt',
Herr Jesu! durch den Namen dein,
Gieb mir ein selig Stündelein;
Steh mir bei am letzten End',
Nimm meine Seel' in deine Händ'.

Himmels-Brief,

Welcher mit güldnen Buchstaben geschrieben, und ist zu sehen in der Michaelis Kirche zu St. Germain, wird genannt Gredoria, allwo der Brief über der Taufe schwebt. Wer ihn angreifen will, von dem weichet er, wer ihn aber abschreiben will, zu dem neigt er sich und thut sich selbst auf.

Also gebiete ich euch, daß ihr des Sonntages nicht arbeitet an euren Gütern, und sonst keine Arbeit thut, sondern sollt fleißig zur Kirche gehen und mit Andacht beten, eure Haare nicht kräuseln, und Hoffahrt in der Welt treiben, und von eurem Reichthum den Armen mittheilen und glauben, daß ich diesen Brief von meiner Hand, in Jesu Christo, ausgesandt, damit ihr nicht thut wie die unvernünftigen Thieren. Ich gebe euch sechs Tage, eure Arbeit fortzusetzen, und am Sonntage früh in die Kirche zu gehen, die heilige Predigt und Gottes Wort zu hören; werdet ihr das nicht thun, so will ich euch strafen mit Pestilenz, Krieg und theure Zeit. Ich gebiete euch, daß ihr des Sonnabends nicht zu spät arbeitet, des Sonntags früh in die Kirche mit jedermann, Jung und Alt, andächtig für eure Sünden betet, damit sie euch vergeben werden. Schwöret nicht boshaftig bei meinem Namen, begehret nicht Silber oder Gold, und sehet nicht auf fleischliche Lüste, und Begierden: denn sobald ich euch erschaffen habe, sobald kann ich euch auch wieder zernichten. Einer soll den andern nicht tödten mit der Zunge, und sollet nicht falsch gegen euren Nächsten hinter dem Rücken seyn. Freuet euch eurer Güter und eures Reichthums nicht. Ehret Vater und Mutter. Redet nicht falsch Zeugniß wieder euren Nächsten, so gebe ich euch Gesundheit und Segen. Wer aber diesen Brief nicht glaubet, und sich darnach nicht richtet, der wird kein Glück und Segen haben. Diesen Brief soll einer dem andern geschrieben oder gedruckt zukommen lassen: und wenn ihr so viel Sünden gethan hättet, als Sand am Meere, Laub auf den Bäumen und Sterne am Himmel sind, sollen sie euch vergeben werden, wenn ihr glaubet und thut, was dieser Brief euch lehret und saget: wer das aber nicht glaubet, der soll sterben. Bekehret euch, oder ihr werdet ewiglich gepeiniget werden, und ich werde euch fragen am jüngsten Tage, dann werdet ihr mir Antwort geben müssen wegen eurer vielen Sünden. Wer den Brief in seinem Hause hat oder bei sich trägt, dem wird kein Donnerwetter schaden, und ihr sollt vor Feuer und Wasser behütet werden. Welche Frau den Brief bei sich träget, und sich darnach richtet, die wird eine liebliche Frucht und fröhlichen Anblick auf die Welt bringen. Haltet meine Gebote, die ich euch durch meinen Engel Michael gesandt habe.

Ein schönes christliches Gebet, alle Tage und Stunden zu beten.

Herr, der du deine Lust im Himmel hast zuwohnen, | Gott, Vater Sohn und Geist, all' dich rufen an.
Im Wesen einig bist, dreieinig in Personen: | Kein Gott nur ohne dich den Himmel geben kann.

GOTT bescheret, Hoffnung ernähret. Ach Gott ich bitt', verlaß mich nicht. Wer Gott vertraut, hat wohl gebaut, den will er nicht verlassen; ob schon die Feinde dich verfolgen und hassen, so trau auf Gott, er wird dich auch in keiner Noth verlassen. Je größer die Noth, je näher ist Gott. Trink und iß, Gott und die Armen nicht vergiß. Gottes Gut und Treu', ist alle Morgen neu. Was Gott thut erquicken, kann niemand unterdrücken; Gott läßt die Seinen sinken, aber nicht ertrinken. Ich trau auf Gott allein, menschliche Hülfe ist zu klein; Gott weiß wohl Hülf und Rath, wenn Menschenhülf ein Ende hat. Mit Gott fang deine Sachen an, so wird es guten Fortgang han. Gott hab' vor Augen und sein Wort, dann geht dir's wohl so hier als dort. Wer willig giebt den Armen, dessen wird sich Gott erbarmen. Wer zum Himmel ist erkoren, stechen täglich Disteln und Dornen. Jammer, Kreuz, Elend, Angst und Noth, ist aller Christen täglich Brod. Im Unglück hab' ein Löwenmuth, auf Gott trau, es wird werden gut, ja besser als man hoffen thut.: Zu dir Herr Jesu, Gottes Sohn, steht meines Herzens Freud' und Wonn'. Mein Ruhm, mein Trost, mein höchstes Gut, ist mir Herr Christ, dein theures Blut. Sorg' und sorge nicht zu viel, es geschieht doch, was Gott haben will. Der Christen Herz auf Rosen geht, wenn's mitten unterm Kreuze steht. Verzage nicht im Kreuze dein, Nach Regen folget Sonnenschein. Herr Jesu der süße Name dein, erquicke mir die Seele mein. Herr Jesu Christ, mein Trost und Freud', ich trau auf dich zu jeder Zeit. O frommer Christ, hier leid' und meid' bald kömmt darauf die gute Zeit. Vielleicht kommt der wohl über Nacht, der alle Noth ein Ende macht. Kirchen gehen versäume nicht, Allmosen geben armen nicht. Bete rein und schätz dich klein; arbeite fein, trau Gott allein, die Sorgen laß Gott befohlen sein! Amen.

Nicht Teufel, Welt und Tod, soll mich von Jesu wenden,
Denn Jesus ist mein Schutz, ich bin in seinen Händen.

In den USA nachgedruckt: Himmelsbrief deutscher Auswanderer

des Köhlerhofes eingetragen ist. Diese beiden Briefe könnten um die Zeit des Besitzwechsels entstanden sein. Diese BARBARA KÖHLER wäre dann die Mutter von MARGARETHE SCHILLING, der Stifterin des evangelischen Marterls in WEIDENBERG, welches als „Leitfossil" die thematische Mitte unseres vorliegenden Projektes „Myrten für Dornen" bildet. Der auffällige „evangelische" Charakter dieses Marterls würde insbesondere mit der Art von Himmelsbrief IIIa recht gut zusammenpassen, wie unten noch zu erläutern ist.

Für den Himmelsbrief Köhler IIIb haben lutherische Auswanderer eine im Wortlaut völlig vergleichbare Textvorlage in die USA mitgenommen. Nach dieser Vorlage wurde dann im Jahr 1850 von JOHN S. DREISBACH (1825-1867) in Kreidersville Rd Bath County, Northampton im Staat Pennsylvania, ein flugblattähnlicher Brief in deutscher Sprache gedruckt und bei den deutschen Auswanderern als Gebetstext verwendet. Er wurde auch als Brücke zur alten Heimat verstanden.

Geht man davon aus, dass Pfarrer SCHALLER recht hat mit seiner Vermutung, dass solche Himmelsbriefe damals in praktisch allen Weidenberger Haushalten zu finden waren, dann schlummern heute möglicherweise noch sehr viele solcher Schriftstücke unentdeckt in Nachlässen.

Manchmal sind es reine Zufälle, dass sie entdeckt werden. Da lagert vielleicht ein Konvolut von nie angeschauten Bildern und Briefen in der Scheune oder auf dem Dachboden. Dort findet sich in einem abgeriebenen Brustbeutel vom Großvater, in den man bislang nie hineingeschaut hat, ein seltsamer, handgeschriebener, mehrfach gefalteter Zettel in mehrfacher Faltung. Vielleicht ist als Überschrift sogar „Himmelsbrief" darauf lesbar oder „Machtbrief" oder „Eine Kugelabweisung". Dann fragt sich der Finder oder die Finderin: Was hat es damit auf sich? Womit haben wir es hier zu tun?

Fetisch oder Volksreligion?

Wir bewegen uns in dem Bereich, den man gern als „Volksreligiosität" bezeichnet. Es ist eine Frömmigkeit, die sich beim diskreten Weitersagen in eigenständigen Bahnen bewegt und eigene mündliche und schriftliche Überlieferungen pflegt. Da sie sich bisweilen abseits der Lehren der verfassten Kirchen entfaltet, bekämpfen die Kirchen zu manchen Zeiten solche Religiosität. Häufig wird sie aber auch stillschweigend geduldet oder – wie wir am Beispiel des katholischen „geistlichen Schildes" sahen, sogar unter dem Dach der offiziellen Frömmigkeit mit aufgenommen.

Noch in der Weidenberger Pfarrbeschreibung von 1914 verraten die Pfarrer ihre deutliche Abscheu gegen jede Art von Religiosität, die sich außerhalb der offiziellen kirchlichen Bahnen vollzieht. Heute nimmt die Kirchenleitung, wie wir oben in der

Stellungnahme der Regionalbischöfin Dr. DOROTHEA GREINER sahen, zum Phänomen der Himmelsbriefe eine differenziertere seelsorgerliche Position ein. Sie lehnt sie wegen ihrer Nähe zur „Weißen Magie“[40] ab, nimmt aber die dahinter aufscheinenden Lebensängste der Menschen ernst. Sie rät dazu, sich neu in die christliche Praxis des Betens zu Jesus und zu Gott dem Vater einzuüben und sich und andere in seinem Namen zu segnen.

Auch die Praxis der damaligen „Bekennenden Kirche“ im Dritten Reich ist weiter bedenkenswert: Mit dem konkreten Wort der Bibel in den täglichen „Losungen“ besitzt man auch in der heutigen Zeit ein Kampf- und Heilmittel gegen die Angst. Im Rahmen der Bibelwoche und im Gottesdienst kann man sein Vertrauen in das Gotteswort vertiefen.

Bei den Himmelsbriefen haben wir es ja zunächst einmal mit einer eigentümlichen, esoterisch erscheinenden Mischung von Anleitung zum Verhalten zu tun. Gemeinreligiöse Rezepte aus dem Bereich des Religiösen stehen neben heimlich praktizierten Ritualen des magischen Denkens. Teilweise ist die Sprache dieser Himmelsbriefe von der offiziellen liturgischen und belehrenden Sprache der Kirchen inspiriert; in anderen Teilen weicht sie aber auch krass davon ab und geht ganz eigene Wege.

Zu Unterscheidung hilft der Begriff des „Fetisch“ weiter. Er ist vom portugiesischen Wort *feitiço* und dem entsprechenden französischen *fétiche* abgeleitet. Diese Begriffe leiten sich vom lateinischen „facticius“ her; das Wort bezeichnet einen „nachgemachten“ Gegenstand. Gemeint ist ein selbstgefertigtes Gebilde, dem man übernatürliche Eigenschaften als Zaubermittel zuspricht.

„Fetisch“ steht also für eine magische Betrachtungsweise: Ein Gegenstand soll durch seinen ihm innewohnenden Zauber schützen und helfen. Portugiesen haben bei der Erkundung und Eroberung Afrikas dieses Wort „Fetisch“ zunächst gebraucht, um damit die nichtchristlichen Götterbilder, die ihnen in Westafrika begegneten, abzuwerten. Durch den französischen Forscher CHARLES DE BROSSES (1709-1777), der den Fetischismus als Urform von Religion ansah, ist dieser Begriff in den wissenschaftlichen Sprachgebrauch eingeführt worden.

Auch in die Psychologie hat der Begriff „Fetisch“ Eingang gefunden. Er wird angewendet, wenn jemand Objekte religionsähnlich verehrt und ihnen eine besondere Bedeutung für die eigene Identität zuspricht oder von ihnen eine Wirkung auf sein

---

[40] Im Gegensatz zur „schwarzen Magie“, die dem Anderen mittels übernatürlicher Kräfte Schaden zufügen will, soll die „weißer Magie“ Gutes zum Wohl des Einzelnen oder der Gruppe bewirken. Volkstümliche weißmagische Praktiken sollen durch zauberische Kräfte Unheil abwehren und Schutz, Heil, Fruchtbarkeit und Glück bewirken; sie wollen z.B. das Wetter beeinflussen oder die Zukunft offenbaren.

subjektives Wohlbefinden erwartet. Auch krankhafte Formen von Objektfixierung werden so angesprochen.

Wenn Himmelsbriefe so verstanden werden, dass sie als kraftgeladene Gegenstände wie Talismane Glück bringen oder dass sie wie Amulette vor Gefahren schützen sollen, dann sind sie im oben genannten Sinn als Fetische anzusehen. In dieser Eigenschaft sind sie aus der Sicht des Christentums sicher abzulehnen.

Zu solchen abzulehnenden magischen Vorstellungen gehört wohl auch, dass man den Himmelsbriefen eine Wirkung nur zutraut, wenn sie persönlich von Hand abgeschrieben sind. Die Betrachtung ist bei Kettenbriefen ähnlich: Sie werden durch Abschreiben multipliziert und verheißen den Abschreibern Segen. So wurden auch Himmelsbriefe durch Jahrhunderte immer wieder abgeschrieben und unter der Hand verbreitet. Den Besitzern wird wie durch Zauberkraft Schutz gegen Waffengewalt, vor Krankheiten, Feuersbrunst und anderen Gefahren des täglichen Lebens versprochen.

Man muss aber zugleich sehen, dass hier Menschen Anleitungen für Bewahrung, Segnung und Heilung gesucht haben. Und solche Anleitungen standen vielfach doch in Verbindung mit der Bibel, der Liturgie, der Katechese und dem sonstigen Brauchtum der Kirchen. Vielen dieser Gläubigen war gar nicht der Himmelsbrief als magischer Gegenstand bedeutsam, sondern das, was sich inhaltlich als Glaube in den Worten dieser Himmelsbriefe widerspiegelt, nämlich das Vertrauen zu Gott, der Trost des gekreuzigten Jesus Christus und die Praxis der Gebote.

Liest man in diesem Sinn die **Weidenberger Himmelsbriefe als Anleitung zum Glauben in trostlosen Situationen**, dann haben wir es hier nicht mit Fetischismus zu tun, sondern mit **Volksreligion**.

Ein vom Himmel gesandter Segen, der die Achtung der Gebote will

Die verallgemeinernde Bezeichnung „Himmelsbriefe", mit der man diese Art Dokumente zusammenfasst, entspringt einer Legende. Sie wird in einem Grundtyp dieser Schriften erzählt, so auch im oben abgedruckten Brief Ib, den Pfarrer SCHALLER in seiner Pfarrbeschreibung vorstellt und in IIIb vom Köhlerhof. Danach sei dieser Brief vom Himmel gefallen oder gesandt; er habe über einem bestimmten Platz ungreifbar geschwebt, bis ihn jemand abgeschrieben habe. Dieser Brief bringe Gottes Willen zum Ausdruck und solle zum Wohl der Menschen weiterverbreitet werden. Er entfalte seine Wirkung aber nur, wenn man ihn persönlich abschreibe und die darin enthaltenen religiösen und moralischen Forderungen auch konsequent erfülle.

Als eine heilige schriftliche Offenbarung vom Himmel haben dann die Menschen diesen Brief gern wie einen Talisman möglichst nah an ihrem Körper getragen und auf den versprochenen Segen gehofft.

Diese übernatürliche schriftliche Offenbarung ist vergleichbar mit den Vorstellungen über den KORAN oder das „BUCH MORMON", deren Autorität als Schriftstücke ja ebenfalls als „vom Himmel gekommen" definiert wird. In beiden Fällen wird die Ansicht von einer Nachschrift der präexistenten himmlischen Offenbarung und der Glaube an ihr irdisches Abbild sogar Teil der offiziellen Religion.

Es geht also bei den Himmelsbriefen letztlich um den Segen, den der Himmel den Menschen zukommen möchte. Dieser Segen wird freilich mittels dieser Himmelsbriefe nicht „verschenkt", sondern es werden stets Bedingung genannt, allen voran die strikte **Erfüllung der Zehn Gebote**.

So heißt es im Köhler-Brief IIIb – der sich ansonsten in Teilen seiner Sprache und Ziele als ein „evangelischer" Himmelsbrief erweist, worüber noch zu reden sein wird – fast in Reimform:

„Also gebiete ich euch, dass ihr des Sonntags nicht arbeitet an euren Gütern
und sonst keine Arbeit tut,
*sondern sollt **fleißig zur Kirche gehen und mit Andacht beten**,*
eure Haare nicht kräuseln (!) und Hoffahrt in der Welt treiben,
und von eurem Reichtum den Armen mitteilen,
und glauben, dass dieser Brief von meiner Hand in JESU CHRISTO,
damit ihr nicht tut [wie] die unvernünftigen Tiere.
Ich gebe euch sechs Tage, eure Arbeit fortzusetzen
und am Sonntag früh in die Kirche zu gehen,
***die heilige Predigt und Gottes Wort hören**.*
Werdet ihr das nicht tun,
so will ich euch strafen mit Pestilenz, Krieg und teurer Zeit.
Ich gebiete euch, dass ihr des Sonnabends nicht zu spät arbeitet,
des Sonntags früh in die Kirche mit jedermann, Jung und Alt
andächtig für eure Sünden betet, damit sie euch vergeben werden.
Schwört nicht boshaftig bei meinem Namen, begehret [nicht] Silber und Gold,
und sehet nicht auf fleischliche Lüste und Begierden,
denn sobald ich euch erschaffen habe, sobald kann ich euch auch wieder vernichten.
Einer soll den anderen nicht töten mit der Zunge,
und sollet nicht falsch gegen euren Nächsten hinter dem Rücken sein
Freuet euch eurer Güter und eures Reichtums nicht.
Ehret Vater und Mutter, redet nicht falsch Zeugnis wider euren Nächsten,
so gebe ich euch Gesundheit und Segen.
Wer aber diesen Brief nicht glaubt und sich danach [nicht] richtet,
der wird kein Glück und Segen haben.
Dieser Brief soll einer dem anderen geschrieben oder gedruckt zukommen lassen,

und wenn ihr so viele Sünden getan hättet, als Sand am Meer, Laub auf den Bäumen und Sterne am Himmel sind, sollen sie auch vergeben werden, wenn ihr glaubt und tut, was dieser Brief euch lehrt und saget.

Wer das nicht glaubt, der soll sterben.

Bekehrt euch, oder ihr werdet ewiglich gepeinigt werden, und ich werde auch fragen am jüngsten Tage, dann werdet ihr mir Antwort geben müssen wegen eurer vielen Sünden."

Und als Heilsversprechen ist angefügt:

„Wer den Brief in seinem Hause hat, oder bei sich trägt, dem wird kein Donnerwetter schaden, und ihr sollt vor Feuer und Wasser behütet werden.

Welche Frau den Brief bei sich trägt und sich danach richtet, die wird eine liebliche Frucht und fröhlichen Anblick auf die Welt bringen.

[Auslassung: *Haltet meine Gebote, die] ich euch durch meinen Engel Michael gesandt habe."*

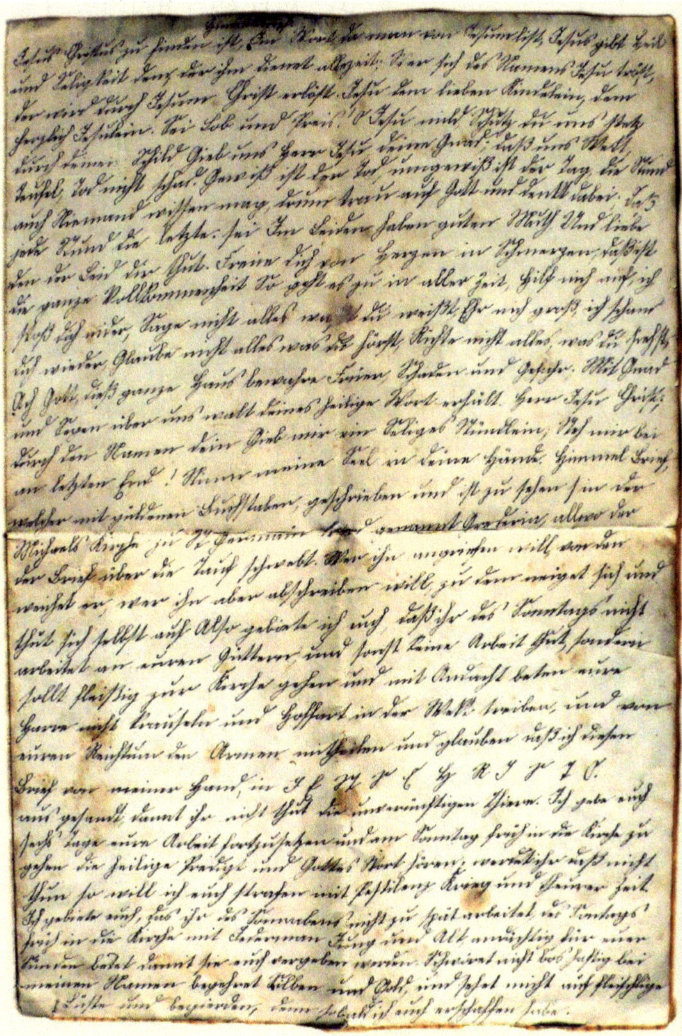

Gredoria: Himmelsbrief IIIb vom Köhlerhof, Außenseite

Dieser Typ des Himmelsbriefes macht sich also für die **Achtung der Zehn Gebote** stark. Den größten Raum in dieser Gebotserinnerung nehmen dabei die Mahnungen zum **dritten Gebot** ein. Allerhöchster Rang wird der Heiligung des Sonntags, dem Ruhen von der Arbeit und dem Besuch des Gottesdienstes zugewiesen.

Solche deutlichen Worte des Himmelsbriefes, **den Sonntag von jeder Arbeit frei**

zu halten, wurden seinerzeit übrigens in anderen Gegenden Franken ernster genommen als im Weidenberger Raum. So wurde etwa in Mittelfranken bis in die Gegenwart hinein am Sonntag kein Heu eingefahren, auch wenn Unwetter drohte.

Überhaupt scheinen die Mittelfranken in der Vergangenheit die Verpflichtungen der Religion ernster genommen zu haben als viele Oberfranken. Einem Oberfranken genügte es in der Regel, als „kirchlich" zu gelten, ohne dass er daraus für sich die Forderung ableitete, besonders gläubig zu sein. Ob das heute noch so ist, mag jeder selbst ermessen.

In den verschiedenen Fassungen, die vom oben zitierten Brief überliefert sind, spiegelt sich, je nach verwendeter Formulierung, jeweils unterschiedlich der katholische oder evangelische Standpunkt. Evangelisches Motiv ist die Aufforderung, „Gottes Wort und die Predigt zu hören", während die katholische Sichtweise hier mehr die Andacht, das Gebet und die Sündenvergebung betont.

Neben dem Dritten wird **das Vierte Gebot** besonders benannt, das die Achtung der Eltern fordert. **Das Zweite Gebot** klingt an in der Aufforderung, das Schwören zu vermeiden. Das Reden eines falschen Zeugnisses gegen den Nächsten zitiert unmittelbar das **achte Gebot**. Es wird hier aber in ganz eigener Weise mit dem **fünften Gebot** verknüpft, indem vor einem „Töten mit der Zunge" gewarnt wird. Auch **das Neunte und Zehnte Gebot** klingen an: Der Leser wird angehalten, auf das Begehren von weltlichen Gütern zu verzichten und stattdessen mit den Armen zu teilen, dann würden ihm Gesundheit und Ehre zuteil.

Überhaupt verspricht dieser Brief Gesundheit und Segen, wenn man ihm glaubt und tut, was der Brief „lehrt und sagt." Bei Nichteinhaltung dagegen wird dem Besitzer drastisch mit „Krieg, Pestilenz, Teuerung" und sogar Tod gedroht. Die im Himmelsbrief genannten Gebote wollen also in allen ihren alltäglichen Ausformungen sehr ernst genommen werden.

Solche Himmelsbriefe, die vor allem die Sonntagsheiligung zum Kern haben, werden nach einem Stichwort aus diesen Texten auch „GREDORIA" genannt, wie es auch im Köhlerbrief IIIb heißt:

„Himmel Brief, welcher mit güldenen Buchstaben geschrieben und
ist zu sehen in der Michaeliskirche zu St. Germain,
wird genannt ***Gredoria****,*
Allwo der Brief über die Tauf schwebt.
Wer ihn angreifen will, von dem weicht er,
wer ihn aber abschreiben will, zu dem neigt er sich und tut sich selbst auf."

Dieses unübersetzbare Wort „Gredoria" könnte eine Verballhornung des „Gloria

Deo“ aus der liturgisch-lateinischen Sprache sein, die vom Volk nicht mehr verstanden wurde, vergleichbar dem Wort „Hokuspokus“, das aus dem unverstandenen „Hoc est corpus“ („das ist mein Leib“) in der Abendmahlsliturgie erwuchs.

4. Himmelsbriefe haben eine lange ökumenische Geschichte

Himmelsbriefe gibt es seit fast 1.500 Jahren bis heute, vor allem in Krisenzeiten

Der verballhornte Ausdruck „Gredoria“ zeigt, dass dieser Typ der Himmelsbriefe sehr alt ist. Hier sind wir beim historischen Kern der Himmelsbriefe. Ihr ältester Bestandteil ist in der Regel die Legende von der himmlischen Herkunft des Briefes, verbunden mit der Aufforderung zur Sonntagsheiligung, die sich in den meisten dieser Briefe findet.

In dieser Gestalt erscheint schon der früheste bekannte Himmelsbrief. Bischof VINCENZ hat ihn um das Jahr 584 im Gottesdienst auf IBIZA vorgelesen. Er hat ihn für ein echtes Schreiben des himmlischen Christus gehalten. Er ahnte nicht, dass dahinter recht irdische Vorgänge der frühen Kirche steckten, nämlich die typischen theologischen Richtungskämpfe.

Dabei haben offenbar kirchliche Kreise, um in ihre Anschauungen durchzusetzen, sich schon früh das Phänomen zunutze gemacht, dass diejenigen schriftlichen Äußerungen beim Volk besondere Hochschätzung genossen, die man für göttlichen Ursprungs hielt, die also gleichsam „vom Himmel“ kamen. So spiegeln sich in diesem ältesten Bestandteil der Himmelsbriefe frühe theologische Überlegungen zur **Sonntagsheiligung**. Es zeigen sich hier die Bestrebungen, den Sonntag als den strikt einzuhaltenden „christlichen Sabbat“ zu definieren und ihn gegenüber älteren und freieren Lehren der Urchristenheit durchzusetzen. Es sei dies eine Anordnung, die gleichsam direkt vom himmlischen Christus käme, so lautet die Strategie.

Den Kern der Himmelsbriefe bilden also die 10 Gebote; sie gipfeln im Sabbatgebot. An diesen Kern gleichsam angelagert werden im Lauf der Zeit ethische Motive neutestamentlichen Ursprungs. Sie stammen aus der Bergpredigt in den Evangelien oder aus Regeln der christlichen Gemeinde-Ermahnung in den Apostelbriefen. Die Abschreiber und Leser der Himmelsbriefe sollen aus der Lehre Jesu und den Ratschlägen der Apostel bestimmte Folgerungen für das eigene Verhalten ziehen.

Andere Himmelsbriefe enthalten Trostbotschaften aus der christlichen Alltagsweisheit. Manche Briefe, die aus nachreformatorischen Zeiten stammen, zitieren auch christlich-evangelische Liedverse und fromme Redensarten.

Ein besonders auffallender Typ eines alten Himmelsbriefes, den wir weiter unten noch genauer betrachten wollen, nimmt das in der ganzen Christenheit hoch geschätzte Johannes-Evangelium zum Ausgangspunkt. Er verwendet das Erste Kapitel in der Übersetzung Martin Luthers: *„Am Anfang war das Wort …"*. Hier zeigt sich, wie die Himmelsbriefe auch für viele evangelische Menschen allmählich zu einer geschätzten persönlichen Erbauungsliteratur und zu einer Vielzweckmedizin im täglichen Lebenskampf werden. Sie sind damit auch die unmittelbaren Vorläufer in der Praxis der Bekennenden Kirche, die Menschen in ihrer weltanschaulichen Auseinandersetzung mit dem Nationalsozialismus wieder zum täglichen Umgang mit der Bibel hinzuführen.

Klar ist, dass ein solcher ans Magische grenzender Volksglaube in Krisenzeiten verstärkt auftritt. Er begleitet aber die menschliche Kultur unterschwellig zu allen Zeiten und konkurriert dann mit den offiziell „zugelassenen" Glaubens- und Welterklärungsmodellen.

Ihre hohe Zeit hatten die neuzeitlichen Himmelsbriefe in der größten Krise der Neuzeit etwa ab der napoleonischen Herrschaft und dann das ganze 19. Jahrhundert hindurch bis zum Zweiten Weltkrieg. Bereits mit den Napoleonischen Kriegen und in den nachfolgenden Kriegsereignissen des 19.Jh. bis zum deutsch-französischen Krieg 1870/71 stellte sich ja insbesondere die Frage nach dem Schutz vor den feindlichen Waffen immer dringlicher. Gewehre und Geschütze waren immer weiterentwickelt worden, ihre Kugeln konnten einen Soldaten auch aus der Ferne unvorhergesehen treffen. Neue strategische Techniken führten zu weiteren Verunsicherungen.

So wuchs das Bedürfnis nach überirdischen Kräften, die vor Kugeln feien und den Körper fest machen. Uralte „Schwertbriefe" mit ihren religiösen Formeln aus dem frühen Mittelalter und „Kugelsegen" aus der Landsknechtszeit erlebten in veränderter und nun zumeist gedruckter Gestalt als „Himmelsbrief" oder „Kugelabweisung" eine Wiedergeburt

Doch nicht nur Soldaten, sondern auch die Zivilbevölkerung suchte Sicherheit und Segen. Mit den gewaltigen Umbrüchen der napoleonischen Ära und ihren Kriegen, im nachfolgenden Vormärz und in den nachhaltigen Umwälzungen des Industriezeitalters brachen offenbar bei vielen Menschen unterschwellige Ängste auf, für deren Bewältigung sie Mittel und Antworten suchten.

Sie fanden Wege aus ihrer Verunsicherung dann in verschiedenen neuen Projekten, vor allem in den Stilformen und Gedanken der **Romantik**, im Lebensstil des **Biedermeier** und im spirituellen Erkenntnisweg der **Esoterik**. Diese Esoterik ist also nicht erst ein Kind unserer Zeit.

Alle diese Bewegungen verbindet, dass sie auf „Verinnerlichung" setzten. Sie wollten die vermeintlich verloren gegangene Seele zurückgewinnen. So bemühte die Romantik für die Widererlangung der Seele den künstlerischen Ausdruck von Wort, Ton und Bild. Der Biedermeier machte das Häuslich-Private zum eigentlichen Bereich der seelischen Sinnfindung. Und die damalige Esoterik entwickelt sich als ein Volksglauben, der die okkulte Welt des Mittelalters wieder hervorkramte; er machte diese geheime, verborgene Welt nutzbar, um die Sehnsucht der Menschen nach Bewahrung, Segen und Heilung zu befriedigen.

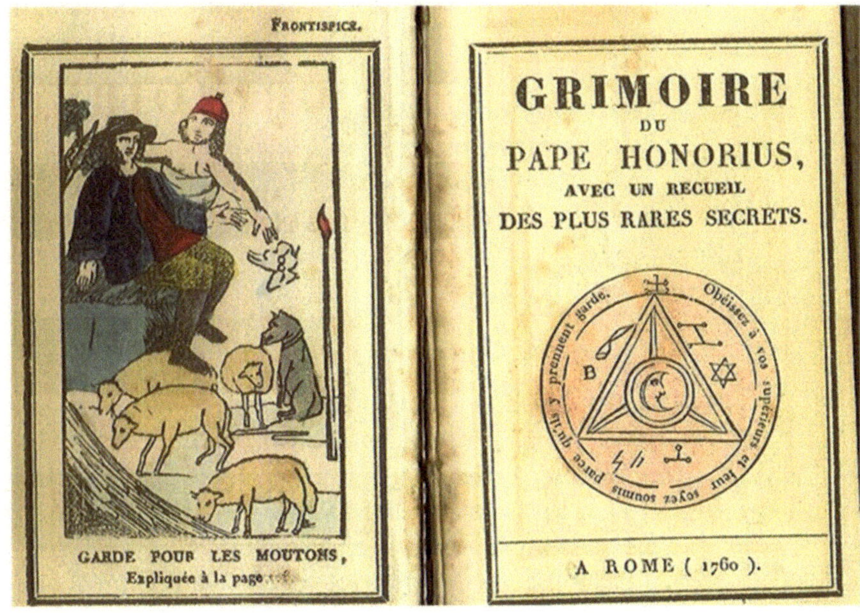

Zauberbuch mit magischem Wissen: Grimoire 1760

Angesichts solcher aus Lebensangst geborener Bedürfnisse schlägt natürlich die Stunde der Geschäftemacher. Viele alte okkulte Werke aus dem Spätmittelalter („Grimoire“) wurden damals durch findige Herausgeber und Drucker wieder neu zugänglich gemacht – und fanden reißenden Absatz. Durch die Kenntnis ihrer astrologischen Regeln, Engels- und Dämonenlisten, Zaubersprüche und Anleitung für Talismane erhofften sich die Leser, die ungreifbaren Gefahren bannen zu können.

Auswanderern dienten Himmelsbriefe, wie in Kap. 3 gezeigt, als Brücke zur Heimat. In den USA wurden sie ab etwa 1850 auf Deutsch nachgedruckt und gelangten von dort auch wieder zurück nach Europa. Sogar an die Wolga nahmen Deutsche damals ihre alten „Himmelsbriefe“ mit.

Wenn dann im Geschützhagel des Ersten Weltkriegs und im unheimlichen Feuer der Stalinorgeln des Zweiten Weltkrieges die mittelalterlichen „Schwertbriefe“ und „Kugelsegen“ ihre Wiedergeburt erleben, dann ist dies kein Wunder. Vielmehr regen sich hier intensiv die existenziellen Urängste der Menschen vor der unbeherrschbaren Wirkung von Waffen. Die Regierungen und ihre Heerführer bemühen sich zwar, solche Ängste kleinzureden. Aber mit Beschwichtigungen langt man ja nicht in die Tiefe von unbewältigten Ängsten. So greift man zurück auf die alten Mittel der Magie.

Es ist eigentlich erstaunlich, dass insbesondere in der umfangreichen Literatur über die Weltkriege das verbreitete Phänomen der Himmelsbriefe kaum beschrieben wird. Dieser Bereich der Mittel, die auf magische Weise Schutz gewähren sollen, unterliegt einem merkwürdigen Tabu und ist wissenschaftlich noch wenig erforscht. Möglicherweise fehlt vielen Forschern, die sich mit der Kriegsthematik befassen, der Sinn für die hier auftauchenden Dimensionen von existenzieller Angst und tiefinnerer Religiosität des Menschen.

Heute sind es vielleicht die „6. – 13. Bücher Mose“ und manche andere esoterische Literatur, die auf zehnmal so viel Metern in den Regalen der Buchläden stehen, wie die Bücher über christliche und kirchliche Religiosität. Sie beweisen, dass wir auch in der Jetztzeit in einer dauernden Angstkrise leben, die viele Menschen zurücktreibt zu ihren magischen Wurzeln.

Die Öffnung der Kirchen für die „vagabundierende Religiosität“

Die katholische Seelsorgepraxis hat schon immer versucht, solche „vagabundierende Religiosität“ in die Bahnen eines kirchlichen Glaubensverständnisses zu lenken und hat manche dieser Texte, wie oben gezeigt, sogar in offizielle Gebetbücher aufgenommen. Dagegen hat die evangelische Kirche die Anfragen der Menschen in den Krisenzeiten bis heute kaum an sich herangelassen.

Dabei gab es die Himmelsbriefe ja auch in der Reformationszeit. Doch damals waren sie allenfalls ein Stilmittel; man ahmte sie nach, um auf diesem Wege die reformatorischen Lehren unters Volk zu bringen. Im Industriezeitalter bemühten sich stattdessen einzelne evangelische Protagonisten, mit den visionären Konzepten der „Inneren Mission“ diesen angstbesetzten Aufbruch der Menschen in ein neues Zeitalter seelsorgerlich und diakonisch zu begleiten. Auf diese pragmatische Weise hofften sie, die Zuflucht der Menschen zum magischen Denken der Himmelsbriefe überflüssig zu machen.

Doch wie sich gezeigt hat, blieben die Bedürfnisse auch der Evangelischen nach Segen und Heilung weiterhin ungebrochen. Sie spiegeln sich in den typisch evangelischen Elementen in einigen dieser Himmelsbriefe deutlich wider. Der älteste und zugleich ästhetisch und inhaltlich schönste der drei erhaltenen Himmelsbriefe von BARBARA KÖHLER vom Köhlerhof in LESSAU enthält, wie oben bereits erwähnt, Textauszüge aus Luthers Übersetzung des Johannesevangeliums.

In der Scheune gefunden: Lutherischer Himmelsbrief der BARBARA KÖHLER

5. Der lutherische Himmelsbrief der Barbara Köhler

Jesus-Gebet und Waffensegen

Dieser eindrucksvollste der Weidenberger Himmelsbriefe, von uns zur Unterscheidung bezeichnet mit „IIIa“, ist überschrieben: *„Ein wunderlicher, guter, glückhafter und bewährter Himmels + Brief.“*

Der Brief hat das Format 52,5 x 42 cm, also annähernd das stattliche Format DIN-A2. Er ist auf festem, fast pergamentartigem Papier geschrieben. Die sorgfältige Handschrift verwendet ältere deutsche Buchstaben in den zwei Farben Blau und Rot. Das Dokument ist mit einer schlichten, bunten Verzierung umrandet.

Der Brief weist an seinen vier Knickkanten Beschädigungen auf und zeigt sich an den Griffpunkten stark abgegriffen. Daraus darf man schließen, er ist häufig gelesen und wohl auch durchgebetet worden ist.

Dieser Brief könnte, wie schon oben gesagt, aus der Anfangszeit des Köhlerhauses um 1839 stammen oder etwa zeitgleich auch aus dem Herkunftsort der Familie KÖHLER in THETA. Die Sprache, die dieses Dokument verwendet, führt aber noch eine erhebliche Zeitspanne weiter zurück, also vor die Entstehung dieser Anwesen, vermutlich in die Barockzeit des 18. Jh.

Das Besondere dieses Weidenberger Himmelsbriefes ist seine völlige Einmaligkeit und Eigenständigkeit: Wir haben hier einen „Himmelsbrief" vor uns, der in keines der Schemata passt, die in der Forschung bislang bearbeitet wurden bzw. die im Internet zugänglich sind. Das lohnt auch eine sorgfältige Betrachtung.

Der Grundduktus ist ein **Jesus-Gebet.** Die Überschrift verweist auf einen alten **Waffensegen** mit allgemeiner Schutzfunktion, den auch der Hauptteil immer wieder aufnimmt und präzisiert. Wiederholt wird der trinitarische Segen zitiert.

Dann wird Christus im Gebet direkt auf seinen **Segen beim Unterwegssein und im Alltag** angesprochen. Appelliert wird an die besonderen Kräfte, die bei der Jungfrauschaft Mariens, aber auch beim Kreuzesopfer Jesu erfahrbar wurden. In beidem läge die Quelle für die Kraft, die sich auch über die Feinde des Gläubigen als mächtig erweise. Aber auch die Erfahrungen alttestamentlicher Gestalten, wie Pharao, Lot und Joseph werden zum Beweis der Macht Gottes angeführt.

Der Segen, den der Gläubige erwartet, wird verortet im Sakrament von Brot und Wein beim Abendmahl.

Den Höhepunkt des Briefes bildet aber die Erinnerung an den Anfang des Johannes-Evangeliums. Diese berühmten Worte, die einst auch Goethes Faust ins Stocken brachten, werden in der Übersetzung Martin Luthers zitiert: *„Im Anfang war das Wort."* Hier, in dieser von Johannes so einmalig beschriebenen Fleischwerdung des Gotteswortes, sieht wohl der Brief die Hauptquelle für seine Segenserwartungen. Das „Wort", bzw. der „Sinn", bzw. die „Kraft", bzw. die „Tat" – wie GOETHE grübelt –, die sich in der Menschwerdung des Logos Gottes ereignet, ist dieselbe, die auch die Schöpfung der Welt in Gang gesetzt hat; sie wird auch in den Ängsten des Menschen ihre unerhörte Wirkung entfalten.

Von hier geht der Brief in ein ergreifendes direktes **Jesus-Gebet** über. Dabei unterstellt der Beter sein eigenes Geschick dem Vertrauen zu Jesus. Dabei wird der große theologische Gedanke, den Segen für den Menschen mit dem schöpferischen Wort Gottes einerseits und der irdischen Erscheinung Jesu anderseits zu verbinden, fast bis zum Schluss durchgehalten. Der Brief gipfelt in der Anrede und Segensbitte:

„Jesus Nazarenus, Heiliger König der Juden, sei mir gnädig und steh mir bei, und

bewahre mich, N.N.“

Von anderer Hand beigefügt sind diesem Himmelsbrief „Rezepte“, die zeigen, dass dieser Himmelsbrief auch als Talisman und magischer Zauber für bestimmte Leiden verwendet wurde. Diese acht Zeilen sind wegen der verblassten Schrift durch starke Benutzerspuren teilweise unlesbar. Sie wiederholen, nach dem Muster der bereits von Pfarrer SCHALLER zitierten „Graf“-Himmelsbriefe, Anleitungen, um diesen Brief für Heilungszwecke anzuwenden.

Wegen seiner tiefgründigen Bedeutung, seiner eindrucksvollen Gestalt und seiner guten Erhaltung ist der KÖHLER-Brief III a diesem zweiten Buch im Supplementband des Projektes „MYRTEN FÜR DORNEN“ als kleine Grafik vorangestellt. Er ist sicher der älteste und zugleich auch tiefstempfundene der bislang in WEIDENBERG aufgefundenen Briefe, ein echtes Stück vergangener Trost- und Erbauungsliteratur.

Meine nachfolgende Textwiedergabe will die zufälligen Zeilenumbrüche der in schöner deutscher Schrift geschriebenen Vorlage jeweils durch doppelte Schrägstriche sichtbar machen. Einzelne Worte oder Textteile, die zerstört oder zu abgegriffen waren, als dass man sie hätte lesen können, werden jeweils durch Punkte gekennzeichnet. An Stelle von „N.N.“ spricht der Beter jeweils seine eigenen Namen.

Jesus-Gebet und Waffensegen – ein evangelischer Himmelbrief (Köhler-Brief III a)

„Ein wunderlicher, guter, glückhafter und bewährter Himmels + Brief wodurch man sich vor Kugeln und Deggen [Degen], vor sicht//barlichen und unsichtbarlichen Feinden sowie auch vor allen möglichen Übeln beschützen und bewahren kann. //

Im Namen der Heiligen Dreifaltigkeit Gottes, des Vaters, Gottes, des Sohnes, Gottes, des Heiligen Geistes. Amen. //

Das Blut Jesu Christi, wahrer Gott und Mensch, behüte mich, N.N., vor allerlei Übeln Leibes und der Seelen, vor allerlei Waffen und Wehr, Geschütz und Geschoß … …// Schwerter, Messer, Deggen, Karbiner und Heleparten und was sonst haut und sticht, vor Stechen, Degen, kurze oder lange Flinten, Büchsen und dergleichen, so seit Christi Geburt geschmiedet // worden sind von allerlei Metall, es sei Eisen oder Stahl, Meß oder Bleierz oder Holz. – Jesus Christus, das wahre Gotteslamm, behüte mich, N.N., vor allerlei Geschoß und Geschützen bei Be//achtung des Bundes [?], wie Maria ihre Jungfrauschaft erhalten; vor und nach der Geburt; mache also ihre Waffen so weich wie die Blutstropfen, die Jesus Christus am Ölberg vergossen. //

Jesus Christus, behüte mich, N.N., vor allen bösen Berichten, Hinterwärts …,

Schlag, Zauberei, Brunnenstellen (?), vor allen bösen Feinden, sichtbaren und unsichtbaren .... // ... ... werden dann wandern mit mir, und sei bei mir bis an mein letzteres End, und laß mich nicht, auf daß ich hier nicht sterbe; ... ... //

[Gott, der Vater, der mich erschaffen hat], Gott, der Sohn, der mich erlöst hat, und Gott, der Heilige Geist, der mich geheiligt hat. AMEN. Die heilige Dreifaltigkeit, die ... ... //... sei bei mir und mit mir, die behüte mich N.N. vor allerlei Übels Leibes und der Seele. Jesus Christus, der dreieinige Gott sei mit mir auf dem Wasser und auf dem [Land?] ... Holz // oder Wald, Berg oder Thal, Dorf oder Stadt; wo ich gehe, wo ich stehe oder liege oder wo ich bin. – Herr Jesus Christus, behüte mich N.N., vor allen bösen Feinden, sie seinen sichtbar oder unsichtbar, heim//lich oder öffentlich, wissentlich oder unwissentlich.

– So behüte mich N.N., dreieiniger Gott, Jesus Christus, durch dein bitteres Leiden und Sterben und rosenfarbenes Blut, das du am Stamme des Kreuzes // vergossen hast. Jesus Christus ist zu Nazareth empfangen; und zu Bethlehem geboren, das sind werthe und theure Worte, die in diesem Brief geschrieben stehen: und müßen diese alle sein wa[h]r und [Warner?] N.N. , alle // Geschoß und Geschützen , Wehr und Waffen, dass sie von mir weichen, verschwinden, bis ich sie wieder herbeirufe; auch alle ihre Kraft verlieren, wie sie Pharao verloren hat. Blut, Kräfte, behaltet ... // die Kraft, wie sie Christus behalten, als man ihn gemordet. Und mit seinen heiligen fünf Wunden seid ihr angehängt und gebunden. Das Geschütz müße verschwinden, wie // die Männer verschwunden, die Christo dem Herrn, die Hände an das Kreuz gebunden. Im Namen Gottes, des Vaters, des Sohnes und des Heiligen Geistes; Jesus Christus ging über // das rothe Meer, sieht in das Heilige Land. Er sagt: Es müßen zerreißen alle Strick und Band; Es müßen zerbrechen alle Wehr und Waffen; Es müßen verblenden alle // Augen, die da fleischlich sind, kein Held oder Waffen mich überwältige das nicht Wasser schneidet [?]; Es sei Eisen oder Stahl; Meß oder Blei, oder was es sein mag, müße mich // nicht verletzten. – O Gott! Daß es müßte gesegnet sein, als der Kelch und Essen, wie auch das, das Gott seinen heiligen 12 Jüngern gab.

Im Namen Gottes des Vaters, des Sohnes // und des Heiligen Geistes! Der Segen der Gottheit über dem frommen Loth, da er sandte, Frieden zu machen, der gehe über mich N.N. Der Segen der Gottheit // über den frommen Joseph, der gehe über mich N.N., der Segen der Gottheit über den Erzengel Gabriel, als er der Jungfrau Maria die Botschaft brachte, der gehe // über mich N.N. Im Namen der Heiligen Dreifaltigkeit Gottes, des Vaters, Gottes, des Sohnes, Gottes, des Heiligen Geistes. Amen.

Im Anfang // war das Wort, und das Wort war bei Gott, alle Dinge sind durch dasselbige gemacht, was gemacht ist.

In ihm war das Leben, und das Leben war das Licht der Welt, // und das Licht scheint in der Finsternis, und die Finsterniß habens nicht begriffen.

Es war ein Mensch von Gott gesandt, der hieß Johannes, derselbe kam zum Zeugniß, //
dass er von dem Licht zeugte, auf daß sie alle durch ihn glaubten.

Er war nicht das Licht, sondern, daß er zeugte von dem Licht, welches da erleuchtet einen jeden Men//schen, [der da kommt] in diese Welt. Und die Welt hat nichts angenommen, nicht erkannt.

Er kam in sein Eigentum, und die Seinen nahmen ihn nicht auf. [Wie viele ihn // aber] aufnahmen. Denen gab er Kraft Gottes Kinder zu werden, denen, die da glaubten an seine Gebote. Seit das Wort ist Fleisch worden vor Euch und hat unter uns gewohnet, und wir // sahen seine Herrlichkeit des eingeborenen Sohnes vom Vater voller Gnade und Wahrheit, sichtbarlich und öffentlich.

Darum behüte mich N.N., ... ewige Gottheit, Jesus Christus //... bitteres Leiden und Sterben und rosenfarbenes Blut, das du am Stamme des Kreuzes hast ... – Jesus ist zu Nazareth empfangen, und zu Bethlehem geboren, das finde ... // ... wahrhaftiger Stein in diesem Brief geschrieben stehend, daß ich keine Mörder gefangen werde noch gebunden ; und es müßten auch vor mir N.N., alle Geschoß und Geschütz ... // Wehr und Waffen weichen, auch alle ihre Kraft verlieren; behalte meine Kraft und Meinung bei Gott dem Allmächtigen, Jesum Christum, so müßen alle Geschütze vor mir verschwinden. //

Im Namen Gottes des Vaters, des Sohnes, und des Heiligen Geistes. Jesus ging über das rothe Meer, sah in das Heilige Land; Er sagt: Es müßen zerreißen alle Strick und Band; Es // müßen zerbrechen alle Wehr und Waffen; Es müßen verblendet werden die Augen meines Feindes. Behütet mich N.N., daß mich kein Stein fälle, es sei Messer, Feuer oder Holz was schneidet, es sei // Eisen oder Stahl, Metall oder Blei, daß ich wohl gesegnet sei als das wahre Himmels-Brod, das der Herr, Jesus Christus, seinen Heiligen 12 Jüngern gab.

Im Namen Gottes, des // Vaters, des Sohnes und des Heiligen Geistes. – Der Segen, den Gott über den ersten Menschen schuf, der gehe über mich N.N., fernewig behütet mir Gott meine fünf Sinnen, und liebe meine // rechte Hand, wann ich komme in ein fremdes Land, dass mich kein Feind, kein Zauber beschwört oder berührt. Dazu helfe mir die allerheiligste Dreifaltigkeit Gottes // des Vaters, und Gottes, des Sohnes und Gottes, des Heiligen Geistes. AMEN.

Jesus Nazarenus, Heiliger König der Juden, sei mir gnädig und steh mir bei, und bewahre mich, N.N., diese Worte Gottes über den Segen, über den Erzengel Gabriel. / / + + +“

6. Die Bedeutung der Himmelsbriefe der Barbara Köhler für Weidenberger und andere Bürger

Ermunterung für Suchende

Abschließend sei auch der oben bereits erwähnte jüngere Himmelsbrief III b von BARBARA KÖHLER hier noch genauer vorgestellt und besprochen, um dann Folgerungen für die Interpretation des ganzen Themas zu ziehen.

Dieser Brief III b hat sein vergleichbares Gegenstück in den Texten, welche die ebenfalls schon genannten lutherischen Auswanderer nach Amerika mitgenommen und dort um 1850 gedruckt haben. Dieser interessante KÖHLER-Brief ist eine originelle und eigenständige Zusammenstellung aus ganz uralten Teilen von Himmelsbriefen aus der Zeit der alten Kirche, verbunden mit Gedichten, Liedern und Trostversen, überwiegend aus dem evangelischen Milieu.

Es fällt auf, dass der Text zwar von der Evangelischen Kirche die defizitären Bereiche von Segnen und Heilen einfordert, sich aber doch immer wieder auch auf die gemeinsame Basis des evangelisch-lutherischen Glaubens an Jesus Christus und die Forderung zum Hören des Wortes Gottes einzustellen versucht. Sein Anfang, traditionell mit „Himmelsbrief" überschrieben, mag auch suchenden Menschen in unserer Zeit aus dem Herzen gesprochen sein. Er lautet:

Jesus Christus zu finden ist,
im Wort, da man von Jesu liest,
Jesus gibt Heil und Seligkeit
dem der ihm dienet allezeit;
wer sich des Namens Jesu tröst,
der wird durch Jesum Christ erlöst.
Jesu, dem lieben Kindelein,
dem herzlich Jesulein,
sei Lob und Preis!

O Jesu mild,
schütz du uns stets durch deinen Schild,
gib uns, Herr Jesu, deine Gnad,
dass uns Welt, Teufel, Tod nicht schad.

Gewiss ist der Tod, ungewiss ist der Tag,
die Stund auch niemand wissen mag,
darum trau auf Gott und denkt dabei,
dass jede Stund die letzte sei.

Im Leiden habe guten Mut,
und liebe den, der Leid dir tut.

*Freue dich von Herzen in Schmerzen [*richtig: *in Schwachheit],*
das ist die ganze Vollkommenheit.
So geht es zu in aller Zeit:
Hilf mich [mir] auf, ich stoß dich nieder.
Sage nicht alles, was du weißt.
Ehr mich groß, ich schand dich wieder.
Glaube nicht alles, was du hörst,
richte nicht alles, was du siehst.

Ach Gott, dies ganze Haus bewahr
für[vor] Feuer, Schaden und Gefahr.
mit Gnad und Segen über uns walt,
*deines heilige Wort erhalt [*richtig: *Und uns dein reines Wort erhalt'].*
Herr Jesu Christ, durch den Namen dein
gib mir ein seliges Stündlein,
steh mir bei am letzten End!
Nimm meine Seele in deine Händ.

Es folgen eine Reihe von Gebets- und Liedversen, darunter der erste Vers aus einem Lied des bedeutenden deutschen evangelischen Kirchenliederdichters der Barockzeit JOHANNES GOTTFRIED HEERMANN (1585-1647), der auch so bekannte Lieder wie *„O Jesu Christe, wahres Licht"*, *„Herzliebster Jesu"* oder *„O Gott du frommer Gott"* geschrieben hat:

„Gott der Du deine Lust im Himmel hast zu wohnen,
im Wesen einig bist, drei einig in Personen.
Gott Vater Sohn und Geist all [die] dich rufen an,
kein Gott mir ohne dich den Himmel geben kann.

Gott bescheret, Hoffnung ernähret,
ach Gott, ich bitt, verlass mich nicht.
Wer Gott vertraut hat [wohl] gebaut.
Den will er nicht verlassen,
obschon die Feinde dich verfolgen und hassen.

So trau auf Gott,
er wird dich in keiner Not verlassen.
Je größer die Not, je näher ist Gott,
trink und iss, Gott und die Armen nicht vergiss,
Gottes Güt und Treu ist alle Morgen neu.

Was Gott tut erquicken,
kann niemand unterdrücken.
Gott lässt die Seinen sinken [BARBARA KÖHLER schrieb versehentlich: *stinken!*],
aber nicht ertrinken.

Ich trau auf Gott allein,
menschliche Hilfe ist [ergänzt von B. Köhler: *viel*] *zu klein.*
Gott weiß wohl Hilfe und Rat,
wenn Menschenhilf ein Ende hat.
Mit Gott fang deine Sache an,
so wird es guten Fortgang ha[be]n.

Wer willig gibt den Armen,
dessen wird sich Gott erbarmen.

Gott hab vor Augen und sein Wort,
dann geht dirs wohl, so hier als dort.

Wer zum Himmel ist erkoren,
stechen täglich Disteln und Dornen.
Jammer, Kreuz, Elend, Angst und Not,
ist aller Christen täglich Brot.
Im Unglück hab' ein Löwenmuth,
auf Gott trau, es wird werden gut,
ja besser, als man hoffen tut.
Zu dir Herr Jesu, Gottes Sohn,
steht meines Herzens Freud' und Wonn'. + + +

Mein Ruhm, mein Trost, mein höchstes Gut,
ist mir, Herr Christ, dein theures Blut.
Sorg' und sorge nicht zu viel,
es geschieht doch, was Gott haben will.

Der Christen Herz auf Rosen geht,
wenn's mitten unterm Kreuze steht.
Verzage nicht im Kreuze dein.
Nach Regen folget Sonnenschein.

Amen. + + + Barbara Köhler"

An dieser Stelle sei ergänzend auch noch der dritte Himmelsbrief aus dem Nachlass des Köhlerhofes erwähnt. Dieser Brief mit unserer Kennzeichnung IIIc hat das Format 34 x 21,5 cm und ist eine Variante des von Pfr. SCHALLER „Machtbrief" genannten, abgeschriebenen und wohl am meisten verbreiteten Himmelsbriefes, wie er mit der Kennzeichnung Ib oben bereits abgedruckt ist. Es wird deshalb an dieser Stelle nur auf diesen Brief oben verwiesen und zur Erinnerung sein typischer Anfang zitiert: *„Ein Graf hatte einen Diener …"*.

„Myrten für Dornen" – Trost in schwerer Zeit

Einige Anmerkungen insbesondere zum „lutherischen" Himmelsbrief IIIb von BARBARA KÖHLER seien abschließend erlaubt. Es fällt auf, dass dieser Brief abweichend von allen anderen Mustern für Himmelsbriefe nicht auf eine übernatürliche Medizin für menschliche Notlagen spekuliert, sondern in Not und Verzweiflung Trost und Zuspruch aus der Bibel und dem Glauben der Kirche zusprechen will. Dabei stützt er sich auf wesentliche Aussagen des protestantischen Glaubens. Auch der abschließende Trostvers dieses Himmelsbriefes *„Der Christen Herz auf Rosen geht, wenns mitten unterm Kreuze steht"* gilt ja als Zitat von MARTIN LUTHER selbst. Der Reformator deutet mit diesem Wort sein Familienwappen, die Lutherrose.

Im genannten Himmelsbrief spiegeln sich wohl die belastenden Erfahrungen dieser Bauersfrau aus ihrem eigenen notvollen Leben wider. Sie war in der damaligen Gesellschaftsordnung ein benachteiligtes Glied. Die männlichen Nachkommen der Bauern erbten den Hof, die Töchter mussten seinerzeit das Anwesen verlassen. Sie waren ganz auf die Partie angewiesen, die sie mit ihrem zukünftigen Ehemann machten. War der Partner ein wohlhabender Bauer, blieb der soziale Status gesichert. War er ein armer Schlucker, dann führte das Leben der zukünftigen Familie schnell in Not und Armut.

Das letztgenannte Los traf damals BARBARA KÖHLER. Sie heiratete einen armen Schneider, JOHANN SCHILLER. Er war zwar tüchtig, und die beiden Eheleute liebten sich. Der Mann fertigte Schneiderarbeiten mit Perlenbesatz, wie sie bei der Herstellung von dörflicher Trachtenmode, insbesondere für Hochzeiten, damals noch gebräuchlich sind. Aber seine Einnahmen waren bescheiden, der Lebensstandard blieb niedrig, zumal vier Kinder davon ernährt werden mussten.

So kann sich die Familie damals auch kein eigenes Haus leisten. Sie müssen in der „Porderleshüttn" wohnen, im damaligen Lessauer Armenhaus. Um nicht die Selbstachtung zu verlieren, versuchen sie gemeinsam, aus dieser prekären Situation etwas zu machen. Die Kinder müssen als „Perlenarbeiter" mithelfen. Es ist eine Form von damals verbreiteter Kinderarbeit, ein mühevoller und anstrengender Weg, und für die Kinder mit viel Verzicht auf kindliche Freiheiten verbunden. Wenn dann, wie hier, der Mann allzu früh stirbt, steht die Familie vor dem Nichts.

In dieser Situation hat BARBARA KÖHLER sich Trost in Bibel und Erbauungsliteratur gesucht. Sie hat aus ihrem Gottvertrauen gelebt und dies auch an ihre Kinder weitergegeben. Sie hat mit ihnen regelmäßig gebetet. Und sonntags hat sie ihre Kinder an die Hand genommen, um mit ihnen auf dem alten Lessauer Kirchsteig zum Gottesdienst nach WEIDENBERG zu gehen. Dann führte ihr Weg am uralten Steinkreuz auf der Bocksleite vorbei. Über den jenseitigen Hang ging der Weg über ein kleines waldumsäumtes Familiengrundstück hinunter zur Friedhofskapelle St. Stephan; und von dort stieg man dann zum Weidenberger Obermarkt und zur Michaelskirche hinauf.

Dieser Weg, der mit weiten Ausblicken über den ganzen Horizont und dann vor allem auf das dunkle Fichtelgebirge verbunden war, hat sich insbesondere ihrer Tochter MARGARETE eingeprägt. Schon in ihrer frühen Kindheit nahm sich das Mädchen vor, für Gott hier oben einmal ein Dankzeichen zu stiften, so wie sie es in der benachbarten katholischen Frankenpfalz vielerorts gesehen hatte. Doch war an eine Verwirklichung dieses kostspieligen Planes lange nicht zu denken.

Als es in der wirtschaftlich schlechten Zeit nach dem Ersten Weltkrieg auf dem Land nicht mehr weiterging, da ist die verwitwete BARBARA KÖHLER mit ihren Kindern nach BAYREUTH gegangen. Sie hoffte, sich selbst und die Kinder hier irgendwie durchbringen zu können.

Der Trostvers, den diese Mutter, BARBARA, zur Aufrichtung in solchen Situationen auf ihren Himmelsbrief notierte, ist ein Sprichwort zum Kreuzesdorn: *„Wer zum Himmel ist erkoren, stechen täglich Disteln und Dornen"*.

Hier schließt sich auch für das Geschichtsprojekt „MYRTEN FÜR DORNEN" der Kreis des Betrachteten. Denn dieses Wort führt direkt zum Bibelvers aus dem Profetenbuch Jesaja 55, 13 auf dem Evangelischen Bekenntnismarterl, das ihre Tochter MARGARETE dann tatsächlich am Höhepunkt des Kirchenkampfes im Jahr 1937 aufstellen lässt: *„Es sollen Tannen für Hecken wachsen und **Myrten für Dornen**"*. Es soll in Erinnerung an die schweren Jahre ein „Dankzeichen für Gott" sein.

Mit dem Bericht über dieses Bekenntnismarterl und das Leben seiner Stifterin begann ganz bewusst die erste Folge dieses Geschichtsprojektes. Es wertet dieses Marterl und seine Geschichte als ein wichtiges „Leitfossil" der Weidenberger Geschichte und als ein zentrales Symbol des protestantischen Glaubens dieser Gegend.

Diesem Bibeltext auf dem Marterl ist auch bewusst der Titel für das Gesamtprojekt entnommen: „MYRTEN FÜR DORNEN". Er will die Augen öffnen für die besondere Blickrichtung des Glaubens in den einzelnen Berichten des Projektes: Dieser Blick geht nicht an Not und Elend vorbei oder über sie hinweg, sondern durch sie hindurch

zu Jesus Christus als dem wahren Erlöser, wie es dann auch im Kreuzbalken dieses Bekenntnismarterls geschrieben steht: *„Ich weiß, dass mein Erlöser lebt"*. Dieser Vers soll dem damals verbreiteten Wahn, dass der Diktator Hitler der Erlöser sei, widersprechen.

Der Schluss des Himmelsbriefes etwa ab *„Gott hab vor Augen"* wirkt in Barbara Köhlers Abschrift nachgetragen und etwas fahrig; das *„Verzage nicht im Kreutze"* hat sie zweimal geschrieben, wie wenn sie großen Kummer hat; danach bricht ihr Text ab, obwohl noch genug Platz auf dem Blatt gewesen wäre. Es scheint, als ob der große Kummer sie selbst überwältigt hat. Wann immer sie diesen Himmelsbrief fertig geschrieben hat, er nimmt ihr persönliches Schicksal vorweg oder interpretiert es.

In der Originalvorlage dieses Himmelsbriefes schließen sich dann noch folgende Gebets- und Andachtsverse an, die Barbara Köhler aber nicht mehr abgeschrieben hat. Sie seien der Vollständigkeit halber ergänzt:

Herr Jesu, der süße Name dein,
erquicke mir die Seele mein.
Herr Jesu Christ, mein Trost und Freud',
ich trau auf dich zu jeder Zeit.
O frommer Christ, hier leid' und meid',
bald kömmt darauf die gute Zeit.
Vielleicht kommt der wohl über Nacht,
der aller Noth ein Ende macht.

Kirchen gehen versäume nicht,
Almosen geben Armen nicht.
Bete rein und schätz dich klein;
arbeite fein, trau Gott allein,
die Sorgen laß Gott befohlen sein! Amen.

Nicht Teufel, Welt und Tod,
soll mich von Jesu wenden, /
Denn Jesus ist mein Schutz,
ich bin in seinen Händen.

Zu Verwandtenbesuch auf dem Köhlerhof: MARGARETE SCHILLING (ganz links), die Stifterin des Evangelischen Marterls auf der Weidenberger Bocksleite, Tochter der Himmelsbrief-Schreiberin BARBARA KÖHLER, um 1960.

Über den Verfasser und sein Projekt

Der Autor JÜRGEN-JOACHIM TAEGERT, geboren im Kriegsjahr 1941, ist evangelischer Pfarrer im Ruhestand und Verfasser zahlreicher Publikationen, die sich in bewusst ökumenischer Perspektive mit der Verbindung von Geschichte, Kultur, Landschaft und menschlichem Geschick befassen. Seine Schriften wollen ein Beitrag sein, das Schweigen zwischen den Generationen aufzubrechen.

Die durchgängig verwendete Methode ist die „Geschichtsaneignung von unten". Der Verfasser teilt die Sichtweise von Geschichte, wie sie die lateinamerikanische „Theologie der Befreiung" und andere spirituelle und soziale Bewegungen anstreben. Der deutsch-chilenische Autor ALFONSO DE TORO nennt sie *eine Art topographische Radiographie der Eingeweide der Geschichte.* – Auch folgt er den Anregungen des Schweden SVEN LINDQVIST *Grabe wo du stehst.* Er verbindet die gründlich recherchierten Lebensbilder der vorgestellten Personen und deren Alltag mit der Lokalgeschichte und den Dimensionen der Gesamtgeschichte. Die „kleinen Leute" sollen sich als historische Subjekte entdecken, welche als Autor*innen ihrer eigenen Geschichtsschreibung „Geschichte machen" und ihre Gegenwart und Zukunft gemäß ihren eigenen Interessen gestalten.

Mit dem Projekt „**MYRTEN FÜR DORNEN**" setzt der Verfasser seine Arbeiten zur Erforschung der sperrigen Hitlerzeit fort, die sich bis heute jeder Einordnung in den „normalen" Gang von Geschichte widersetzt und vielerorts immer noch tabuisiert wird. Dieses auf sechs Folgen und einen Supplementband angelegte Geschichtsprojekt hat seinen historischen Schwerpunkt in der Beschreibung der ereignisreichen 30 Jahre von 1919-1949, in denen Pfarrer GEORG REDENBACHER in WEIDENBERG wirkte, greift aber bei der Betrachtung der geschichtlichen und soziokulturellen Entwicklungslinien weit darüber hinaus und zurück bis in die Anfangszeit der Weidenberger Kirchen und früheren Lebensverhältnisse.

Das Projekt will mithelfen, blinde Stellen der Geschichtsbetrachtung für den Bereich der Marktgemeinde WEIDENBERG und des Bayreuther Landes aufzuhellen, gibt aber auch Einblick in die Entwicklung der Evang.-Luth. Landeskirche in Bayern und des Evang. Dekanatsbezirkes Bayreuth.

Ein ausführliches Verzeichnis weiterer Schriften des Verfassers, die in vieler Hinsicht eine Ergänzung zum Projekt „MYRTEN FÜR DORNEN" darstellen, findet sich im Anhang der zweiten Folge dieses Projektes „Licht und Schatten der neuen Zeit ..."

Literatur- und Quellenliste zu „Myrten für Dornen VII" – Supplement:

AAS, NORBERT (Herausg.), Zwischen Weltanschauungskampf und Endzeitstimmung. Die Evangelische Kirche Bayreuths, Bumerangverlag 2010

BERTHOLD ,WILL, Die 42 Attentate auf Adolf Hitler, Blanvalet, München 1981

DÖTTERL, MATTHIAS (posth.), s.u. TAEGERT, JÜRGEN JOACHIM

HARTMANN, GERHARD, Kirche und Nationalsozialismus, Topos Plus TB Bd. 624 2007

KLEE, ERNST, Die SA Jesu Christi. Die Kirche im Banne Hitlers. Fischer TB 1989

MEIER, KURT, KREUZ UND HAKENKREUZ, Die evangelische Kirche im Dritten Reich. DTV ²2008

NEITZEL, SÖNKE und WELZER, HARALD, Soldaten: Protokolle vom Kämpfen, Töten und Sterben, S. Fischer 2011

ROEPKE, CLAUS JÜRGEN, Die Protestanten in Bayern, Süddeutscher Verlag München 1972

RONGE, TOBIAS, Das Bild des Herrschers in Malerei und Grafik des Nationalsozialismus, Eine Untersuchung zur Ikonografie von Führer- und Funktionärsbildern im Dritten Reich 2009/10

SIMON, MATTHIAS, Die Evang.-Luth. Kirche in Bayern im 19. und 20. Jahrhundert, Claudius-Verlag München 1961

STROHM, CHRISTOPH, Die Kirchen im Dritten Reich. Verlag C.h.Beck 2011

TAEGERT, JÜRGEN JOACHIM und DÖTTERL, MATTHIAS (posth.), Wo König und Herzog einfache Leute sind, Spurensuche Frankenpfalz im Fichtelgebirge, Geschichte, Schlösser, Sprache, Kultur. Kirchenpingarten 2009

TAEGERT, JÜRGEN JOACHIM, Wenn Holz und Steine reden – Marterlwege in der Frankenpfalz im Fichtelgebirge. Kirchenpingarten 2010

WEHLER, HANS-ULRICH, Der Nationalsozialismus. C.H.Beck 2009

ZIPFEL, FRIEDRICH, Kirchenkampf in Deutschland, Walter de Gruyter & Co 1965

QUELLEN:

Spruchkammerakten und Dokumente aus dem Bundesarchiv Berlin, den Staatsarchiven Bamberg und Coburg und dem Landeskirchlichen Archiv Nürnberg

GESAMTÜBERSICHT für die sechs Folgen des Projektes „Myrten für Dornen" und den Supplementband über die Weidenberger Kirchen- und Ortsgeschichte		
Folge Nr.	*Überschriften der jeweiligen Folge:*	*Die Bücher und Inhalte der jeweiligen Folge:*
1	**„AM VORABEND DER URKATASTROPHE(N)"** **– Quellen zur Weidenberger Geschichte** ISBN 978-3-947247-15-8	1. **„TANNEN FÜR HECKEN UND MYRTEN FÜR DORNEN"** – Das evangelische Bekenntnismarterl der Margarete Schilling 1937 auf der Weidenberger Bocksleite 2. **„DIE PFARRBESCHREIBUNG 1913/14"**, eingelesen, kommentiert und fortgeführt bis in die Gegenwart 3. **„DIE GESCHICHTE VON WEIDENBERG UND UMGEBUNG"** 1896 von Pfarrer Johannes Michael Einfalt 4. **„BESCHREIBUNG DER MARKTGEMEINDE WEIDENBERG"** 1900 von Lehrer Joh. Erhard Reblitz 5. **DER „WEITBERÜHMTE MARCK WEIDENBERG"** samt Umgebung 1692 von Magister Johann Will 6. **„DER STUMME SCHREI ZUM HIMMEL"** – Die Steinkreuze um Weidenberg und in der Frankenpfalz 7. **„KULTURATTACHÉ UND GESCHICHTSGEWISSEN"** – Erinnerung an Adam Kießling
2	**„LICHT UND SCHATTEN DER NEUEN ZEIT"** **– Alltagsleben in der Vorahnung der Katastrophe** ISBN 978-3-947247-16-5	1. **„WO SIND DENN DIE RITTER?"** – Leben und Geschichten vom Pfarrer Redenbacher **2. „BEIM MARKTBRAND *NICHT* MIT VERBRANNT"** – Geschichte der Kirchen Weidenbergs, der Gemeinde und ihrer Pfarrer anhand der Epitaphien und neuer Recherchen 3. **ARBEIT, WOHLSTAND UND ARMUT BEI DEN „GAASLA"** – Soziales Leben, Beruf und Gewerbe in Weidenberg um die Wende zum 20. Jh.

2		**4. „Als Weidenberg Kurort werden wollte“** – Pfarrer Redenbacher und der Verschönerungsverein Weidenberg (ein Durchgang durch die Geschichte der Marktgemeinde Weidenberg 1903-2013)
3	**„DER ANSTREICHER UND SEINE LEHRJUNGEN“ – Braune Herrschaft in Weidenberg seit 1929** ISBN 978-3-947247-17-2	1. **„Seit 1933 sind wir alle nicht mehr normal“** – Georg Rumler und der Aufstieg der Nazis in Weidenberg von 1929 bis zu ihrem Durchbruch 1933 **2. „Bei mir ist niemand zu Schaden gekommen“** – Die Herrschaft der Nazis in Weidenberg und ihre Gegner **3. Physikus und Pharmazeut“** – Das Weidenberger Gesundheitswesen bis in die erste Hälfte des 20. Jh.
4	Christsein am Scheideweg – Weidenberg im Kirchenkampf ISBN 978-3-947247-18-9	**1. „Bloß keine Atheisten“** – Glückliche Fügungen und vereitelte Wunder bei der Entwicklung der protestantischen Landeskirche in Bayern und im Kirchenkampf im Dritten Reich **2. „Das Trojanische Pferd der Nazis“** – Der Weidenberger Pfarrer Theodor Hoffmann und die Deutschen Christen **3. Die „heimliche“ Bekenntnisgemeinde Weidenberg** und andere Geschichten vom Pfarrer Redenbacher
5	**„SPUREN DER OPFER“ – Anteilnahme und Verleugnung** ISBN 978-3-947247-19-6	1. **„ANNA MARGARETA – Gedenken des Unbegreiflichen“** – Spurensuche NS-Opfer des Euthanasie-„T4-Programms“ aus der Kirchengemeinde Weidenberg 2. **„MARTIN - Leben im Armenhaus, Sterben an Hungerkost“** – Spurensuche Opfer der Armut und der „wilden Euthanasie“ aus Weidenberg

5		3. „JENSEITS DER ROTEN LINIE" – Ein Weidenberger in den Klauen von Gestapo und Volksgerichtshof: Die Akte Dennert-Weidenberg 1930-1944
6	**„UNTERGEHEN UND AUFSTEHEN"** **– Der Alltag unter Kriegsbedingungen und das Danach** ISBN 978-3-947247-20-2	**1. „HITLERS GRIFF NACH DER JUGEND"** 1.1 **„HASENJAGEN, ABER GELERNT HABEN WIR NICHTS"** – Schule und der kleine Widerstand im Alltag 1.2 **„BDM-MÄDCHEN MARIANNE** 1.3 **„HITLERJUNGE HANS"** 2. **„GÄSTE UND FREMDLINGE (1)"** 2.1. **DIE EVAKUIERUNG DER SAARLÄNDER** 2.2 **„FERIEN OHNE HEIMKEHR"** – Gestrandet bei der Kinderlandverschickung 3. **„WARTEN AUF DIE SIEGER"** – Naziübergriffe, Widerstand, Krieg, Kriegsende und Neubeginn in Weidenberg" (= Rumler-Biographie Teil III 1936-1945 ff) 4. **„MIT OST-SPIONEN UND ALTEN SEILSCHAFTEN ZUM NEUEN AUFBRUCH?"** – Die Entnazifizierung 1946-48 und der holperige Neustart der Parteien-Demokratie in Weidenberg **5. „GÄSTE UND FREMDLINGE" (2)** – Gablonzer Glasknopfmacher in Weidenberg, oder: Wie die „Sudetendeutschen" nach Oberfranken kamen 6. **„EIS VON DER OMA, KINO VOM OPA"** – Die Weidenberger „Rosenau- Lichtspiele" im Wandel der Zeiten 1926-1971
7	**SUPPLEMENT** **– Der NS-Überfall auf die Kirchenpingärtner Pfarrer 1938;** und: **– Die Weidenberger Himmelsbriefe** ISBN 978-3-947247-55-4	**1. „ALS HITLERS GOTTHEIT INFRAGE STAND"** – Der Widerstand der Frankenpfälzer und der Überfall der Weidenberger Nazis nach den Hitlerwahlen 1938 2. **„DIE WEIDENBERGER HIMMELSBRIEFE"** – Ein vergessener stummer Schrei nach Segen

JCH WEISS DASS MEI ERLÖSER LEBT.
Jeremia 30,11
Jch bin bei dir spricht der Herr
daß ich dir helfe
Jesaja 55,13
Es sollen Tannen für Hecken
wachsen und Myrten für Dornen
und dem Herrn soll ein Name
und ewiges Zeichen sein,
das nicht ausgerottet werde!